Stanley I. Greenspan
Starke Kinder

Stanley I. Greenspan

Starke Kinder

*Die 10 Eigenschaften, die Ihr Kind
erfolgreich und glücklich machen*

Aus dem Amerikanischen
von Andreas Nohl

Titel der amerikanischen Originalausgabe:
GREAT KIDS. Helping Your Baby and Child Develop the 10 Essential
Qualities for a Healthy, Happy Life
(c) 2007 by Stanley I. Greenspan, M.D.

Floortime Foundation TM
ist ein geschützter Begriff. Weitere Informationen unter www.
floortime.org

www.beltz.de

1. Auflage

© 2008 Beltz Verlag · Weinheim und Basel
Umschlaggestaltung: Federico Luci, Odenthal
Umschlagabbildung: Getty Images, München
Druck und Bindung: Druck Partner Rübelmann, Hemsbach
Printed in Germany

ISBN 978-3-407-85854-2

Inhalt

Dieses Buch ist allen Kindern der Welt gewidmet.
Sie haben alle das Potenzial, »starke« Kinder zu werden.
Es ist unsere Aufgabe, eine Welt zu schaffen, in der dieses
Potenzial voll zur Entfaltung kommen kann.

Vorwort

Heutzutage wird von Kindern sehr viel erwartet. Während meiner langjährigen Tätigkeit in der Wirtschaft interessierte ich mich für die Kompetenzen, die man braucht, um in einer rasch sich verändernden Welt erfolgreich bestehen zu können. Denn im Zuge der rapiden Veränderung von Technologie und Kommunikation haben sich die Eigenschaften, die für ein erfülltes und erfolgreiches Leben notwendig sind, ebenfalls geändert. Schulen, Firmen, Berufsorganisationen und sogar professionell geführte Sportklubs haben erkannt, dass es mit Intelligenz, Begabung oder großer körperlicher Geschicklichkeit allein nicht mehr getan ist. Sie alle interessiert, was »dahinter« liegt, mit anderen Worten, sie möchten wissen, was sich von Menschen jenseits des Gewöhnlichen erwarten lässt. Clevere Personalchefs und Arbeitgeber suchen mittlerweile nach Qualitäten wie emotionaler Ausgeglichenheit, logischem Denkvermögen, Disziplin, Stresstoleranz, Selbstbewusstsein, Führungsqualitäten etc. Sie haben aus eigener Erfahrung gelernt, dass diese Eigenschaften für den zukünftigen Erfolg wichtiger sind als besondere Talente oder das berühmte »Köpfchen«.

Als ich vor dreißig Jahren anfing, diesen Fragen nachzugehen, hatte ich das Glück, auf eine Gruppe von Wissenschaftlern und Forschern zu stoßen, die sich mit der Entwicklung der frühen Kindheit befassten und sich regelmäßig trafen, um ihre Erfahrungen auszutauschen. Bei ihren Forschungsergebnissen und Diskussionen ging es um die zentralen Grundbedürfnisse von Kindern und darum, wie Eltern sie befriedigen können. Zusammen gründeten wir einen Verein, der Familien helfen sollte, sozial, emotional und kognitiv gesunde Kinder großzuziehen. Auf diese Weise entstand ein staatliches Programm zur Förderung von Kindern in den ersten drei Lebensjahren.

Unser Ziel ist bis heute, Eltern die Information und Unterstützung zu geben, die sie brauchen, um ihrer Erziehungsaufgabe bestmöglich gerecht werden zu können. Natürlich ist die Liebe das Wichtigste in einer Eltern-Kind-Beziehung, doch reicht sie alleine nicht aus. Eltern müssen sich darüber hinaus über die Entwicklungspotenziale ihrer Kinder informieren, wenn sie wollen, dass ihre Kinder selbstbewusst in die Welt gehen und in ihrem Leben Glück und Erfüllung finden. Im Geschäftsleben habe ich gelernt, dass es wichtiger ist, intelligent zu arbeiten als hart zu arbeiten. Wirklich gute Eltern sind heutzutage intelligente Eltern.

Als ich mir die eindrucksvolle Arbeit unserer Psychologen, Kinderärzte und Therapeuten anschaute, fühlte ich mich besonders zu den Ideen von Stanley Greenspan hingezogen, und zwar vor allem zu seiner Arbeit mit entwicklungsbehinderten Kindern. Statt die Therapie auf Verhaltenstraining und Auswendiglernen einfacher Aufgaben zu reduzieren, versucht er, zur Psyche seiner Patienten vorzudringen. Das Ergebnis ist nicht nur ein kognitiv fähigeres Kind, sondern ein emotional gesundes und reiches Kind. Manche dieser Kinder waren als autistisch oder mit einer verzögerten Sprachentwicklung diagnostiziert worden, was sich aber als falsch herausstellte. Nach zwanzig Jahren, in denen ich diese kleinen (und für die Eltern großen) Wunder beobachten durfte, kam mir die Idee: Wenn Stanley Greenspan so etwas mit behinderten Kindern zustande bringt, dann könnten wir diese Kenntnisse anwenden, um all unseren Kindern zu helfen, solche für ihr Leben so überaus wichtigen Eigenschaften in größerem Maße zu entwickeln.

Wie sind wir auf die universell wünschenswerten Eigenschaften gekommen, die wir in diesem Buch beschreiben? Zunächst haben wir eine umfangreiche Liste angelegt. Dann haben wir die Liste ausgesiebt und uns auf die Eigenschaften geeinigt, die den meisten von uns als unerlässlich für ein erfolgreiches Leben erschienen. In die Endauswahl kamen jene Eigenschaften, in denen Pädagogen und Kinderpsychologen, Eltern und Führungskräfte unisono die Hauptvoraussetzungen dafür sehen, dass aus Kindern gesunde, erfolgreiche Erwachsene werden. Es war wichtig, dass Eltern diese Eigenschaften hoch bewerteten, denn damit hatten sie selbst ein Interesse daran, sie bei ihren Kindern zu fördern. Es war wichtig, dass die Pädagogen und Kinderpsychologen ebenfalls übereinstimmten, welche Eigenschaften nicht nur in der Kindheit, sondern auch für das Bestehen späterer Herausforderungen unverzichtbar sind, wie sie Adoleszenz, Partnerschaft, Berufsleben und Elternschaft mit sich bringen. Es war wichtig, die verschiedenen Fachleute aus der Berufs- und Geschäftswelt zu befragen, denn sie wussten am besten, welche Eigenschaften am verlässlichsten zum Erfolg in ihrem Bereich beitrugen. Mit dieser ersten langen Liste wandten wir uns an eine Vielzahl von Menschen, die sogenannte »unverzichtbare« Eigenschaften auswählen und diese in eine Rangfolge bringen sollten. Zu den Befragten gehörten Ärzte, Anwälte, Künstler, Pädagogen und Führungskräfte aus allen möglichen Wirtschaftsbereichen. Sie alle kannten Erfolg und Misserfolg aus eigener Beobachtung und hatten sich über deren Begleitumstände und Ursachen Gedanken gemacht. Ehe- oder Lebenspartner antworteten unabhängig voneinander. Ich war fest davon überzeugt, dass Männer die Eigenschaften anders beurteilen würden als Frauen, dass Geschäftsleute andere Prioritäten hätten als Pädagogen. Ingenieure und Techniker würden anders antworten als Künstler, Leute, die auf dem Land leben, anders als solche in den Großstädten. Aber wir sollten uns gründlich irren! Die Menschen antworteten ganz individuell und entschieden sich für ein Set von nahezu universell geschätzten Eigenschaften. Es bestand eindrucksvolle Übereinstimmung über die Geschlechter, Berufe und kulturellen Hintergründe hinweg.

Gewiss könnte man sagen, dass es noch andere wichtige Qualitäten gibt, aber ein Kind, das über die zehn hier beschriebenen Eigenschaften verfügt, hat für seinen Lebensstart, darin waren sich alle einig, so etwas wie eine »Poleposition«.

Die gute Nachricht dieses Buchs lautet, dass Eltern die Entwicklung dieser Eigenschaften bei ihren Kindern fördern können. Kurzum, sie können für ihre Kinder »die Latte höher legen«. Die Ermutigung und Förderung dieser wesentlichen Qualitäten bedürfen freilich auch der elterlichen Kompetenz. Angesichts der neuen Herausforderungen, denen die Kinder heute ausgesetzt sind, suchen viele Eltern nach genau der klaren Orientierung, die dieses Buch bietet.

Dabei geht es nicht um den Intelligenzquotienten oder großes Talent. Die Qualitäten, über die Sie hier lesen werden – zum Beispiel emotionale Ausgeglichenheit, logisches Denkvermögen, Selbstdisziplin, Selbstwahrnehmung und Empathie –, bilden das Lebensfundament, ohne das große Intelligenz und Begabungen nutzlos sind.

Die nächste Generation wird weltweit mit Problemen der Globalisierung, mit Umweltbedrohungen, neuen Technologien und politische Konflikten zu tun haben. In dieser immer kleineren und einheitlicheren Welt können wir für unsere Kinder nichts Besseres tun, als ihnen die Eigenschaften zu vermitteln, die zum Überleben und zum Wachstum nötig sind.

Bernard Levy

Einleitung
Wie wir starke Kinder erziehen

Wir kennen sie alle. Es sind die Jungen aus der zweiten Klasse, die darum wetteifern, ihre Lehrerin als Erste zu begrüßen und ihr beim Entladen des Autos zu helfen. Es sind aber auch die sechzehnjährigen Mädchen, die eine neue Klassenkameradin an ihren Tisch in der Schulmensa einladen, um gemeinsam zu Mittag zu essen. Es sind die kleinen Kinder, die sich an der Rutschbahn abwechseln und vor Begeisterung johlen. Es sind die Babys, die ihren Müttern liebevoll in die Augen schauen.

Es sind tolle Kinder. Und wir sprechen hier bewusst nicht von Kindern, die bei irgendwelchen Tests enorm hohe Punktzahlen erreicht haben, von Sportgrößen oder musikalischen Wunderkindern – obwohl natürlich auch diese Kinder fabelhaft sein können. Wir sprechen von den lebendigen, unabhängigen, freundlichen und aufgeschlossenen Kindern, von jungen Menschen, die viele von uns kennen. Trotz all der schlechten Nachrichten, die über die Kinder von heute verbreitet werden, weiß jeder, der mit ihnen zusammenlebt oder -arbeitet, dass es auch gute Nachrichten gibt, was das Thema Kinder betrifft!

»Starke Kinder« sind emotional und intellektuell gesunde Menschen. »Stark« bezieht sich weder auf eine spezielle Eigenschaft, wie zum Beispiel Mut, noch hängt es von sportlichen Fähigkeiten oder von musikalischer, mathematischer oder künstlerischer Begabung ab. Starke Kinder sind sehr unterschiedlich. Und mit entsprechender Zuwendung und Förderung können alle Kinder starke Kinder werden.

Zur emotionalen und intellektuellen Gesundheit gehören ein paar grundlegende Fähigkeiten und Eigenschaften, die den Stärken und Begabungen zugrunde liegen, welche die Kinder schließlich entwickeln. Diese Fähigkeiten und Eigenschaften entscheiden darüber, wie Kinder (und Erwachsene) sich untereinander und zu ihrer Umwelt verhalten. Sie entwickeln sich bereits im frühesten Alter und sind die Grundlage für Erfolg, Klugheit und ein reiches Beziehungsleben auf jeder Lebensstufe.

Beziehungsfähigkeit und Empathie beginnen mit dem ersten wechselseitigen Austausch zwischen Mutter und Kind. Sie bestimmen und nähren unser soziales Verhalten und unser Verständnis für die Gemeinschaft und die Welt, in der wir leben. Neugier und logisches Denken sind die Grundlage jeden Lernens, jeder Innovation und jeder Führungsaufgabe. Und ohne die Entwicklung so wichtiger Dinge wie Selbstwahrnehmung, emotionaler Ausgeglichenheit und Disziplin steht das Potenzial selbst des begabtesten Kindes auf dem Spiel.

Von diesen Eigenschaften und anderen, die ich in diesem Buch beschreiben werde, hängen der zukünftige Erfolg und das Lebensglück des Kindes ab. Wir werden sehen, dass sie alle in frühen emotionalen Erfahrungen wurzeln, und Eltern können eine Menge tun, um solche Erfahrungen zu vermitteln. Wie groß oder klein die körperliche, intellektuelle oder künstlerische Begabung eines Kindes auch immer sein mag, diese Eigenschaften vergrößern seine zukünftigen Chancen.

Die hier beschriebenen zehn wesentlichen Eigenschaften begründen zugleich die intellektuelle und mentale Gesundheit eines Kindes. Wenn alle zehn bei einem Kind voll entwickelt sind, dann hören wir die Eltern oder andere Erwachsene oft sagen: »Lea (oder Alex) ist ein tolles Kind!« Nicht genug damit: Wenn ein Erwachsener als »wunderbarer Mensch« apostrophiert wird, dann sehr wahrscheinlich deswegen, weil er ebenfalls diese zehn Eigenschaften besitzt.

Entscheidend an diesen Eigenschaften ist, dass sie nicht genetisch angelegt sind – wir kommen nicht damit auf die Welt. Sie gründen vielmehr auf Erfahrung. Das heißt, jedes Kind – sei es noch so benachteiligt – kann sie mit der Hilfe fürsorgender erwachsener Bezugspersonen erwerben. In diesem Buch werde ich die intellektuellen, emotionalen und sozialen Komponenten im Charakter von in diesem Sinne »gelungenen« Kindern entflechten, um herauszufinden, wie sie sich entwickeln. Wir werden genau sehen, auf welche Weise diese Qualitäten gefördert und ermutigt werden können. Ebenso werden wir sehen, dass emotionales und intellektuelles Wachstum während der gesamten Kindesentwicklung dynamisch miteinander verbunden sind.

Was wünschen die meisten Eltern für ihre Kinder? Ich glaube, es gibt drei vorrangige Wünsche: Eltern wollen, dass ihre Kinder ein glückliches und erfülltes Leben haben, dass sie eine Familie gründen, der es gut geht, und dass sie sich ihren Mitmenschen gegenüber menschlich und verantwortlich zeigen. Die Eigenschaften, die wir hier nennen, sind zum Erreichen jedes dieser Ziele nötig. Es ist eine lange Reise vom Säuglings- und Kleinkindalter über die ersten Schuljahre und die Jahre der Adoleszenz bis zum Eintritt ins Erwachsenenleben. Alle Kinder passieren dabei bestimmte intellektuelle und emotionale Landschaften und wichtige Meilensteine.

Mit jedem Schritt zu ihrer eigenen Identität erwerben Kinder neue kognitive Fähigkeiten. Wie wir sehen werden, bauen diese auf emotionalen Erfahrungen auf. Im Heranwachsen durchleben Kinder das gesamte Spektrum der Emotionen – Freude, Traurigkeit, Wut, Liebe, Triumph und Verlust. Die

Eigenschaften, die wir beschreiben, erwachsen aus solchen emotionalen Erfahrungen, und dies geschieht in einer klar erkennbaren Abfolge von Entwicklungsstufen.

Bevor ich beginne, möchte ich mit Ihnen gern einen Blick auf die Entwicklungsstufen werfen, die in den zehn Kapiteln zu den zentralen Eigenschaften »starker Kinder« eine Rolle spielen werden. Ein Kind passiert auf dem Weg zum Erwachsenwerden bestimmte Meilensteine. Wir alle sind diesen Weg gegangen, und jetzt begleiten wir ihn bei unseren Kindern. Bevor wir uns die spezifischen Wege zu Empathie, Neugier, emotionaler Ausgeglichenheit und den übrigen Punkten genauer anschauen, möchte ich hier die Stufen aufzählen, in denen die Entwicklung stattfindet.

Öffnung zur Welt.
Von Geburt an lernen wir, ruhig und gefasst zu sein und Interesse an der Welt zu entwickeln, an all ihren sinnlichen Angeboten teilzuhaben durch Sehen, Berühren, Hören, Riechen und Schmecken.

Bindung.
Indem wir Bindungen mit unseren Eltern und anderen Bezugspersonen eingehen, die uns lieben, verlieben wir uns wiederum in die Welt.

Kommunikation.
Die Kommunikation mit denen, die wir lieben, ist ein langer Lernprozess, und er beginnt mit den einfachsten zielgerichteten Gesten und mimischen Mitteln: Lächeln, Nicken, Stirnrunzeln, wütenden Grimassen, Zeigen. Besonders wichtig dabei ist, dass wir den Gesten unserer Bezugspersonen mit eigenen Gesten antworten.

Problemlösen und Ich-Bewusstsein.
Lange bevor wir lernen, Wörter zu gebrauchen, lernen wir, mit Gesten und Gebärden Probleme zu lösen. Wir lernen, dass wir die Mutter an der Hand nehmen und zu dem Spielzeug oder der Süßigkeit führen können, dir wir haben wollen. Wir geben Laute von uns, um klarzumachen, dass wir dieses und nicht das andere meinen, wenn die Mutter (oder der Vater) fragt, was wir lieber wollen. Dieser kontinuierliche Prozess der gestischen Kommunikation mit anderen hilft uns im Gebrauch unserer Sinne: Hören, Sehen, Berühren und Bewegung im Zusammenspiel. Wir machen uns in der Welt spürbar und lernen durch soziale Interaktionen zugleich die Werte unserer Eltern und die Normen unserer Kultur. All dies geschieht, bevor wir sprechen können.

Sprache und Ideen.
Wir lernen, Kontakt aufzunehmen und emotionale Vorstellungen zu benutzen. Sie leiten unsere So-tun-als-ob-Spiele an. Mit Wörtern können wir nun anderen mitteilen, wie wir uns fühlen und was wir gern möchten.

Logik.
Wenn wir gelernt haben, unsere Ideen mitzuteilen, folgt ein weiterer riesiger Schritt: Wir beginnen, die Ideen miteinander zu verknüpfen. Wir fangen an, logisch zu denken. Wir können erklären, warum wir fröhlich oder traurig sind. Wir lernen, etwas zu unterlassen, nicht, weil wir dafür bestraft werden, sondern weil es »schlecht« ist. Unser Selbstempfinden basiert zunehmend auf unserer eigenen Beurteilung, ob wir das Richtige oder das Falsche getan haben.

Wenn wir den Schritt zum logischen Denken getan haben und unsere Emotionen und Ideen miteinander verbinden können, erklimmen wir immer höhere Stufen der emotionalen und intellektuellen Entwicklung. Während wir uns dem Erwachsenenalter nähern, meistern wir andere vorhersagbare Entwicklungsstufen und erlernen komplexere Arten des Denkens und der Selbstreflexion.

Auf dieser Reise, die wir alle zurücklegen, tragen die zehn von uns identifizierten zentralen Eigenschaften dazu bei, das Leben der Kinder zu erweitern und zu bereichern. Wenn wir diese fördern, können wir unseren Kindern helfen, enge Beziehungen, ein erfülltes Berufsleben, eine starke Familie und ein Gefühl für den Sinn des eigenen Lebens zu entwickeln.

1
Beziehungsfähigkeit
Die Beziehung zu anderen

Vor kurzem besuchte ich eine Freundin im Krankenhaus, die gerade ein Baby zur Welt gebracht hatte. Als ich ihr Zimmer betrat, hielt sie ihr Baby im Arm, während sie mit der freien Hand einen kleinen Koffer für die Heimkehr packte. Das Baby war wach und munter, sah sich von seiner sicheren Position aus um, atmete den Geruch seiner Mutter und spürte ihre Wärme. Während des Packens summte unsere Freundin ihrer neuen Tochter etwas vor. Diese Verbindung, erst wenige Stunden alt, ließ sich gut an. Die Mutter war entspannt und genoss den Kontakt zu ihrem Kind; das Baby fühlte sich warm und geborgen und wurde liebevoll im Arm gehalten. So begann ihre Beziehung.

Alles, was wir über das Entstehen von Beziehungen lernen können, beginnt mit den engen Bindungen, die ein Baby zu seinen Eltern hat. Dieses kleine Mädchen wird starke Bindungen zu seinen Familienmitgliedern aufbauen, indem es lernt, ihnen zu vertrauen, mit ihnen zu kommunizieren, zusammen zu spielen und gemeinsam Probleme zu lösen. In seinen Beziehungen zu anderen lernt es Frustration und Wut, Enttäuschung und Traurigkeit kennen. Wenn es dann älter wird, bewegt es sich aus dem engsten Familienkreis hinaus in die Welt der Gleichaltrigen und später in noch größere Gruppen. Es lernt, mit anderen eine Beziehung einzugehen und sich am

Kontakt mit ihnen zu erfreuen – seien es Schulfreundinnen, Lehrer, Liebhaber, sei es der Ehemann und schließlich ihre eigenen Kinder –, vom ersten Moment an, da es in die Augen seiner Mutter blickt und ihre Nähe genießt.

Die Fähigkeit, mit einem anderen Menschen in Kontakt zu treten, ist die grundlegende Voraussetzung für die Entwicklung eines starken Kindes. Daraus erwächst die Fähigkeit, Beziehungen voller Vertrauen aufzubauen. Durch Beziehungen lernt ein Kind nicht nur, ein Ich-Bewusstsein zu entwickeln, sondern ebenso ein Bewusstsein von der Realität der Welt, in der es lebt.

Sein ganzes Leben lang muss ein Mensch fähig sein, Kontakt zu einer Vielzahl von Menschen aufzunehmen und sie zu »lesen«. Wenn er älter wird, erlaubt ihm diese Kontaktfähigkeit, Freunde zu gewinnen und unterschiedliche Beziehungen zu geliebten Menschen, zu Bekannten, zu Kollegen und Klienten zu pflegen. In Belastungssituationen kann er sich an nahestehende Menschen wenden, die ihm helfen, sich besser zu fühlen und Lösungen für Probleme zu finden. Durch solches Verbundensein teilen Kinder und Erwachsene ihre Freuden, ihren Ärger und ihre Sorgen mit anderen.

Wie unsere Beziehungsfähigkeit entsteht

Wie wir aus der oben beschriebenen Szene im Krankenhaus sehen, entsteht bei einem Neugeborenen sofort ein Gefühl der Verbundenheit. Die Fähigkeit, mit einem Gegenüber Kontakt herzustellen, entwickelt sich ebenfalls sehr rasch. Mit vier Monaten wird das Baby seine Mutter mit seinem Lächeln bezirzen – und ein Lächeln als Antwort erhalten. Das

Vergnügen an dieser Wechselseitigkeit lässt sein Vertrauen in Beziehungen wachsen und bestärkt es in der Fähigkeit, Kontakt mit anderen Menschen aufzunehmen. Im Alter von acht Monaten wird es mit seinen Bezugspersonen und sogar mit Fremden schäkern, es wird aktiv Guck-guck spielen, lachen und aus sich herausgehen.

Kontakt durch Spaß

In den ersten Lebensmonaten lernen Babys, die Welt ihrer Sinneseindrücke in Emotionen zu übersetzen. Sie verstehen ganz allmählich, dass eine Welt außerhalb von ihnen existiert, zunächst repräsentiert durch das Gesicht des Vaters, den Geruch der Mutter, die weiche Decke, das erschreckende Zuknallen einer Tür oder eine laute Stimme. Das Erkennen dieser Muster und das Unterscheiden zwischen »Ich« und »Nicht-Ich« sind ein dann wesentlicher Schritt zur Kontaktaufnahme mit der Wirklichkeit außerhalb ihres Selbst.

Ganz zu Anfang besteht diese Wirklichkeit aus einem Set kontinuierlicher Sinneseindrücke: Temperatur, Berührung, Geschmack, Geräusche, Geruch und der Anblick vertrauter Gesichter. Das Baby, das ich im Krankenhaus sah, gebrauchte bereits all seine Sinne, und diese Sinne waren vollkommen auf die Mutter gerichtet – wie auch auf den Vater, wenn er es in den Armen hielt. Wenn die Eltern ihr Baby liebkosen und liebevolle Laute von sich geben, es füttern und baden, erfährt es ihre Zuwendung als intensiven Lustgewinn. Diese Formen der Interaktion sind für das Baby die erste emotionale Erfahrung. Und durch diese Gefühle lernt es schnell wesentliche Dinge über die äußere Welt und darüber, wie Menschen in ihr funktionieren.

D. W. Winnicott, der bedeutende britische Psychoanalytiker, beschreibt diese frühen Interaktionen anschaulich:

Es gibt das reaktive Lächeln, das wenig oder nichts bedeutet, aber irgendwann taucht auch das Lächeln auf, das bedeutet, dass das Kind voller Liebe ist und in diesem Moment diese Liebe der Mutter gegenüber fühlt. Später spritzt das Kind die Mutter im Bad nass, zieht an ihren Haaren oder beißt ihr ins Ohrläppchen oder umarmt sie und dergleichen. ... Das alles erlaubt dem Kind, sich weiterzuentwickeln und Neues zu integrieren.

Nur allzu leicht hält man die menschliche Fähigkeit zur Kontaktaufnahme für selbstverständlich. Schließlich haben wir alle Eltern, viele von uns haben Geschwister, und wir leben in einer Welt voll anderer Menschen. Doch erscheint diese Fähigkeit in sehr unterschiedlichen Formen. Manche Kinder müssen sich in ihr Zimmer zurückziehen und alleine spielen, wenn sie wütend sind. Andere flüchten in Videospiele, Computer oder Fernsehfilme – allesamt isolierte Beschäftigungen. Andere wiederum suchen durch Streit, provokatives oder sonst wie auffälliges Verhalten Kontakt herzustellen oder Aufmerksamkeit zu erregen.

Für Eltern ist es immer eine große Freude, wenn ihr Baby anfängt, auf Späße zu reagieren: zu lachen und glucksende Wonnelaute von sich zu geben. Die Mutter kann das Baby zum Lachen bringen, indem sie sich ein Tuch über den Kopf hängt, und dann das Spiel wiederholen. Diese lustige Interaktion verstärkt beim Baby die Erkenntnis, dass die Mutter eine eigene, separate Person ist. Sie zeigt dem Baby auch, dass es mit einer Reaktion auf solche Späße – wie Lachen oder Lächeln – den interaktiven Kontakt verlängern kann.

Beziehung in Aktion: Problemlösen

Ein Kleinkind nimmt seine Mutter an der Hand und zieht sie in sein Kinderzimmer. Dort macht es durch Gesten und Laute der Mutter, seinem »Gesprächspartner«, klar, dass es ein bestimmtes Spielzeug will. »Nein, ich will das rote Spielauto, nicht das blaue Kuscheltier«, sagt es vielleicht, ohne dafür Worte zu gebrauchen. Diese »Gespräche« mit Lauten und Gesten, die zwischen Babys und Eltern oder anderen Bezugspersonen stattfinden, vertiefen die Bindung zwischen ihnen.

Bei einem Picknick am Muttertag hatte ich Gelegenheit, zwei Kleinkindern, die sich gut kannten, beim Spielen mit einem roten Leiterwagen zuzusehen. Marie saß in dem Wagen, und Max versuchte sie hinter sich herzuziehen. Im Garten lag viel Spielzeug herum – ein großer Plastikbagger, ein halb aufgepumptes Planschbecken und ein Haufen Hula-Hoop-Reifen, die Maries viereinhalbjähriger Schwester gehörten. Während die Erwachsenen im Kreis saßen und den schönen Frühlingstag und das Zusammensein genossen, beobachtete ich die beiden Kinder bei ihrem großen gemeinsamen Projekt, den roten Leiterwagen von der Stelle zu bewegen.

Max strengte sich mit ganzer Kraft an, den Wagen zu ziehen. Er ächzte und stöhnte, und der Wagen bewegte sich zentimeterweise vorwärts, bis er in den Hula-Hoop-Reifen stecken blieb. Von ihrem Sitz aus zeigte Marie eindringlich auf die Reifen: »Räum' diese blöden Dinger aus dem Weg«, schien sie zu sagen. Max verstand sofort. Sorgfältig nahm er jeden einzelnen Reifen und legte ihn woandershin. Marie kletterte aus dem Wagen und half ihm. Als der Weg frei geräumt war und nach einer kleinen Rangelei, wer nun im Wagen sitzen durfte und wer ziehen sollte (Marie gewann), versuchten sie es erneut. Der Junge zog, und der Wagen rollte langsam hinter ihm her. Er lachte triumphierend und lief zu seiner Mutter, die ihn mit einer raschen Umarmung belohnte. Nachdem das Problem gelöst war, wechselten die Kinder die Plätze und Marie zog eine Weile. Dann aber verloren sie das Interesse am Leiterwagen und schauten stattdessen ihren älteren Geschwistern zu, die das Planschbecken mit einem Gartenschlauch füllten.

Diese kleine Szene zeigt deutlich, wie Kinder immer besser lernen, sich mit einer anderen Person – in diesem Fall einem gleichaltrigen Kind – zusammenzuschließen. Im Alter von zehn Monaten erkundeten Max und Marie gern zusammen Spielzeug, aber sie spielten dabei nur wenig miteinander. Mit achtzehn Monaten hatten sie mehr Interesse füreinander, umarmten und streichelten sich zur Begrüßung, zerzausten sich die Haare und waren neugierig, mit welchem Spielzeug der andere an diesem Tag spielte. Jetzt, mit zweieinhalb Jahren, übernehmen sie Rollen im Spiel (ich sitze, du ziehst) und arbeiten zusammen, um den Weg für den Wagen frei zu machen.

Wenn Sie Ihr Kleinkind mit seinen Spielkameraden beobachten, werden Sie diese Form des gemeinsamen sozialen Problemlösens wahrscheinlich ebenfalls sehen. Kleinkinder kichern zusammen, wechseln sich ab und zeigen deutlich ihre Zuneigung füreinander – und häufig auch eine Vorliebe für diesen oder jenen Spielkameraden. Sie können beobachten, wie hier ein Kommunikationssystem entsteht – auch bevor die Kinder in Sätzen miteinander sprechen. Wenn die Kinder größer werden, entwickelt sich ihr Spiel zu gemeinsamen Phantasie- oder So-tun-als-ob-Spielen, in denen auch Sprache verwendet wird.

Bei dem beschriebenen Picknick hielten sich die Erwachsenen klugerweise aus Max' und Maries Spielprojekt heraus. Sie waren in der Nähe für den Fall, dass sie gebraucht wurden (was später der Fall war, als Marie stürzte und sich ihr Knie aufschürfte). Sie waren da, um einzugreifen, wenn aus lustigen Stupsern wütendes Geschubse wurde. Doch solange die Kinder spielten und Spaß hatten, mischten sich die Eltern nicht ein. Wenn andererseits Marie und Max nur parallel nebeneinanderher gespielt hätten, hätte einer der Eltern sie ermuntern können, sich zusammen zu tun. Der Vater hätte sich zum Beispiel verstecken und die Kinder auffordern können, ihn zu finden.

Bei diesen frühen Beziehungen zwischen befreundeten Kleinkindern beobachten wir, dass die Kinder durch ihr Zusammensein auch lernen, eine Reihe von Gefühlen zu meistern – Enttäuschung darüber, dass sich der Wagen nicht bewegt, Neid darum, wer sitzt und wer zieht, Triumph, wenn ein Problem gelöst wird. All diese Gefühle gehören zu Beziehungen dazu, und so wird es das ganze Leben hindurch bleiben. Wenn Kinder lernen, diese Gefühle zu akzeptieren und Selbstbehauptung durch Kooperation auszugleichen, werden ihre Beziehungen erfüllter und stabiler und weniger störanfällig durch Konflikte und Frustration.

Beziehung in Phantasiespielen

In den Vorschuljahren sind Phantasie- oder So-tun-als-ob-Spiele ein wichtiger Teil der Beziehungen. Zacharias und Anna besuchen zwar nicht den gleichen Kindergarten, aber sie spielen häufig zusammen, da sie nah beieinander wohnen. Sie sind gut befreundet und verbringen ihre Zeit am liebsten miteinander. Ihre Eltern hören sie oft reden und Geschichten für Annas Stofftiere erfinden. Häufig spielen sie »Abendessen« (Annas Eltern haben häufig Gäste). Die Kinder verstellen die

Stimme, wenn die Tiere reden, und lassen sie imaginäre Suppen schlürfen und imaginäre Kuchen schmatzen. Nach einer Weile, gewöhnlich auf Zacharias' Drängen hin, kehren die Tiere in ihren wilden Zustand zurück, und die Kinder tun so, als wären sie im Dschungel. Das Spiel wird dann von haarsträubendem Löwengebrüll und Affengeschrei begleitet.

Annas und Zacharias' Phantasiespiel, das beiden große Freude macht, ist nicht ohne Konflikte. Zacharias, der etwas selbstbewusster ist als seine Freundin, übertreibt es manchmal mit seiner körperlichen Wildheit, und Anna zieht sich dann aus dem Spiel zurück. Gleichwohl machen sie große Fortschritte in der Entwicklung ihrer Beziehung. Ihr Spiel wird zunehmend komplexer und enthält nun auch Sprache und Ideen. Sie lernen, sich abzuwechseln, Vorlieben zu äußern und sich zu erklären. Ihre Freundschaft ist von einer Wärme und Vertrautheit, die die engen Beziehungen vorwegnimmt, die sie später mit Gleichaltrigen haben werden. Gemeinsam arbeiten sie daran, zu lernen, wie man sich auf einen anderen einlässt. Bald werden sie in die Welt der Schule eintreten, in der es komplexere soziale Muster gibt: von Paaren über Trios bis hin zu größeren Gruppen. Sie sind bereits ziemlich weit gediehen beim Erwerb der Fähigkeiten, mit denen sie diese Welt meistern können.

Die Beziehungen aller Kinder durchlaufen diese verschiedenen Entwicklungsstufen, doch dürfen wir nicht vergessen, dass sich nicht alle Kinder im gleichen Tempo entwickeln. Jede Entwicklungsstufe hat ihre eigene Dynamik, und jede Stufe bietet die Chance, vorhergehende Stufen nachzuholen, einschließlich verpasster Gelegenheiten zu interaktiven Beziehungen mit Eltern, Bezugspersonen oder anderen Kindern.

Die Eltern des vierjährigen Jo verreisten für ein verlängertes Wochenende und ließen ihren Sohn bei seiner Großmutter. Jo vergnügte sich im Schwimmbad, besuchte den Zoo und half im Garten. Er fragte kaum nach seinen Eltern. Er wusste, dass sie verreist waren und dass sie in drei Tagen zurückkehren würden.

Als der große Augenblick kam, rannte Jo zur Tür, um seine Eltern zu begrüßen: »Papa, Papa, ich hab dich so lieb!«, rief er und sprang in die Arme seines Vaters. Zu seiner Mutter sagte er kein Wort, sondern umarmte sie nur kurz. Noch müde von der Heimreise, kamen ihr die Tränen. Jo hatte vielleicht vorgehabt, seine Mutter ein wenig dafür zu strafen, dass sie ihn verlassen hatte, aber jetzt ging er schnell zu ihr, damit sie sich wieder besser fühlte.

Dieser kleine Junge entdeckt gerade seine Macht innerhalb des Dreiecks seiner Familie. Er lernt, dass er Einfluss auf die komplexe Beziehung hat, die zwischen drei Menschen besteht und auf Geben und Nehmen aufbaut. Natürlich liebt Jo seine Mutter, und sie weiß es. Aber sie stellen nun fest, dass auch ein Vierjähriger die Macht hat, die Gefühle eines anderen zu verletzen.

Auch in seinem Kindergarten lernt Jo, dass sein Verhalten Folgen hat. Gewöhnlich findet er heraus, wie er sich an einem Spiel beteiligen kann, das zwei andere Kinder begonnen haben, indem er zum Beispiel ein Spielzeug beisteuert oder sich einfach danebensetzt und zuschaut, bis er in ihr Sandkastenprojekt oder Autorennen einbezogen wird. Doch manchmal platzt er regelrecht hinein und stößt Holzklötze um; dann wenden sich die anderen Jungen von ihm ab. In seinem großen Wunsch, mitzutun, und in seinem hastigen Eindringen verpasst er alle Signale und merkt gar nicht, dass er so nicht zum Ziel kommt. Wenn die Kindergärtnerin sieht, dass Jo ausgeschlossen wird, hilft sie ihm, sein wildes und aggressives Vorgehen abzumildern. Seine Eltern haben begonnen, Nachbarskinder zu sich nach Hause einzuladen, damit ihr Sohn lernen kann, wie man sich in einer Gruppe von mehr als zwei Kindern verhält.

Indem Jo die Fähigkeit erwirbt, die Reaktionen anderer zu interpretieren und danach sein Verhalten einzurichten (oder auch nicht, wenn ihm der Sinn nach Ärger steht), arbeitet er an sozialen Fähigkeiten, die er sein ganzes Leben lang brauchen wird. Wie gut er lernt, Regeln zu interpretieren und zu befolgen (oder nicht zu befolgen, wenn dies für seine eigenen Wünsche notwendig erscheint), wird seine Beziehungen in der Zukunft prägen.

Beziehungen in Peer-Gruppen

In der dritten oder vierten Klasse werden die Beziehungen zur Peer-Gruppe, das heißt zu etwa Gleichaltrigen, für Kinder immer wichtiger. Auf Schulhöfen und Spielplätzen werden die entscheidenden Fäden gezogen. Hier ist der Ort, wo die vielfältigen Beziehungen eines Kindes gedeihen und wo es zum sozialen Wesen wird. In diesem Alter verbringen Kinder einen großen Teil ihrer Zeit und ihrer Gedanken in und mit Gruppen. Von grundlegendem Interesse ist dabei, wo sich jeder in der Gruppenhierarchie befindet, eine Rangfolge, die sich von Tag zu Tag, manchmal auch von Augenblick zu Augenblick verändert.

Wenn man ein Kind fragt, das in die »Politik« von Spielplatz oder Schulhof involviert ist, wer dazu gehört und wer nicht, wer »oben« rangiert und wer »unten«, wird es das wissen. Kinder führen zu dieser Zeit geradezu Ranglisten ihrer Freunde, wer der oder die beste, zweitbeste und so weiter ist –, und auch diese Rangfolgen sind ständig Änderungen unterworfen. Dem jeweiligen Status aller Gruppenmitglieder auf der Spur zu bleiben ist ein Fulltimejob.

Beobachten Sie den Schulhof irgendeiner Grundschule, und Sie sehen Gruppen agieren. Mädchen bilden Cliquen und Kreise und wenden den anderen Kindern den Rücken zu. Sie flüstern und lachen und schmieden Pläne. Und irgendjemand wird unvermeidlich dabei ausgeschlossen.

Alexa, ein schüchternes, sensibles Mädchen, fürchtet sich vor den Schulpausen, weil sie weiß, dass die meisten anderen Mädchen sich zusammenscharen und sie stehen lassen. Alexas Unfähigkeit, mit ihren Klassenkameradinnen auf dem Schulhof einen funktionierenden Kontakt aufzunehmen, heißt jedoch keineswegs, dass sie in allen sozialen Situationen versagen würde. Kinder zeigen nicht anders als Erwachsene ein großes Spektrum an Beziehungsverhalten. Alexa zum Beispiel kommt sehr gut mit nur einer Freundin oder auch in einer Dreiergruppe zurecht. Aber vor größeren Gruppen scheut sie zurück. Wer kennt nicht Erwachsene, die sich vor Betriebsausflügen, Elternabenden und anderen größeren Versammlungen fürchten und sie am liebsten meiden?

Im Schutz ihrer Freundin Kathie bewegt sich Alexa selbstbewusst und ohne Probleme auf dem Pausenhof und weiß sich fröhlich zu beschäftigen. Allmählich werden sie und Kathie sich vielleicht in die größeren, chaotischeren Gruppen integrieren, in denen sich andere Kinder leichter zurechtfinden. Mit der Hilfe und dem Verständnis ihrer Eltern und Lehrer kann Alexa verstehen lernen, dass sie ein bisschen schüchtern ist. Sie begreift inzwischen, dass sie darauf vertrauen kann, dass ihre engste Freundin sie an der Hand nimmt und ermutigt, wenn sie zögert. Den eigenen Interaktionsstil zu erkennen ist ein wichtiger Schritt auf dem Weg, sich in Gruppen zurechtzufinden, die man weder in der Schule noch im Berufsleben und in der Freizeit vermeiden kann, sei es eine Fußballmannschaft oder ein Schulfest, an dem sich viele Familien beteiligen.

In den Grundschuljahren treten die Kinder in eine sozial komplexere Welt ein. Sie lernen, die Positionen anderer einzuschätzen und ihre eigenen Positionen in der Gruppe zu finden. Sie beginnen, Beziehungen in Grautönen zu sehen statt nur in Schwarz und Weiß. Zum Beispiel kam Gina von der Schule heim und erklärte ihrer Mutter, dass Paula nicht mehr ihre zweitbeste Freundin sei. »Was ist denn passiert?«, fragte die Mutter. »Ich dachte, ihr beide seid unzertrennlich.«

»Sie saß die ganze Zeit zusammen mit der blöden Lilli und der doofen Vanessa und hat mir nicht mal Platz gemacht. Paula mag die eben mehr als mich. Aber mir ist das egal, weil jetzt Andrea meine beste Freundin ist. Sie ist sogar bei mir sitzen geblieben, obwohl die Lilli und die blöde Vanessa sie an ihren Tisch holen wollten.«

Das Drama, das sich in den Pausen und auf den Schulhöfen abspielt, nimmt die Kinder so sehr in Anspruch, dass man sich wundern muss, dass sie überhaupt irgendetwas lernen. Die Eltern sind oft genervt, wenn sie sehen, wie ihre Kinder vom sozialen Hin und Her in der Schule gebeutelt werden. Wir sollten uns aber immer klarmachen, dass diese Schwierigkeiten, so sinnlos und schmerzhaft sie erscheinen mögen, den Kindern helfen, sich selbst besser einschätzen zu lernen. Die meisten Grundschulkinder passen sich eine Weile lang dem Druck der Gruppe an, bevor sie das Selbstvertrauen und die Reife gewonnen haben, ihren eigenen Weg in die eher nach innen gerichtetete Welt der Adoleszenz einzuschlagen.

Das Lavieren innerhalb und zwischen Gruppen führt zur Entwicklung neuer sozialer Fertigkeiten. Wenn Kinder es aushalten, gehänselt und ausgeschlossen zu werden, und schließlich Wege finden, damit umzugehen, entwickeln sie Mittel, effektiv und glücklich mit anderen auszukommen.

Beziehungen in der Pubertät

Eine der wesentlichen Aufgaben für pubertierende Jugendliche ist es, enge Beziehungen zu anderen einzugehen. Teenager suchen tiefere und vertrauensvollere Freundschaften als zuvor. Diese Beziehungen sind durch Nachdenklichkeit und Selbstoffenbarung charakterisiert, viel mehr als diejenigen in der Grundschule. Wenn Heranwachsende sich mit jemandem befreunden, greifen sie auf frühere familiäre Erfahrungen mit Vertrautheit und Nähe zurück. Solche Freundschaften können intensiv und anspruchsvoll sein. Ein Jugendlicher sagt seinen Eltern nicht selten, dass nur die Freunde »mich wirklich verstehen«. Obwohl es für die Eltern schmerzhaft sein kann, wenn sich ihre Kinder von ihnen abwenden und enge Beziehungen zu Freunden außerhalb der Familie knüpfen, ist es für Adoleszente ein wichtiger Schritt vorwärts, weil ihnen immer mehr bewusst wird, dass sie in nicht allzu ferner Zukunft auf sich selbst gestellt leben werden. Eine intensive Beziehung zwischen zwei Menschen ist jedoch schwer aufrechtzuerhalten, und die engen Beziehungen im Teenageralter sind oft häufigem Wechsel unterworfen.

Wenn Schulkinder in die Pubertät kommen, müssen sie lernen, ihre innere Welt mit den täglichen Anforderungen der Schule, der Familie und der Gemeinschaft in Einklang zu bringen. Die äußere Welt wird rasch größer, und mit diesen neuen Dimensionen gehen neue Herausforderungen einher, zum Beispiel das Erforschen der Sexualität und das Treffen von Entscheidungen in Risikobereichen wie Drogen- und Alkoholkonsum. Sie treten in eine Welt ein, in der ihnen vielfältige Entscheidungen auf der Basis ihrer eigenen inneren Standards abverlangt werden. Diese Standards gründen auf ihren Beziehungen zu den Eltern. Später werden sie durch das soziale Geben und Nehmen in den ersten Schuljahren fein geschliffen. In der Grundschule wird die Selbstwahrnehmung der Kinder hauptsächlich durch das definiert, was andere von ihnen denken. In der Adoleszenz beginnen die Jugendlichen unabhängig von Elternhaus und Freunden über sich selbst zu reflektieren und zu erkennen, wer sie sind und was ihre Werte und Grundüberzeugungen sind. Diese inneren Standards bestimmen dann auch ihre Beziehungen.

Bis er 14 war, schwamm Jakob auf einer Welle des sozialen Erfolgs. Als guter Sportler, attraktiv und lustig, war er der Mittelpunkt in seiner Gruppe »cooler« Jungen. Doch in seinem Innern begann er sich nach einer engeren und tieferen Beziehung zu sehnen. Mit 17 Jahren fand er dann eine solche ernste Beziehung zu einem Mädchen. Gemeinsam diskutierten sie über Politik und Religion. Sie machten lange Spaziergänge und schmiedeten Pläne, wie sie die Welt verändern könnten. Sie wurden immer vertrauter und empfanden sich als zwei empfindsame Idealisten gegen »den Rest der Welt«.

Jakobs Freunde konnten sich seine Wandlung nur schwer erklären. Doch der ging einen guten, vorhersehbaren Weg: Nachdem er gelernt hatte, sich in Gruppen wohlzufühlen, war er nun in der Lage, seine inneren Standards und sein Ich-Bewusstsein einer intensiveren Prüfung zu unterziehen. Mit seiner Freundin ging er Ideen auf den Grund, formulierte seine Ideale und stärkte den Sinn für seine eigene unverwechselbare Individualität.

Diesen Übergang zu vollziehen ist nicht einfach, und die Jugendlichen folgen dabei ihrem eigenen Tempo. Jakob, der für eine reifere Beziehung mit seiner ersten Liebe bereit ist, lässt manche seiner alten Freunde am Wegesrand zurück. Sie ihrerseits sind perplex und fühlen sich durch seine Abtrünnigkeit verraten. Jakob muss nun die Fähigkeit entwickeln, mit den unterschiedlichen Graden an Nähe und Gefühlstiefe umzugehen, die unterschiedliche Beziehungen mit sich bringen. Dabei wird er Ähnlichkeiten und Unterschiede zwischen sich, seinen Freunden, seiner Freundin und seiner Familie feststellen, die allesamt zu der Selbsterkenntnis beitragen, wer er wirklich ist. Das Erwachsenenalter rückt näher, und Jakob entwickelt in sich die Fähigkeiten, die er braucht, um diese Brücke zu überqueren.

Wie wir unseren Kindern helfen, Beziehungen zu anderen aufzunehmen

Nach Nahrung und Gesundheit ist das wesentlichste Bedürfnis Ihres Kindes, Beziehungen zu anderen aufzunehmen. Die meisten Babys tun dies mühelos nach den ersten Lebenswochen, wenn sie keine schwerwiegenden körperlichen oder geistigen Beeinträchtigungen haben und wenn sie von liebevollen Bezugspersonen umgeben sind. Doch wir alle reagieren auf visuelle Reize, auf Geräusche, Berührungen und Bewegungen mit unterschiedlicher Intensität und Bereitschaft, und manchmal müssen Eltern die instinktive Art, mit ihrem

Baby umzugehen, ein wenig an den Stil anpassen, der die Aufmerksamkeit des Babys am leichtesten erregt.

Die Beziehung Ihres Kindes zu Ihnen wird wachsen, wenn Sie seiner Führung und seinen Interessen folgen und dann in solcher Weise darauf aufbauen, dass seine Erfahrungen und seine Frustrationstoleranz zunehmen. Wir nennen solch ein Zusammensein »Floortime«, weil das Fenster in die emotionale und intellektuelle Welt Ihres Kindes sich am ehesten öffnet, wenn Sie sich in *seinen* Wahrnehmungskreis auf *seiner* Augenhöhe und nach *seinen* Bedingungen begeben. Während Sie mit Kleinkindern und Schulkindern buchstäblich auf dem Boden sitzen und spielen, gestaltet sich die Floortime mit Babys und Teenagern anders.

Wenn Sie zum Beispiel die Aufmerksamkeit Ihres drei Monate alten Babys gewinnen wollen, gibt es dafür keinen besseren Ort als Ihren Schoß. Nach vielen Wochen solch enger Begegnungen weiß das Baby, dass Sie es »lesen« können, dass Sie verstehen, wie es »funktioniert«, und insbesondere, womit man ihm am meisten Spaß und Lust bereitet. Vielleicht haben Sie bemerkt, wie seine Augen jedes Mal zu leuchten beginnen, wenn Sie es mit liebevollem Blick anschauen, oder wie es sich entspannt und vom Strampeln weniger abgelenkt ist, wenn Sie es in eine warme, weiche Decke einwickeln. Vielleicht haben Sie beobachtet, wie das Schreien Ihres Babys, wenn es unter Blähungen leidet, leiser wird, kaum dass sein Vater es in die Arme nimmt, sanft hin- und herwiegt und mit tiefer Stimme eine anheimelnde Melodie summt.

Wenn Sie also lernen, was Ihr Baby mag und was es nicht mag, wenn Sie sich seinen Wünschen anpassen, damit es sich entspannen und wohlfühlen kann, lernt es seinerseits, dass sein Lächeln ein Lächeln bei Ihnen hervorruft und dass diese Interaktion großen Spaß macht. Nach einigen Monaten wird

Ihr Baby, wenn Sie den Raum betreten, den Kopf über den Rand seines Bettchens heben, weil es Kontakt mit Ihnen aufnehmen will. Wahrscheinlich werden Sie sich zu ihm hinunterbeugen und sein breites Lächeln mit einem Strahlen von Ohr zu Ohr erwidern. Ihr Baby will mit Ihnen interagieren, und es reckt und streckt neue Muskeln, um sich der Quelle seines Vergnügens zuzuwenden, und damit werden neue Bereiche in seinem Hirn vernetzt.

Auf diese Weise beginnen die Gefühle Ihres Babys sehr früh im Leben eine Rolle zu spielen, denn sie verbinden, was es hört und sieht (Sinneseindrücke), mit dem, was es tut (motorische Bewegung). Auch mit neun Monaten nimmt die Lust des Babys, mit Ihnen gemeinsam etwas zu tun, weiterhin zu: Immer wieder lächeln Sie sich gegenseitig zu, nicken oder schütteln den Kopf oder plappern und quietschen abwechselnd vergnügt. Solche Interaktionen bezeichnen den Beginn der sogenannten wechselseitigen Kommunikation. Ihr Kind investiert Energie in eine Welt außerhalb seiner selbst, weil es so großen Spaß macht. Spiele, bei denen Antizipation eine Rolle spielt – wie »Guck-guck« und »Wie groß ist mein Baby? S-o-o-o groß ist mein Baby!« –, haben für ein Kind in diesem Alter besonderen Reiz. Ihr aufmunterndes Lachen und Ihre hohe, begeisterte Stimme tun ein Übriges, den Spaß zu vermehren, wenn Sie die Decke von seinem Gesicht ziehen oder seine Arme hochstrecken.

Während Ihr Kind aufwächst, gibt es viele Möglichkeiten, seine Freude an interaktiven Beziehungen zu fördern und auch die Fertigkeiten dafür zu entwickeln. Zum Beispiel können sich die Eltern eines Kleinkinds durchaus einmal »dumm stellen«, wenn es Durst hat und auf der Suche nach etwas zu trinken ist. Kommt es zum Beispiel in die Küche und zeigt auf seinen Mund, dann entsprechen Sie nicht gleich seinem dringenden Wunsch. Um seine kniehohe Blickperspektive zu teilen, gehen Sie in die Hocke und zeigen mit fragendem Blick auf den Kühlschrank. Wenn es jetzt nickt, bestätigen Sie ebenfalls durch ein Nicken, dass Sie den Hinweis verstanden haben und den Wunsch erfüllen werden. Diese kleine »Konversation« lässt sich fortspinnen. Wenn Sie fragen, ob es etwas zu trinken aus dem Kühlschrank haben will, warten Sie, bis es noch einmal nickt oder einen zustimmenden Laut von sich gibt, und dann erst öffnen Sie die Tür. Sie stehen auf, und Ihr Kind wird wahrscheinlich die Arme ausstrecken, um von Ihnen hochgehoben zu werden. Auf diese Weise bauen Sie auf dem Wunsch Ihres Kindes auf und helfen ihm zu erkennen, dass die Kommunikation mit Ihnen der Schlüssel ist, das zu bekommen, was es will.

Im Alter von drei oder vier Jahren kann ein Kind seine Wünsche oder Gefühle bereits verbal mitteilen. Jetzt lernt es, mit Ihnen in einer emotional engen Beziehung zu bleiben –, selbst wenn es mit anderem beschäftigt, traurig oder wütend ist. Nehmen wir an, es hatte einen anstrengenden Tag im Kindergarten oder es ist böse, weil Sie ihm nicht erlaubt haben, seine neuen Schuhe beim Spielen unter dem Rasensprenger zu tragen. Es zeigt Ihnen buchstäblich die kalte Schulter und wendet Ihnen den Rücken zu, während es lustlos sein Spielzeugauto auf dem Boden hin und her schiebt.

Selbst unter diesen Umständen können Sie Ihrem Kind die Führung überlassen, an seiner Welt und seinen Interessen teilnehmen. Wenn Ihnen dies gelingt, stärken Sie Ihre Beziehung. Sie können Ihrem Kind helfen, innerhalb einer ganzen Bandbreite von Emotionen zu interagieren. Es kann dann sowohl in bedrückten wie in fröhlichen Zeiten zu Ihnen Kontakt aufnehmen.

Zum Beispiel schlägt Ihr Kind ein kleines Spielzeugpferd

voller Wut auf den Boden. Statt ihm zu sagen, es solle damit aufhören, nehmen Sie sich ein anderes Pferd und stellen Ihr Knie zu einem steilen Berg auf. Dann sagen Sie beiläufig, dass nur das mächtigste und stärkste aller Pferde in der Lage ist, diesen Berg zu überwinden. Es ist meist nur eine Frage der Zeit, bis Ihr Kind mit seinem Pferd Ihr Bein hinaufgaloppiert. Wenn die Geschichte in Gang kommt, können Sie ein paar Hinweise über die Ursache der Wut oder Enttäuschung Ihres Kindes in Erfahrung bringen. Wenn in seinem Spiel die Pferde miteinander kämpfen und sonst kaum etwas geschieht, können Sie versuchen, eine kleine Nebenhandlung einzuführen, in der ein Fohlen von den anderen gemieden oder von seiner Mutter in die Koppel zurückgeschickt wird, weil es unfolgsam war und mit einem kleineren Fohlen gekämpft hat. Im schützenden Raum seiner Beziehung mit Ihnen kann Ihr Kind lernen, unangenehme Gefühle zu ertragen.

In den ersten Schuljahren rückt die Beziehung Ihres Kindes zu seinen gleichaltrigen Kameraden immer mehr ins Zentrum seines Lebens. Zu Ihren gemeinsamen Aktivitäten kann es gehören, dass Sie Rollen spielen, um Ihrem Kind im Umgang mit den schwierigen gruppendynamischen Vorgängen im Pausenhof zu helfen. Es kann mit Ihnen als »Freund« oder »Freundin« üben, alle möglichen komplizierten Probleme zu meistern. Da es vielen Kindern Schwierigkeiten bereitet, in eine bestehende soziale Situation einzusteigen oder eine Gruppe zu verlassen, kann ein solches Übungsszenario mit Mama oder Papa den Zugang zu neuen Beziehungen erleichtern.

Wenn Ihre schüchterne Viertklässlerin gerne mit einigen der Mädchen in ihrer neuen Klasse spielen möchte, sich aus Furcht vor Ablehnung aber nicht zu fragen traut, können Sie sich vielleicht eine soziale Situation überlegen, in der sie sich bereits wohlfühlt und auf der sie aufbauen könnte. Wenn sie gern mit ihrer Freundin aus dem Nachbarhaus zusammen spielt, die ein freundliches und offenes Mädchen ist, können Sie beispielsweise vorschlagen, eine der neuen Klassenkameradinnen einzuladen, um dann zu dritt Fahrrad zu fahren. Oder wenn sie ein As im Bowlen ist, schlagen Sie ihr vor, ein oder zwei ihrer neuen Freundinnen ins Bowlingcenter einzuladen; ihr Gefühl, das Spiel körperlich gut zu beherrschen, wird ihr in den Untiefen neuer Beziehungen Sicherheit verleihen. Je öfter Ihr Kind mit anderen spielen kann, desto souveräner wird es werden. Es kann Zeiten geben, in denen Sie klaglos und oft Ihr Kind und seine Freunde hin- und herchauffieren müssen.

Die Kümmernisse eines Teenagers beim Aufbau von Beziehungen gleichen manchmal einer Achterbahn. Ihr Kind kann sich auf die Sicherheit seiner Beziehung mit Ihnen verlassen (trotz wiederholter Seufzer: »Du kapierst es einfach nicht.«), während es engere Beziehungen mit Freunden oder Freundinnen außerhalb der Familie eingeht. Seltsamerweise ergeben sich einige der wichtigsten »Floortime«-Momente zwischen Ihnen und Ihrem Teenager, wenn Sie keinen unmittelbaren Blickkontakt haben, etwa wenn Sie miteinander telefonieren oder bei Autofahrten nebeneinandersitzen, den Blick fest auf die Straße gerichtet. Solange Sie Ihrem Kind die Führung des Gesprächs überlassen, so, wie Sie es bei Ihrem Kleinkind und in den ersten Schuljahren getan haben, und auf die Gelegenheiten zum Predigen verzichten, wird Ihre empathische, gewohnte Stimme Ihrem Kind das deutliche Signal geben, dass Sie Anteil nehmen und dass es von Ihnen verstanden wird.

Wie man Beziehungen fördert

1. Machen Sie sich mit dem Temperament Ihres Kindes vertraut, seinen Empfindlichkeiten und Vorlieben.
2. Finden Sie heraus, was ihm Freude macht und wo seine Interessen liegen.
3. Machen Sie mit bei Dingen, die es interessieren, und überlassen Sie sich seiner Führung.
4. Erkunden Sie Ihre Beziehung, indem Sie das Spektrum Ihrer gemeinsamen Aktivitäten erweitern.
5. Erweitern Sie langsam seine Beziehungen über die Eltern-Kind-Beziehung hinaus, zu Geschwistern, anderen Verwandten, Peers des gleichen Geschlechts und des anderen Geschlechts sowie anderen Erwachsenen.
6. Ermuntern Sie Ihr Kind, seine Beziehungen zu vertiefen, indem Sie ihm helfen, sich nicht zurückzuziehen, wenn es emotional einmal schwieriger wird.

Warum habe ich unsere Reise, die uns zu den wesentlichen Eigenschaften eines »starken Kindes« – und auch eines starken Erwachsenen – führen soll, mit der Beziehungsfähigkeit begonnen? Weil es die wichtigste Fähigkeit ist, die wir haben. Die Fähigkeit, zu vertrauen und zu lieben, ermöglicht es uns, ein sozial reiches und bedeutungsvolles Leben zu führen. Die Fähigkeit, uns tief mit anderen zu verbinden, ist das Fundament, auf dem wir unsere lebenslangen, engen Partnerschaften aufbauen, Freundschaften eingehen und aufrechterhalten und Familien gründen. Wenn wir eigene Kinder großziehen und hoffen, dass es starke Kinder werden, setzen wir immer wieder diese Fähigkeiten ein und formen sie täglich.

2
Empathie
Die Fähigkeit zur Anteilnahme

Als Laura Ende zwanzig war, musste ihr alter Kater einge-
schläfert werden. Laura war am Boden zerstört, aber sie ließ
sich nichts anmerken und ging am nächsten Tag, als sei nichts
geschehen, in die Zeitschriftenredaktion, in der sie arbeitete.
Doch ihre Kollegin Steffi merkte, dass Lauras sonst so fröh-
liches Gesicht traurig aussah und sie in ihrer Arbeit nicht bei
der Sache war.

»Was ist los? Du wirkst so niedergeschlagen«, sagte Steffi.

»Nichts Schlimmes«, erwiderte Laura. »Ich musste nur
gestern meinen Kater einschläfern lassen. Aber es geht mir
o.k., wirklich. Es musste eben sein – und schließlich war er
nur ein Kater.«

Steffi fragte nicht weiter nach. Doch in der Mittagspause
kaufte sie Laura eine Karte und legte sie ihr auf den Schreib-
tisch. Als Laura den Gruß entdeckte, brach sie in Tränen aus
und erzählte Steffi, wie viel der Kater ihr bedeutet hatte. Seit
der Schulzeit war er mit ihr durch dick und dünn gegangen,
immer war er da gewesen. »Es ist, als ob ich ein Stück meiner
Kindheit verloren hätte«, sagte sie.

Steffi hörte zu und sagte: »Ich weiß, wie du dich fühlst.«

Und das tat sie wirklich.

Steffis unverstelltes Mitgefühl, die kleine Geste mit der
Karte und ihre Wärme spendeten Laura Trost, sie fühlte sich

mit ihrer Trauer nicht mehr so allein. Empathie – die Fähigkeit, die Gefühle eines anderen zu verstehen – erlaubte Steffi, ihrer betrübten Freundin zu helfen.

Steffis Anteil nehmende Fragen und ihr emotionaler Gestus – die Art, wie sie ihre Freundin ansah, ihre Haltung, ihre ruhige Stimme – vermittelten Laura in ihrer Trauer den Eindruck, dass sie beide in der gleichen Haut steckten. Doch gleichzeitig hielt Steffi einen gewissen Abstand zu Lauras Gefühlen. Sie belastete Laura nicht noch zusätzlich mit ihren eigenen Erinnerungen an den schmerzlichen Verlust von Haustieren.

Wir wissen alle, wie es ist, wenn Freunde, Verwandte oder Eltern das Mitgefühl übertreiben. Jawohl, sie versetzen sich in unsere Lage. Aber dann übernehmen sie unsere Gefühle und machen sich darin breit! Das ist keine Empathie.

Wir kennen auch Personen, die unseren Kümmernissen oder Freuden mechanisch zuhören und sogar ein paar zutreffende Fragen stellen. Doch spüren wir, dass sie nur so tun, als ob, und sich nicht wirklich für das interessieren, was wir sagen. Sie geben sich Mühe, sie wissen mit dem Kopf, dass sie Empathie zeigen *müssten*. Aber gefühlsmäßig sind sie dazu nicht so in der Lage, wie Steffi es war.

Woran erkennen wir echte Empathie? Wahrhaft empathische Menschen verstehen nicht nur, was man sagt und denkt, und können es fast wörtlich wiederholen, sondern sie schwingen emotional auf der gleichen Wellenlänge. Ihre Stimme, ihr Blick drücken aus, dass sie unsere Gefühle mitempfinden. Zugleich bleiben sie genug bei sich, um uns Raum zum Atmen und zum Erleben unserer Gefühle zu lassen. Sie können trösten und beruhigen, ohne uns zu nahe zu treten und emotional zu enteignen. Sie treffen den richtigen Ton der warmen, mitfühlenden Anteilnahme.

Empathie ist eine der wichtigsten Eigenschaften eines starken Kindes. Zwar lässt sich bereits bei Babys ein gewisses Maß an Empathie erkennen (die zum Beispiel weinen, wenn ein anderes Kind weint), und sogar bei manchen Tieren, doch nur eine bestimmte Art von Lernerfahrungen führt zu der Empathie, von der wir in diesem Kapitel sprechen – einer Fähigkeit, die buchstäblich die Welt zu einem lebenswerteren Ort macht.

Die Wurzeln der Empathie

Es ist zwei Uhr früh. Tim, drei Monate alt, schreit aus vollem Hals. Seine Mutter versucht ihn zu stillen, aber er schreit so sehr und ist so aufgeregt, dass es nicht möglich ist. Die Eltern wissen nicht, was ihm fehlt, aber sie haben keinen Zweifel, dass ihr Baby wütend ist! Der Vater nimmt Tim aus dem Bettchen und setzt sich mit ihm bei gedämpftem Licht in den Schaukelstuhl und wiegt ihn sanft. »Ich weiß, ich weiß«, sagt er. »Ich weiß, dass du verzweifelt bist. Du warst ganz allein und hattest Angst und keiner hat sich gekümmert. Ich weiß, ich weiß.« Er schaukelt rhythmisch mit seinem Sohn, und allmählich beruhigt sich Tim und fühlt sich sicher und in Liebe geborgen. Er und sein Vater lächeln sich an und tauschen ein paar glucksende Laute. Schließlich schläft Tim ein.

Was hat diese liebevolle Vater-Sohn-Szene mit Empathie zu tun? Die ersten Lektionen für diese Eigenschaft lernt ein kleines Baby durch solche frühen warmherzigen Interaktionen, durch Besänftigung und Trost, wenn es sie braucht. Durch den Kontakt mit einer Bezugsperson wird das Baby Teil der Menschheit, und zwar nicht nur durch Zuschauen, Zuhören und Wahrnehmen, sondern auch dadurch, dass es Wärme und Liebe von der Bezugsperson erwarten kann. Dieses Vertrauen wird meist von primären Bezugspersonen gelernt – Mutter, Vater, Großeltern oder Kindermädchen –, die sich durchgängig liebevoll und zärtlich verhalten.

Warum entsteht hier Empathie? Weil das Baby ohne diese primäre liebevolle Beziehung keinen Grund hat, sich um andere Menschen zu kümmern. Diese ersten Liebkosungen und Umarmungen öffnen die Tür zu echter Fürsorge und Hingabe. Die Größe der ersten warmen Zuwendung und Liebe bestimmt die Größe der Liebe, die das aufwachsende Kind in seinem Herzen trägt, die wiederum die Tiefe seiner Empathie für die Leiden und Freuden anderer Menschen bestimmt. Ein Kind entwickelt nur so viel Empathie, wie es sie von anderen erfahren hat.

Donald W. Winnicott beschrieb diese frühe Entwicklung der Empathie in seinem Buch *Kind, Familie und Umwelt*:

Das Glück, das die Mutter empfindet, wenn sie etwas für das Kind tut, vermittelt diesem sehr schnell, dass hinter dem Tun ein Mensch steckt. Doch dass das Baby schließlich die Mutter ebenso als Menschen erkennt, liegt vielleicht an ihrer besonderen Fähigkeit, sich in das Kind hineinzuversetzen und dadurch zu wissen, wie das Baby sich fühlt. Kein Bücherwissen kann dieses Empfinden einer Mutter für die Bedürfnisse ihres Kindes ersetzen.

Er fährt fort: »...die Tatsache, dass die Mutter zu einer so feinfühligen Anpassung fähig ist, zeigt, dass sie ein menschliches Wesen ist, und das Baby braucht nicht lange, um dies zu erkennen.«

In dieser primären Beziehung erfährt ein Baby zum ersten Mal Empathie, wenn es verstört ist und seine Mutter, sein Vater oder eine andere Bezugsperson es in einem Rhythmus wiegt, der es beruhigt, so, wie wir es bei Tims Vater gesehen haben. Das Schreien, der Hunger, die Wut des Babys finden im Erwachsenen Resonanz. Ein anderes Mal finden Freude und Begeisterung ebensolche Wirkung. Das Baby spürt diese Resonanz durch die Art, wie die Bezugsperson es wiegt, wie sie es anschaut und sich ihm zuwendet, durch den Klang ihrer Stimme.

Bestimmte menschliche Gefühle – insbesondere Empathie und andere hoch entwickelte Emotionen – müssen durch Erfahrung erlernt werden. Andere Emotionen wie Furcht oder elementare Formen der Wut sind sehr früh im Leben präsent. Man muss keine besondere Zuwendung und Fürsorge erfahren haben, um sich fürchten oder ärgern zu können. Doch Empathie und Liebe und Mitleid – diese Gefühle bedürfen der Erfahrung, um sich äußern zu können. Solche komplexen Emotionen sind in unserem Nervensystem nicht von vornherein angelegt. Die Erfahrung des Geliebt- und Beschützt-werdens ist der Beginn der Empathie. Und was daraufhin geschieht, ist von größter Wichtigkeit.

Die Mitteilung von Empathie

Mit acht oder neun Monaten lernt ein Baby, unterschiedliche emotionale Signale zu verstehen und darauf zu reagieren. Andreas kann am Gesicht seiner Mutter ablesen, wann sie aufgeregt, fröhlich oder gereizt ist – er erlebt diesen Gesichtsausdruck jeweils unterschiedlich und reagiert auch jeweils unterschiedlich darauf. Wenn seine Mama gereizt aussieht, zieht er sich ein bisschen zurück. Doch wenn sie ihn strahlend anlächelt, erwidert er ihr Lächeln ebenso strahlend. Wenn seine Mutter ihrer Überraschung mit einem »Oh« Ausdruck verleiht, gibt er ebenfalls einen Überraschungslaut von sich.

Wenn ihr vor Schreck der Atem stockt, schaut sich Andreas vorsichtig um, als ob er sagen wollte: »Was ist hier los?«

Was ist hier los? Mutter und Baby tauschen emotionale Signale aus. Dabei macht das Baby zwei wichtige Entdeckungen: erstens, dass eine andere Person von ihm getrennt und Teil der Außenwelt ist; und zweitens, dass die andere Person Teil einer *emotionalen* Außenwelt ist.

Diese Entdeckungen sind für die Entwicklung von Empathie wesentlich. Um die Gefühle seiner Mutter als von seinen eigenen unterschieden wahrzunehmen, muss das Kind wissen, dass dort draußen eine Person ist, die nicht Teil seiner selbst ist. Wenn es diese Erkenntnis nicht hat, wird es dazu neigen, sich selbst auf andere zu projizieren, und glauben, wir alle seien Teil von ihm. Um eine Überidentifikation zu vermeiden und jemanden als von sich selbst unterschieden erkennen zu können, muss das Kind die Gefühle anderer als von außen kommend erfahren. Zudem muss es lernen, emotionale Signale zu lesen, wenn es seine Fähigkeit zur Empathie entwickeln soll. Es genügt nicht, den Unterschied zwischen Ärger und Freude intellektuell zu verstehen – das Kind muss ihn geradezu körperlich spüren.

Wenn wir mit einer anderen Person mitfühlen, so geschieht dies in der Regel intuitiv und rasch. Unser Körper und unsere Stimme reagieren, *bevor* wir genau wissen, was die andere Person fühlt. Erst danach erkennen wir verstandesmäßig, dass die andere Person wütend oder traurig oder fröhlich ist. Diese schnellen emotionalen Reaktionen auf die Gefühle anderer Personen lernen wir durch wiederholte Interaktionen mit anderen, und dieser Prozess ist die Grundlage der Empathie.

Wenn diese frühe Phase, in der gelernt wird, andere als getrennt von uns selbst wahrzunehmen, gut verläuft, folgt eine weitere Phase. Andreas und Susi beginnen, ein komplexes Selbstempfinden zu entwickeln und gemeinsame soziale Problemlösungen anzustreben. Dies beginnt zwischen dem zehnten und achtzehnten Lebensmonat mit den Eltern als Partnern.

Eines Tages nimmt der kleine Andreas seinen Vater an der Hand, führt ihn ins Kinderzimmer und zeigt auf ein großes Spielzeugauto, das er haben möchte. Der Vater nickt verständnisvoll und freundlich und holt das Auto aus dem Regal. Geklappt!

Wenn das Kind erfolgreich seinen Vater oder seine Mutter für seine eigenen oder für gemeinsame Ziele einsetzen kann, ist dies der Beginn von Zusammenarbeit. Das Kind lernt zu kooperieren. Wir sehen das Gleiche bei Kindern mit ihren Spielgefährten. Mit achtzehn Monaten spielen Kinder zusammen, bauen gemeinsam Sandburgen, wechseln sich auf der Rutsche ab und kichern zusammen über gemeinsame Scherze. Sie schmeißen einander nicht mehr nur um, wie man es bei vierzehn Monate alten Kindern sieht, oder weinen mit, wenn ein anderes Kind weint. Jetzt spielen sie wirklich zusammen und machen gemeinsame Späße.

Zusammen mit einem Kollegen habe ich eine Studie über Kleinkinder durchgeführt, und wir konnten feststellen, dass Kinder etwa im Alter von achtzehn Monaten eine neue Entwicklungsstufe erkennen lassen, wo sie tatsächlich einen gemeinsamen Humor entwickeln. (Manche Kinder erreichen die Stufe sogar noch früher.) Auf dieser Stufe können sie schon ausführlich kooperieren, sie erkennen Gefühle und reagieren auf sie. Sie ahmen andere nach und identifizieren sich mit ihnen. Sie können zusammenarbeiten, um Probleme zu lösen.

Was hat gemeinsames Problemlösen mit Empathie zu tun? Sie haben wahrscheinlich bemerkt, dass ich von gemeinsamem *sozialem* Problemlösen gesprochen habe. Es geht darum, dass man in sozialen Räumen miteinander auskommt, sei es zuhause, bei einer Verabredung zum Spielen oder auf dem Spielplatz. Es bedarf der Empathie, um mit einer anderen Person zu kooperieren, die ihre eigenen emotionalen Probleme und Vorlieben hat. Wir sehen dies, wenn wir wiederholte Kommunikationsversuche beobachten, bei denen es um ein Projekt geht. In anderen Büchern habe ich diese Versuche »Kommunikationszirkel« genannt. Bei einem acht Monate alten Kind sieht man nur drei oder vier solcher Zirkel hintereinander, das heißt eine Geste, eine Antwort, eine zweite Geste und so weiter. Doch mit achtzehn Monaten können Kinder fünfzig bis sechzig solcher Kreise durchlaufen, wenn sie zusammen mit einem Spielzeug spielen oder auf einer Phantasie-Eisenbahn fahren.

Die Forschung berichtet, dass Kinder etwa im Alter von achtzehn Monaten erste Anzeichen von Altruismus zeigen – das Interesse für jemand anderen, das nicht von Eigeninteresse bestimmt wird. Ein Kind geht zum Beispiel zu seiner Mutter und streichelt ihren Arm, wenn sie verstört aussieht. Wenn sich ein anderes Kind wehtut, geht es hin und umarmt es oder streichelt ihm über den Rücken. Diese Form von Altruismus ist etwas anderes als Empathie, weil Empathie voraussetzt, dass man sowohl verstandesmäßig wie emotional versteht, wie eine andere Person sich fühlt. Sie setzt eine wirkliche Anteilnahme an der anderen Person voraus. Die frühe altruistische Reaktion ist fundamentaler, aber sie ist ein Vorläufer der Empathie.

Wir wissen nicht, ob das altruistische Verhalten eines kleinen Kindes, wenn es seine Mutter streichelt oder ein weinendes Kind umarmt, nur auf der Nachahmung eines bei den Eltern gesehenen Verhaltens basiert oder ob es eine echt empfundene, empathische Reaktion darstellt. Doch wenn Andreas oder Susi auf ein anderes Kind eingeht, um es zu trösten, muss er/sie aus sich herausgehen. Ob sie dies nur aus einem Nachahmungstrieb heraus tun oder weil sie wirklich mitempfinden, auf jedenfall sehen sie, dass sie mit ihrem Handeln einer anderen Person wohltun können. Es ist vielleicht noch keine wirkliche Empathie, aber es ist gewiss ein Meilenstein auf dem Weg dorthin.

Verbale Empathie

Den nächsten großen Schritt zur Empathie legen Kinder zurück, wenn sie mit Phantasiespielen beginnen. Das geschieht im Alter von achtzehn Monaten bis etwa zwei oder drei Jahren, wenn sie sprechen lernen. Sie beteiligen ihre Eltern oder Geschwister an gemeinsamen So-tun-als-ob-Szenarien. Sophie tut zum Beispiel so, als ob ihre Mutter ein hungriger Bär wäre, und füttert sie. Oder sie und ein anderes Kind spielen Mutter- und Babybär.

Wie entsteht aus gemeinsamen Phantasiespielen Empathie? In So-tun-als-ob-Spielen agieren Kinder auf einer symbolischen Ebene, auf der Ebene von Worten und Ideen. Sie beginnen, ihre Welt mit jemand anderem zu teilen. Sophie und ihre Mutter oder Sophie und ihre Freundin sind beide Teil einer Welt gemeinsamer Bilder, einer Welt hungriger Bären. Sie teilen verschiedene Empfindungen – Hunger, Sättigung, Zufriedenheit –, alles anhand des Bärenspiels. Dies führt die interaktive Beziehung, die wir bei einem viermonatigen Baby sehen, das sich mit seiner Mutter wechselseitig anlächelt, auf eine neue Ebene. Jetzt lächeln Bären oder Puppen oder Dinosaurier zusammen oder sind zusammen traurig. Durch das symbolische Teilen von Gefühlen beginnt ein Kind nicht nur, empathisch zu fühlen, sondern auch empathisch zu denken. Im Phantasiespiel experimentieren Kinder mit Gefühlen, weisen den Spielgegenständen wechselnde Rollen zu, um auszuprobieren, wie sich das anfühlt. Eine Puppe kann ein böser Lehrer oder Vater sein, und im nächsten Moment ist sie ein netter Lehrer, ein lustiger Junge, ein trauriges Mädchen und so weiter.

Im Phantasiespiel kann ein Kind mit Hilfe seiner Kreativität die Welt der Gefühle gefahrlos erkunden. Indem es so tut, als sei der Bär ein böser Lehrer, beginnt es zu verstehen, wie es sich anfühlt, wenn jemand böse zu ihm ist. Durch die Verwandlung des Stofftiers in eine lustige Figur lernt es, dass Lachen verletzte Gefühle entschärfen kann. Es kann sich vorstellen, was sein Stofftier (und darüber hinaus ein anderes Kind) fühlt, wenn es Schmerzen hat oder wenn es froh ist. Und es sieht diese Gefühle gesondert von sich selbst. Wenn es mit seinen ramponierten Spielsachen am Boden spielt, lernt es, empathisch zu sein.

Logik und Empathie

Bald nach dem Beginn der So-tun-als-ob-Spiele lernt das Kind, logische Brücken zwischen Ideen und Gedanken zu bauen und in Ursache-Wirkung-Relationen zu denken: »Ich bin froh, weil du mir das Spielzeug gegeben hast«, »Ich bin traurig, weil du mich nicht draußen spielen lässt«. Wenn die Mutter fragt: »Warum bist du heute so schlecht gelaunt?«, kann es antworten: »Weil du mir nicht das neue Spielzeug kaufst, das ich will.«

Die Empathie erreicht eine neue Stufe, wenn ein Kind nicht nur darüber nachdenken kann, wie es sich selbst fühlt, sondern auch, wie sich eine andere Person fühlt. Es kann nicht nur sagen: »Ich bin wütend, weil ...«, es kann fragen: »Mama, warum bist du wütend?«

In dieser Phase beginnt das Kind, seine Welt von der Welt seiner Eltern zu trennen. Es kann seine innere Welt von der Welt seiner Mutter unterscheiden und sich zugleich für ihre interessieren. Es kann an ihr Anteil nehmen und sich dafür interessieren, warum sie fröhlich oder traurig ist, und zugleich erkennen, dass es selber diese Gefühle nicht teilt. Dann kann es ihre Gefühle und Erfahrungen zu den seinen in Beziehung setzen und vergleichen.

Jetzt kann ein Kind nicht nur Gefühle erforschen und den Grund der eigenen Gefühle erkennen – »Ich bin traurig, wenn Mama zur Arbeit geht« –, sondern es beginnt auch, den Grund für die Gefühle anderer zu erkennen: »Mama freut sich, wenn ich mich an sie kuschle«, »Papa lacht, wenn ich komische Gesichter mache«. Anfangs sind diese Beziehungen noch primitiv und einfach, werden schwarz-weiß gesehen: Ein verlorenes Spielzeug ist gleich Traurigkeit; frühes Zu-Bett-Gehen ist gleich Wut.

Auf der nächsten Entwicklungsstufe treten diese groben Gleichungen zurück zugunsten differenzierter Grautöne. Jetzt betritt das Kind komplexere Stufen der Empathie, wo es mehrere Gründe für seine Gefühle und die anderer untersucht.

Jennifer erreichte diese Stufe, als ihre Familie in eine neue Stadt umzog. Die Eltern bereiteten ihre Tochter mit vielen Gesprächen auf den Umzug vor, sprachen davon, wie schön die neue Wohngegend sei und dass es auf dem Spielplatz gleich um die Ecke sogar ein Planschbecken gebe. Sie sprachen über Jennifers neues Zimmer und über die neuen Freundinnen, die sie dort gewinnen würde. »Ich kann gar nicht abwarten, bis wir endlich umziehen«, sagte Jennifers Mutter oft. »Es wird dort so schön sein.«

Deshalb war Jennifer überrascht, als sie ihre Mutter in der leeren Küche weinen sah, nachdem der Umzugswagen abgefahren war und die Familie im Auto hinterherfahren sollte.

»Mama, du bist ja traurig. Du weinst ja!«, sagte Jennifer.

»Ich bin so traurig, dass wir das alte Haus verlassen«, antwortete die Mutter.

»Aber du freust dich auch auf das neue Haus. Du bist traurig und froh«, erinnerte sie Jennifer und nahm sie in den Arm. Inmitten einer komplizierten Situation war Jennifer fähig, zu erkennen, dass ihre Mutter mit zwei offenbar gegensätzlichen Gefühlen zu kämpfen hatte. Jennifer empfand ähnlich, als sie im neuen Haus ankamen und alle ihren gewohnten Alltag und ihre Freunde vermissten. »Ich bin ein bisschen traurig wegen des alten Hauses«, sagte Jennifer eines Abends zu ihrer Mutter. »Aber über mein neues Zimmer bin ich froh.« Jennifer hat die Stufe erreicht, auf der sie verschiedene Grade der Ambivalenz und Widersprüchlichkeit von Gefühlen wahrnehmen kann, eine entscheidende Komponente der Empathie.

Eltern, die ihre eigenen Gefühle verstehen, sie modulieren und Ambivalenz ausdrücken können, machen es ihren Kindern leichter, diese komplexere Form der Empathie zu entwickeln. Wenn Sie sagen, dass Sie nach einem langen Arbeitstag erschöpft und etwas gereizt sind, sich aber gut fühlen, weil Sie ein wichtiges Projekt abgeschlossen haben, kann Ihr Kind sein Denken über Gefühle erweitern und eine reifere Form von Empathie entwickeln. Es kann dann die verschiedenen Grautöne zwischen den Gefühlen ergründen, die verschiedenen Ursachen für Gefühle und die verschiedenen Arten, mit Gefühlen umzugehen. Wenn es älter wird, beginnt es, die

Welt auf komplexere Weise wahrzunehmen, und es wird fähig, verschiedene Blickwinkel einzunehmen, eine für das Leben zentrale Fähigkeit.

Es ist nie zu spät

Für die meisten von uns begann das Erlernen der Empathie früh im Leben, und das Lernen fand in vorhersagbaren Schritten statt. Doch vergessen wir nicht, dass das Kind bei der Empathie – wie bei allen anderen Eigenschaften, die starke Kinder auszeichnen – auf jeder Entwicklungsstufe die Chance hat, sich neu zu orientieren, zu üben und aus Erfahrung zu lernen. Und Sie als Eltern haben die Chance, Ihren Kindern Erfahrungen zu ermöglichen, die ihnen helfen, frühere Stufen zu meistern, die sie bei der ersten Runde vielleicht nicht mitbekommen haben. Wenn Sie dies lesen und das Gefühl haben, Sie haben in den ersten sechs Lebensmonaten Ihres Kindes nicht das Richtige getan oder im Alter von zwei Jahren die Empathie nicht genug gefördert, machen Sie sich keine Sorgen. Die Fähigkeit, an den Gefühlen eines anderen teilzunehmen, lässt sich – wie die Fähigkeit, zu lieben oder gerecht und fair zu sein – zu jeder Zeit entwickeln, auch wenn es mit dem Alter etwas schwieriger wird, wenn die Grundlagen nicht in den frühen Beziehungen geschaffen wurden.

Doch Kinder können immer aufholen. Nehmen wir Christopher, ein Kind, das in einem Waisenhaus in Osteuropa aufwuchs und mit vier Jahren zu uns kam. Er hatte keinerlei Erfahrungshintergrund, der ein hohes Niveau von Empathie ermöglicht hätte. Er hatte in wichtigen Jahren seiner Entwicklung unter emotionaler und körperlicher Deprivation gelitten. Zuerst verhielt er sich lediglich auf einer Art Überlebensbasis: Er versuchte nur, etwas zu essen und elementare

Zuwendung zu bekommen. In seinem Beziehungsverhalten erschien er manipulativ und unpersönlich. Er versuchte von fast jedem Erwachsenen, dem er begegnete, Zuneigung zu bekommen – was für seine Adoptiveltern problematisch war.

Doch wir haben mit Kindern wie Christopher intensiv gearbeitet: Wir haben ihnen vermehrt Zuwendung, Liebe und Wärme gegeben, ihre Empfindlichkeiten und Ängste herausgefunden, wir haben ihnen ein Gefühl von Sicherheit vermittelt. Und wir sind zu dem Ergebnis gekommen, dass auch sie lernen können, einfühlsame Erwachsene zu werden. Christopher braucht viele Jahre in einer geborgenen und fördernden Familiensituation, um Vertrauen und Empathie zu entwickeln, vielleicht eine Therapie. Aber es ist nie zu spät.

Empathie auf dem Spielplatz

Haben Sie schon einmal Kinder beobachtet, die sich um ein Klettergerüst oder um ein paar Schaukeln scharen? Sie stecken die Köpfe zusammen und beratschlagen intensiv. Oder sie spielen und wechseln sich ab, klären die Regeln, streiten, wer als Nächstes drankommt. Ihre Diskussionen und Spiele drehen sich um wichtige Fragen: Wer ist drin, wer draußen? Wer steht höher? Wer tiefer? Wer ist der Erste? Wer ist der Letzte? Diese Kinder zwischen acht und zehn Jahren sind vollkommen mit Rangfragen und »Spielplatzdiplomatie« beschäftigt.

Wenn Kinder in der Schule Mitglieder einer sozialen Gruppe werden, verbringen sie viel Zeit damit, auszurechen, wo sie in Bezug auf die anderen Kinder stehen. Wer ist der Klügste? Wer ist der Zweitklügste? Wer spielt am besten Fußball? Wer kann am besten rechnen? Wer kann am besten tanzen? Wer ist die Hübscheste? Wer ist der Witzigste?

Wir wissen alle, dass unsere Acht-, Neun- oder Zehnjährigen ihre Stellung in der sozialen Hierarchie der Klasse oder anderen Peer-Gruppen berechnen und sich ständig mit allen anderen Kindern vergleichen. Manchmal ist es sehr schmerzhaft, wenn Kinder das Gefühl haben, dass sie bei manchen Dingen nicht so gut wie die anderen sind. Ich erkläre Eltern, deren Kind zu diesem Zeitpunkt eine soziale Niederlage einstecken muss und sich enttäuscht oder mutlos fühlt, weil es nicht in allem am besten ist, dass dies das Gesündeste ist, was passieren kann. Es ist weitaus besser, solch eine Erfahrung in diesem Alter zu machen, als mit neunzehn Jahren zum ersten Mal von einem Freund oder einer Freundin abgelehnt zu werden. Wenn die ersten Enttäuschungen im späteren Teenageralter eintreten, sind sie viel schwieriger zu meistern. Mit neun Jahren kann man über eine Enttäuschung in der Sicherheit des Elternhauses weinen und sich von den Eltern trösten lassen, aber das hilft nur bedingt im Alter von neunzehn.

Eltern müssen wissen, dass ein Kind ohne Enttäuschungen und Traurigkeit kein wirkliches Glück empfinden und kein wahres Ich-Bewusstsein ausbilden kann. Es hat keine wirkliche Identität, denn unsere Identität und unser Ich-Bewusstsein und unsere Lebensfreude basieren auf der Fähigkeit, uns selbst in verschiedenen Situationen auszuprobieren.

Luisa wünschte sich nichts sehnlicher als den »Tomorrow«-Song aus dem Musical *Annie* zu singen, das ihre Klasse zum Jahresabschluss für die Eltern aufführte. Doch die Lehrerin gab die begehrte Rolle Luisas Freundin Tina. Luisa war wie vor den Kopf gestoßen. Da sie vor ihrer Klasse in Tränen ausbrach, musste sie nicht nur mit ihrer Enttäuschung, sondern auch noch mit ihrer Demütigung fertig werden. Tina hingegen war begeistert. Erwachsenen mag dies als Bagatelle erscheinen, doch für Luisa war die Nichtbesetzung so deprimierend, wie es für ihren Vater gewesen wäre, wenn man ihn bei einer Beförderung übergangen hätte. Und ihre Eltern konnten nur sagen: »Es tut uns leid, wir wissen, wie du dich fühlst.«

Luisas Enttäuschung ließ nach, und sie nahm voller Engagement an den Proben teil. Sie applaudierte sogar begeistert, als Tina den »Tomorrow«-Song sehr schön sang. Aber sie vergaß nicht, wie weh es tat, als sie die Rolle nicht bekommen hatte, und genau diese sehr reale Erfahrung wird dazu beitragen, dass sie ein großartiges Mädchen wird. Später im Leben wird Luisa fähig sein, anderen, die eine Enttäuschung erlebt haben, mit echtem Verständnis zu begegnen. Wenn sie sagt: »Ich weiß genau, wie sich das anfühlt«, spricht sie aus Erfahrung. Wenn alles immer nur glatt und problemlos geht, kann sich ein solches Verständnis nicht entwickeln.

Das Ich-Bewusstsein definiert sich über die verschiedenen Gefühle, die wir erleben. Ohne Enttäuschungen erfahren zu haben, würden wir nicht wissen, was wir am meisten wünschen oder was uns am meisten fehlt. Ohne Wut würden wir nicht wissen, was uns frustriert. Ohne Begeisterung würden wir nicht wissen, was uns leidenschaftlich bewegt. Jedes dieser Gefühle definiert zugleich eine neue Sphäre der Empathie. Wir beginnen zu erkennen, dass andere Menschen unabhängig von uns die gleichen Erfahrungen machen und die gleichen Gefühle empfinden. Wenn wir wissen, was es heißt, über einen Verlust zu trauern, können wir mit anderen mitfühlen, denen das Gleiche widerfährt. Dies erweitert unsere Menschlichkeit. Wenn uns alles immer nur in den Schoß fiel und wir es nie schwer hatten, könnten wir zwar sagen: »Ich weiß, wie du dich fühlst«, aber diese Worte wären leer und bedeutungslos.

Die Konkurrenzkämpfe innerhalb einer Gruppe können recht hart sein, doch als Mitglied einer Gruppe können Kinder ihre Empathie für andere Kinder erweitern. Schulkinder haben ein genaues Gespür für die unterschiedlichen Nuancen ihrer Gruppen, sei es die Gruppe auf dem Spielplatz, ihre Schulklasse oder ihre Nachbarschaftsbande, die sich samstagmorgens zum Spielen trifft. Sie spüren in ihrem Klassenzimmer, ob Ernst und Arbeit oder Ausgelassenheit und Streiche angesagt sind. Sie spüren die Atmosphäre in größeren Gruppen, etwa die Disziplin und Solidarität in einer Pfadfindergruppe, wenn das Abschiedslied gesungen wird, oder die Freude in einem Fußballteam, wenn die Spieler unbändig herumhüpfen, weil jemand ein Tor geschossen hat. Sie können gewissermaßen die Temperatur der Gruppe spüren und ihre Gefühlslage teilen.

Dieses Zugehörigkeitsgefühl fördert ebenfalls die Empathie. Die Kinder schauen über den unmittelbaren Kreis ihrer Familie hinaus und identifizieren sich mit ihren Freunden in der Schule. Sie können sich sagen: »Ich gehöre zu diesem und jenem Team« oder »Ich gehe in die Sankt-Anna-Schule«. Das Kind identifiziert sich mit der Gruppe und kümmert sich um sie.

Die Empathie mit einer größeren sozialen Gruppe trägt wesentlich zum Zusammenhalt von Gesellschaften bei. Unsere Empathie für jemanden beginnt mit einzelnen Menschen und geht dann auf eine größere Gruppe über, die bestimmte Gefühle, Ziele und Ansichten mit uns teilt – unsere unmittelbare Familie, unser Fußballteam, unsere Glaubensbrüder, unser Staat, unser Land.

Gruppen schaffen auch Probleme. Gruppen sind die Basis

dafür, dass eine Gang eine andere bekämpft oder eine Nation mit einer anderen Krieg führt. Wir alle müssen unsere Empathie auf andere Menschengruppen ausdehnen, die unsere Erde bewohnen, um eine globale Identifikation über unsere Familie und unsere Nation hinaus zu entwickeln. Wenn wir sehen, dass Kinder sich so stark mit ihrer Peer-Gruppe identifizieren, dass sie andere ausschließen und eine Mentalität des »wir gegen sie« ausbilden, können wir ihnen helfen, ihre Empathie über ihre Gruppe hinaus zu erweitern, indem wir sie fragen, wie sich wohl eines der ausgeschlossenen Kinder fühlen mag.

Es ist förderlich und nützlich, die Empathie des Kindes auf Menschen auszudehnen, die sich in Hautfarbe, Religion oder körperlichen bzw. geistigen Fähigkeiten von ihm unterscheiden. Indem sie ein Kind voller Empathie großziehen, können Eltern ein wenig auf die globalen Konflikte einwirken. Wenn Ihre Tochter eine sudanesische Schulfreundin hat, wird sie Gefühle echter Empathie empfinden, wenn sie Nachrichten über die Hungerkatastrophe im Sudan hört. Wenn Ihr Sohn einen behinderten Freund hat, wird er viel mehr Verständnis für die spezifischen Probleme haben, mit denen Behinderte kämpfen.

Kinder müssen Menschen, die anders sind als sie selbst, in einem sicheren oder vertrauten Rahmen kennen lernen, denn wenn sie sich bedroht fühlen, ziehen sie sich auf ein Alles-oder-nichts- bzw. Schwarz-Weiß-Denken zurück. (Natürlich geht es Erwachsenen genauso, wie man nach dem 11. September sah, als der bloße Anblick eines Turbans oder Palästinensertuchs sofort panische Gefühle auslöste, bevor eine vernünftigere Reaktion einsetzte.) Unterschiedliche Freunde oder Klassenkameraden fördern das Verständnis für andere Kulturen und damit Empathie für sie.

Als Manuel sechs Jahre alt war, ließen sich seine Eltern scheiden, und als er neun war, heiratete seine Mutter erneut. Manuel wurde nur langsam mit seinem Stiefvater warm, aber als es einmal so weit war, war er sehr glücklich über die Beziehung zu dem lustigen und verlässlichen Erwachsenen, der zu ihnen gezogen war und nun einen festen Bestandteil ihres Lebens ausmachte.

Doch dann – Manuel war in der fünften Klasse – wurde die Familie von einem schweren Schicksalsschlag getroffen. Sein Stiefvater David erlitt einen Herzinfarkt und starb. Wie Kinder es tun, verbrachte Manuel viel Zeit mit seinen Freunden, um über den Verlust hinwegzukommen, spielte mit ihnen, als ob nichts Besonderes geschehen wäre, auch wenn er ruhiger und nachdenklicher geworden war.

Zwei Jahre später erlitt Manuels Freund Lukas ebenfalls einen schweren Verlust. Lukas' Vater starb nach einer langen Krebserkrankung. Da Manuel selbst einen großen Verlust erlebt und gelernt hatte, sich in jemand anderen hineinzuversetzen, konnte er seinem Freund beistehen. Er merkte, dass Lukas häufig wütend und aggressiv wurde, sich von seinen Freunden zurückzog oder Streitereien anfing und in seinen Schulleistungen nachließ. Manuel erkannte, dass es ihm nach dem Tode seines Stiefvaters ähnlich ergangen war.

Seine Mutter hörte eines Nachmittags ein Gespräch mit an, das ihr Sohn am Telefon mit Lukas nicht lange nach dem Tod seines Vaters führte: »Schau mal, Lukas, ich weiß, dass es total schwer für dich ist. Klar, es ist nicht das Gleiche wie bei mir, als David starb. Ich meine, du warst dein ganzes Leben mit deinem Vater zusammen, und ich kannte David nur ein paar Jahre. Aber ich weiß, dass es schwer ist. Du musst sagen, wie es dir geht, Mann, du musst einfach zugeben, dass du traurig bist.«

Später erzählte Lukas' Mutter der Mutter von Manuel, dass das Verständnis von seinem Freund durchgedrungen sei und dass es Lukas sehr geholfen habe, über den Verlust seines geliebten Vaters zu trauern.

Sie denken vielleicht: »Moment mal, das sind doch Siebtklässler. Das ist völlig unmöglich, dass sie so miteinander gesprochen oder sich so geholfen haben.« Aber es ist eine wahre Geschichte. Noch vor dem Teenageralter erreichen Kinder eine neue, komplexere Stufe: die Fähigkeit zur Empathie auf eine wirklich reflektierte Weise. Das setzt ein organisiertes Ich-Bewusstsein voraus. Die Kinder müssen wissen, wer sie sind, sie müssen Traurigkeit, Glück und Enttäuschung erfahren haben, die zu ihrer Selbstdefinition beitrugen. Dies hilft sowohl Kindern wie Erwachsenen, wirklich gute Freunde zu sein. Durch das Meistern persönlicher schwieriger Erfahrungen versteht das Kind nicht nur Individuen, sondern ganze Personengruppen. Es ist schwer, dies zu ereichen, denn es erfordert gleichzeitig eine Reflexion über sich selbst und die eigenen Gefühle wie auch über andere Menschen. Man verliert sich nicht selbst, während man sich mit anderen identifiziert, und man muss sich auch nicht von ihnen zurückziehen, um sich selbst zu schützen.

Um wirklich mit der Trauer oder Verzweiflung eines anderen Menschen mitzufühlen, müssen wir zumindest manches davon selbst durchgemacht haben, wenn auch nicht so intensiv, dass es uns aus der Bahn wirft oder in Depression stürzt. Es gibt einen Unterschied zwischen Traurigkeit und Enttäuschung, die wir verarbeiten können, und wirklicher Depression, die eine Person zu verschlingen droht, auch wenn manche Betroffene aus ihr mit einer vertieften Empathie hervorgehen.

Das Verständnis für diese Dinge beginnt mit den Entwicklungsschritten in der Kindheit, die wir gerade beschrieben haben.

Unter den Eigenschaften und Fähigkeiten, die ein starkes Kind ausmachen, ist Empathie eine der wichtigsten. Deshalb überrascht es wenig, dass ein Mangel an Empathie mit einer Vielzahl von Problemen verbunden ist. Im Extremfall kann dieser Mangel mit antisozialen Persönlichkeitsstörungen einhergehen, etwa bei einem Soziopathen, der Menschen oder Tiere als Dinge ansieht, als Auto oder Tisch, statt als empfindungsfähige Wesen, die eigene Gefühle haben. In milderen Formen finden wir eine gewisse Gefühlskälte und selbstzentrierte Lebenssicht. Ein Kind, das lacht, wenn ein anderes hinfällt und sich wehtut, oder über ein verlierendes Team spottet, bedarf vielleicht des freundlichen Hinweises auf die Gefühle der anderen.

Falsche Empathie

Die Fähigkeit, sich in andere hineinzuversetzen, kann auch vorgetäuscht werden. Wir kennen Erwachsene, die sehr geschickt andere Menschen »lesen«. Sie haben ein außerordentliches Talent, auf einer Party alle Gäste zu unterhalten oder Kunden davon zu überzeugen, dieses oder jenes Produkt zu kaufen. In jungen Jahren waren sie vielleicht erfolgreiche Verführer. Im Beruf sind sie häufig sehr geschickt darin, andere zu bestimmten Aufgaben zu überreden. Aber solche Menschen haben manchmal Probleme mit langfristigen engen Beziehungen, weil sie ihre Fähigkeit, andere zu »lesen« und zu verstehen, zumeist nur für eigennützige Zwecke einsetzen. Sie beuten die Leute aus und übervorteilen sie. Sie haben großes Geschick im Umgang mit Menschen, aber sie nutzen sie nur aus, ohne ihnen wirkliches Verständnis entgegenzubringen. Dies ist keine Empathie, sondern Manipulation. Auch Kinder lernen oft, andere für ihre Interessen zu manipulieren. Sie finden heraus, wie sie Interesse oder Anteilnahme an einem anderen Kind oder an einem Erwachsenen vortäuschen können.

In den letzten Jahren war viel die Rede vom Narzissmus und der Selbstzentriertheit in unserer Kultur. Ich frage mich freilich, ob die mitmenschliche Eigenschaft, von der dieses Kapitel handelt, heutzutage von den Familien weniger gefördert wird. Verbringen wir genug Zeit mit unseren Kindern, oder kümmern sich andere um sie, Menschen, die nicht kontinuierlich in ihrem Leben präsent sind und nicht das gleiche Maß an Empathie und Fürsorge aufbringen können? Wir können unseren Kindern sprachliche oder motorische Fähigkeiten und sogar Selbstkontrolle beibringen, aber um Empathie zu besitzen, muss man sie empfinden – anders gesagt, muss man Empathie und vertrauensvolle Nähe selbst erlebt haben. Man kann Empathie nicht authentisch vermitteln, wenn man sie nicht selbst besitzt.

Lebenslange Empathie

In der Pubertät, wenn die Kinder als besonders selbstzentriert gelten, entwickelt sich die Empathie weiter. Engere Freundschaften in der Schule und darüber hinaus ersetzen viele Beziehungen in der Familie. Eine intime Beziehung ermöglicht neue Ebenen der Empathie. Wenn wir Glück haben, verlieben wir uns in einen Menschen und durch ihn in die ganze Welt. Wir haben oft gehört, wie jemand sagte, dass die Liebe »mich zu einem besseren Menschen gemacht hat«. Und das trifft zu.

Wenn Adoleszente tiefe Beziehungen außerhalb ihrer Familie eingehen, beginnen sie, auf einer größeren Bühne zu agieren. Sie nehmen die Ungerechtigkeit in der Welt intensiver wahr, und manche kritisieren ihre Eltern für ihre Untätigkeit und Selbstzufriedenheit angesichts der inakzeptablen Zustände. Doch wenn sie auf die Uni gehen oder im Beruf neue Aufgaben und Verpflichtungen auftauchen, gewinnen die gleichen jungen Leute ein neues Verständnis für ihre Eltern und ihre Sichtweise. Eine Freundin von mir erzählte, dass sie kürzlich auf ein Buch gestoßen sei, das sie vor Jahren, zu Beginn ihres Studiums, ihrer Mutter zu Weihnachten geschenkt hatte. Sie hatte folgende Widmung hineingeschrieben: »Jetzt, da ich ein Semester von dir fort bin, begreife ich erst, wie du die ganzen Jahre versucht hast, mir nahezubringen, was Freundlichkeit und Frieden für uns alle bedeuten.«

Mit der Gründung einer eigenen Familie verbindet sich die Chance, die erfahrene Empathie weiterzugeben – oder manchmal auch eine zweite Chance, diese Erfahrung durch die Liebe, die Sie für Ihre Kinder empfinden, nachzuholen. Das Leben mit Kindern vertieft die Empathie auf eine unvorhersehbare Art und Weise. Wir sehen unsere Kinder als Teil von uns selbst und zugleich als getrennt von uns – die Voraussetzung für Empathie. Indem wir auf die Freuden und Sorgen unserer Kinder eingehen, erweitern und vertiefen wir das Spektrum unseres empathischen Vermögens.

Die Empathie für Kinder, für den Ehepartner oder für die Freunde wird mit der Zeit tiefer. Im Erwachsenenalter kann Empathie sowohl schmerzhaft wie beglückend sein. Nicole, eine dreißigjährige Frau, die fern von ihrer Familie alleine lebte, bekam eines Tages die Nachricht, dass eine Mammographie bei ihrer Mutter eine kleine Krebsgeschwulst gezeigt hatte. Nach dem ersten ungläubigen Entsetzen begann Nicole ihre Mutter zu trösten, so, wie einst ihre Mutter sie als Kind getröstet hatte. Sie drängte ihre eigene Angst beiseite und hörte der Angst ihrer Mutter zu. Sie hielt die Hand ihres Vaters, als er von seiner Hilflosigkeit sprach, während sie auf das Ergebnis der Biopsie warteten. Als die Laborwerte ergaben, dass der Krebs sich noch nicht in die Lymphknoten ausgebreitet hatte, teilte Nicole mit ihren Eltern die große Erleichterung und Freude.

Wenn wir älter werden, wird unsere Empathie mit anderen durch neue Erfahrungen vertieft. Wenn wir zum Beispiel krank sind, hilft uns dies, die Gefühle anderer Kranker zu verstehen. Wenn wir Verluste erleiden, sehen wir den Lebenszyklus mit anderen Augen. Wir nehmen intensiver an politischen, sozialen und ökologischen Themen Anteil – wie viele Erwachsene es tun – und dehnen so unsere Empathie über nationale und Generationsgrenzen aus.

Empathische Kinder erziehen

Empathie ist eines der Hauptkennzeichen eines starken Kindes, aber von allen Fähigkeiten ist sie am schwersten zu erlernen. Zwar werden alle Kinder mit der inneren Notwendigkeit zu Kommunikation und Interaktion geboren, doch brauchen sie Vorbilder und Ermunterung, um sich in andere versetzen zu können. Dies ist eine kognitiv und emotional komplizierte Aufgabe, die sich mit Ihrer Hilfe über einen längeren Zeitraum entwickelt. Ihr Kind einfach nur dazu anzuhalten, gegenüber anderen »nett« zu sein, reicht nicht aus.

Jedesmal, wenn Sie sich auf die Gefühle Ihres Kindes einlassen und ihm zu verstehen geben, dass Sie seine starken

Emotionen nachfühlen können, begreift es, dass es nicht allein oder gar unliebenswert ist. Wenn Sie ihm vermitteln, dass selbst beängstigende Gefühle wie Wut oder Scham zulässig sind und dass alle Menschen sie erleben, dann wird Ihr Kind lernen, diese Emotionen auszuhalten und schließlich Empathie für andere zu fühlen.

Schon bevor ein Kind sprechen kann, können Sie ihm Empathie beibringen, indem Sie einfach seinen Gesichtsausdruck spiegeln. Die meisten von uns verziehen instinktiv aus Mitgefühl das Gesicht, wenn sie ein viermonatiges Baby sehen, das vor Bauchweh die Augen zusammenkneift. Oder wir strahlen, wenn unser Baby vor Freude über unser Kommen mit seinen Beinchen strampelt. Unsere animierte Mimik und unser intensiver Stimmklang, die die Emotionen unseres Babys spiegeln, geben unserem vorsprachlichen Kind ein äußeres »Bild« seiner Gefühle. Auf diese Weise erfährt das Baby die befriedigende Bestätigung, dass seine Gefühle verstanden werden.

Auch wenn Ihr einjähriges Kind viele Worte nicht versteht, mit denen Sie seine Gefühle wiedergeben, ist es die Tonlage Ihrer Stimme, die Ihre Empathie vermittelt. Wenn Sie mitfühlend sagen: »Ach, tut dir dein Bäuchlein wieder *soooo* weh«, oder wenn Sie Ihren Kopf langsam schütteln, dem Kind das Haar aus der Stirn streichen und zärtlich sagen: »Mein Schatz, du siehst heute aber gar nicht fröhlich aus«, dann kann Ihr Baby Ihre Fürsorge sehen, hören und in Ihrer Berührung spüren. Wenn Sie Ihre eigenen Gefühle als Reaktion auf seine ausdrücken, wird Ihr Baby auf Ihre Annäherungsversuche reagieren, vielleicht indem es die Ärmchen ausstreckt, um in den Arm genommen zu werden, oder ein wenig wimmert. Durch diese Interaktionen kann das Kind Ihre Gefühle erfahren.

Bei einem Kind von achtzehn Monaten hilft eine leichte

Dramatisierung, Ihre Gefühle zu kommunizieren. Wenn Ihr Sohn ein Spielzeug aus Ihrer Hand schlägt, während Sie zusammen in der Spielzeugkiste kramen, können Sie zum Beispiel die Hände in die Hüften stemmen und »Hmmmm ...« brummen, ähnlich wie die Zeichentrickfigur Marge Simpson es angesichts der Sperenzchen ihres Sohnes Bart macht.

Zwischen dem zweiten und dritten Lebensjahr sollten Sie sich in den Phantasiespielen der Führung Ihres Kindes anvertrauen, aber Sie können es ermutigen, die Bandbreite der gezeigten Gefühle langsam zu erweitern. Wenn das Spiel gewöhnlich von »guten Sauriern« und »fröhlichen Bären« handelt, können Sie vielleicht ein paar Spannungselemente einbauen. Verstecken Sie einen der guten Saurier oder versperren Sie den Bären den Weg. Lassen Sie Ihr Kind oder den Saurier protestieren und Ihr Spielzeug beiseiteschieben. Es bringt Ihrem Kind nichts, wenn Sie es im Spiel vor negativen Gefühlen schützen. Umgekehrt können Sie natürlich, wenn die Saurier immer nur in Streit geraten und miteinander kämpfen, nach einer Weile ein anderes Tier aus der Spielzeugsammlung, etwa einen der Bären, auftreten und sich um einen der verwundeten Saurier kümmern lassen. Wenn Sie also ein größeres Spektrum emotionaler Themen oder Motive einbringen und dann beide Seiten eines Gefühls im Spiel ausleben, helfen Sie Ihrem Kind, all seine Gefühle in einer sicheren und geschützten Situation wahrzunehmen.

Doch dürfen Sie nicht vergessen, dass sowohl Sie als auch Ihr Kind sich unter Umständen unwohl fühlen, wenn negative Gefühle ins Spiel kommen. Manche Kinder – und auch ihre Eltern – scheuen davor zurück, den Part des »Bösewichts« im Spiel zu übernehmen. Sie müssen sich den Konfliktsituationen langsam annähern. Andere Kinder reißen sich in ihren Spieldramen um die Rolle des Bösewichts, des Ungeheuers oder Tyrannen, weil sie versuchen, negative Gefühle wie Neid, Ärger oder Rücksichtslosigkeit zu verstehen, die sie manchmal überwältigen. Sie fürchten sich vielleicht vor ihren eigenen aggressiven Gefühlen und übernehmen in ihren Spielen die Rolle von mächtigen Figuren, damit sich niemand aggressiv ihnen gegenüber verhält – Angriff ist die beste Verteidigung. Da solche Situationen Ihrem Kind ermöglichen, sich beängstigenden Gefühlen in einem geschützten Raum zu stellen, ist es wichtig, diese Themen nicht auszuklammern, wenn sie im Gespräch oder Spiel aufkommen. Die Kinder müssen erst dann eine Grenze gesetzt bekommen, wenn ihre Negativität sich in destruktivem Verhalten äußert. Indem Sie Ihre Empathie mit Ihrem Kind über ein breites Spektrum von Emotionen ausdehnen und emotionale Themen, die Sie herausfordern, nicht ausklammern, helfen Sie ihm, diese Emotionen bei sich selbst zu akzeptieren.

Sie können Ihren Kindern – ob sie noch in den Kindergarten oder schon zur Schule gehen – auf einer realitätsnahen Basis helfen, sich ihrer Emotionen bewusst zu werden. In spielerischen Überlegungen – »Was wird morgen sein?« – können Kinder sich reale Situationen und ihre Gefühle darin vorstellen. Fragen wie »Wenn morgen deine Fußballmannschaft verliert, wie fühlst du dich da?« oder »Wird deine Lehrerin böse, wenn du deine Hausaufgaben wieder vergisst?« helfen Ihrem Kind, Gefühle zu antizipieren, denen es sich allein nicht stellen will.

Manche Kinder können in diesem Alter schon die Gefühle anderer wahrnehmen, doch die Fähigkeit zur Empathie mit diesen Gefühlen entwickelt sich in der Regel erst zwischen dem achten und vierzehnten Lebensjahr. Es ist wichtig, Ihr Kind erzählen zu lassen, wie es die Gefühle seiner Spielkameraden oder Geschwister in bestimmten Situationen einschätzt.

Und enthalten Sie sich jeglicher Wertung, auch wenn dabei keine sonderlich schmeichelhaften Aspekte seiner Persönlichkeit zu Tage kommen sollten.

Stellen wir uns beispielsweise vor, dass Sie und Ihre achtjährige Tochter nach dem Abräumen des Abendbrottischs noch ein bisschen miteinander plaudern. Vielleicht will sie Ihnen etwas von ihren Erlebnissen auf dem Schulhof mitteilen, erzählt übermütig, wie sie und ihre Freundinnen sich darüber lustig gemacht haben, wie ein neues Mädchen an der Schule Seil springt.

»Was glaubst du, wie Merle sich fühlt, wenn ihr über sie kichert?«, fragen Sie dann vielleicht. (Beachten Sie, dass Sie keine Wertung vornehmen und das Gespräch ersticken, indem Sie zum Beispiel sagen: »Ihr Mädchen seid wirklich nicht nett zu Merle.«) Ihre Tochter antwortet eventuell:

»Ach, ich glaube, das macht ihr nichts.«

»Warum nicht?«

»Weil wir sie ja bei uns mitspringen lassen, auch wenn wir über sie lachen.«

Und wissen Sie was? Ihre Tochter hat vielleicht Recht. Aber Sie können daraufhin eine Frage stellen, die es ihr ermöglicht, Merles Gefühle in dieser Situation zu erkennen: »Sag mal, glaubst du, dass Merle gern zu eurer Gruppe gehören will oder dass sie es gern hat, wenn ihr alle über sie lacht?«

Wenn die Antwort Ihrer Tochter lautet: »Hm, ich glaube, sie mag es nicht, wenn wir über sie lachen, aber sie will zu unserer Gruppe gehören, und also lässt sie sich's gefallen«, dann haben Sie Ihr zu einem Riesenschritt Richtung Empathie verholfen. Schließlich wird eine Zeit kommen, in der sie es vermeidet, sich über andere Kinder lustig zu machen, selbst wenn sie weiß, wie verlockend es vorübergehend sein kann.

Dies geschieht, selbst unter günstigsten Bedingungen, nicht vor dem achten bis zehnten Lebensjahr oder erst später, wenn die Kinder lernen, in zwei Welten zu leben. Erst zu diesem Zeitpunkt sind sie in der Lage, ihre eigenen Gefühle und Wünsche als Standard ihrem Verhalten anderen gegenüber zugrunde zu legen.

Ein besonders empathisches Kind von acht Jahren, das von den Fernsehberichten über Tsunamiopfer bewegt ist, kann dazu ermuntert werden, sich vorzustellen, wie es selbst und seine Freunde in einer ähnlichen Situation vor den Wassermassen fliehen oder für die anderen Dorfbewohner etwas zu essen suchen. Dies kann dazu führen, dass es tatsächlich darüber nachdenkt, wie es helfen kann. Vergleichbare Gespräche mit Jugendlichen drehen sich häufig um Menschen, die Hunger leiden oder in Ländern leben, wo viele Menschen zu Unrecht in Haft sitzen oder Frauen keine Schule besuchen können. Bücher wie *Wer die Nachtigall stört*, *Das Tagebuch der Anne Frank* und *Oliver Twist* regen zu Diskussionen über Unrecht und Vorurteile gegenüber Menschen an und eröffnen neue Zugänge zur Empathie.

Empathie hat kein Ende. Es ist eine kontinuierlich wachsende Dimension des Lebens, und ihre Grundlagen werden in den von mir beschriebenen Entwicklungsstufen gelegt. Sie können Ihrem Kind bei der Entwicklung von Empathie helfen, indem Sie sich auf jeder Entwicklungsstufe mit ihm beschäftigen. Lachen Sie mit Ihrem Baby. Begeben Sie sich zu Ihrem Kleinkind auf den Boden und spielen Sie mit ihm So-tun-als-ob-Spiele. Wenn Ihr Kind aufgeregt oder ängstlich wird, fragen Sie, wie es sich fühlt und warum es sich so fühlt. Stellen Sie sicher, wenn es in der Grundschule ist, dass es unter-

Wie man Empathie fördert

1. Fühlen Sie mit Ihrem Kind. Empathie entsteht durch das Empfinden des Mitgefühls anderer.
2. Helfen Sie Ihrem Kind, sich seiner eigenen Gefühle bewusst zu werden und sie auszudrücken. Erlauben Sie ihm die Äußerung der ganzen Bandbreite von Gefühlen.
3. Helfen Sie ihm, sich auf die Gefühle anderer einzulassen, indem Sie Ihre Gefühle deutlich machen. Zeigen Sie sie durch Mimik und Stimme.
4. Wecken Sie sein Interesse an den Gefühlen anderer, indem Sie Ihr Kind ermuntern, seine eigenen Gefühle als Vergleichsmaßstab zu benutzen.
5. Lassen Sie Ihr Kind – in geschütztem Rahmen – alle möglichen Situationen durchleben. Ermutigen Sie es, seine Phantasie einzusetzen, um über die Erfahrungen, die es bereits hat, hinauszugehen.

schiedliche Kinder kennen lernt und gute Freunde gewinnt. Wenn es die Stufe des reflexiven Denkens erreicht, fragen Sie nach seiner Meinung. Unterstützen Sie seine Freundschaften, und nehmen Sie Anteil an seinen Interessen und Leidenschaften. All diese täglichen Erfahrungen und noch viele mehr fördern die Eigenschaft der Empathie, die dazu beiträgt, aus Ihrem Kind ein starkes Kind zu machen.

3
Neugier
Das forschende Bewusstsein

Der vierjährige Stefan durfte mit seiner Tante ins Naturkundemuseum gehen. Sie hatte vor, ihm die großen Raubkatzen zu zeigen, die in einer neuen Ausstellung zu sehen waren. Doch Stefan hatte anderes im Sinn. Er interessierte sich einzig und allein für die Saurier.

»Aber die Dinosaurier hast du doch schon das letzte Mal gesehen«, sagte seine Tante.

Stefan hatte nicht die Zeit, diese Frage lange zu debattieren. Als sie den Fahrstuhl verließen, nahm Stefan seine Tante bei der Hand. »Komm schon!«, sagte er und zerrte sie an dem großen Elefanten in der Rotunde vorbei in die Halle mit den Dinosauriern.

Stefans Tante gab – wenigstens für den Augenblick – ihren Plan auf, ihm die Raubkatzen zu zeigen. Er hatte eine Mission, und sie entschied, ihm darin zu folgen. Stefan betrachtete voller Begeisterung und Faszination die Skelette und Dioramen ausgestorbener Tiere. Seine Tante las ihm die Beschriftungen an den Ausstellungsstücken vor, und er wiederholte die seltsam klingenden Namen: *Stegosaurus, Brontosaurus, Brachiosaurus, T. Rex.*

Instinktiv hatte die Tante Stefans Leidenschaft für eine spezielle Sache nachgegeben. Er wird wahrscheinlich sein Interesse an den Dinosauriern irgendwann verlieren, oder er wird es sein Leben lang behalten und vielleicht sogar eine Karriere als Paläontologe machen. Doch jetzt können die Erwachsenen in Stefans Leben nichts Wichtigeres tun, als auf seine Begeisterung einzugehen, ihm bei der Erweiterung seiner Interessen zu helfen und seine enorme Lernbereitschaft, die aus der Neugier erwächst, zu unterstützen.

Als die beiden am Ende der Dinosaurier-Abteilung angelangt waren, sagte Stefans Tante: »Fein, jetzt, wo wir diese Burschen gesehen haben, können wir uns ja die Raubkatzen anschauen.«

Diesmal war Stefan einverstanden. Sie eilten recht zügig durch die neue Ausstellung, betrachteten die Tiger und Leoparden nur im Vorübergehen. Doch als Stefan einen Schneeleoparden sah, regte sich seine Neugier. »Der sieht ja aus wie ein riesiger Joschi«, sagte Stefan, womit er sein Kuscheltier meinte. »Lies mir das vor«, bat er seine Tante und zeigte auf die Beschriftung. Seine Tante begann über die scheuen Leoparden im Himalaja vorzulesen – und Stefans Interesse war geweckt. Erneut war er von etwas gefesselt und lernte.

Die Macht der Neugier

Neugier – ein Interesse an der Welt und die bohrende Frage, wie und warum die Dinge in ihr funktionieren – ist eine grundlegende kindliche Eigenschaft. Aus Neugier wendet ein Baby seinen Kopf nach der Stimme seiner Mutter; aus Neugier schlägt ein Kleinkind auf ein Xylophon und baut einen Turm aus Holzklötzen; aus Neugier klettert ein Schulkind über Zäune oder in Nachbars Garten, um das Kind kennen zu lernen, das gerade neu hingezogen ist; aus Neugier programmieren Jugendliche ihren Computer neu; aus Neugier bleibt ein Student bis spät in der Nacht im Chemielabor; Neugier treibt eine junge Reporterin in eine neue Recherche, die ihre Karriere positiv beeinflusst; und Neugier ist es auch, die einen Rentner eines Tages nach Knochen in der Wüste graben lässt (solchen von Sauriern natürlich).

Die Neugier ist eine so verlässliche Kraft in einem kleinen Kind, dass Eltern seinem Forschungsdrang freien Lauf lassen sollten und lediglich die Aufgabe haben, für seine Sicherheit zu sorgen. Fragen nach dem Warum, Wie, Wer und danach was als Nächstes geschieht, sind zentrale Anliegen in jeder Lebensphase. Die Neugier ist der Motor, der den Prozess antreibt; andere wichtige Eigenschaften, die wir in diesem Buch diskutieren wollen – darunter logisches Denkvermögen, Kreativität und Disziplin – halten den Prozess dann am Laufen.

Dem Kind die Führung überlassen

Stefans Tante war klug genug, dem entschiedenen Wunsch ihres Neffen, die Dinosaurier im Museum anzuschauen, nachzugeben. Wenn sie sich seiner Führung überließ, so hieß das freilich nicht, dass sie nur zu tun hatte, was er tat. Sie ließ ihn zwar das Stichwort geben, aber sie baute darauf auch auf. Als sie ihn in eine andere Museumsabteilung führte, die möglicherweise sein Interesse erregen konnte, erweiterte sie seine Weltkenntnis.

Um Neugier zu ermutigen, müssen wir uns auf das Interesse unseres Kindes einlassen und darauf aufbauen, natürlich am besten, wenn es noch sehr klein ist. Wenn unser Kind zum Beispiel seine neue Stoffente auseinandernimmt, um herauszufinden, warum sie so komische Quakgeräusche macht: Nehmen wir sie ihm weg oder lassen wir es seinem Forscherdrang folgen? Oder zeigen ihm vielleicht, wo genau man drücken muss, um den Laut zu erzeugen?

Bei fast allem, was es unternimmt, sehen wir, wie die Neugier unseres Kindes es zu neuen Herausforderungen führt. Dabei müssen wir es unterstützen, anstatt lenkend in das Spiel einzugreifen. Der Spaß hält sich vielleicht in Grenzen, wenn Sie ständig aufpassen müssen, welchen Unsinn Ihr Kind anstellt, oder wenn Sie die Kleckse von Fingerfarben aufwischen oder die zusammengestürzten Bauklötze wieder einsammeln müssen, aber Sie fördern den Spaß Ihres Kindes. Indem Sie sich an seinen natürlichen Interessen erfreuen, ergeben sich für Sie Gelegenheiten, diese Interessen zu erweitern, zum Beispiel mit einem befreundeten Kind, das seine Interessen teilt. Wenn sie größer werden, entwickeln neugierige Kinder neue Ideen, stellen neue Fragen darüber, wie Dinge funktionieren, welche Gefühle andere Menschen haben und warum sie sich so verhalten, wie sie es tun. Sie beginnen, die Welt nicht nur aus der eigenen Perspektive zu betrachten, sondern auch aus der Perspektive anderer. Durch Vorschläge, wo und wie sich ein leidenschaftliches Interesse verfolgen und vertiefen lässt, leisten Eltern und andere Erwachsene einen großen Beitrag, das Interesse des Kindes am Verstehen der Welt zu erweitern.

Der Mathematiker und Pädagoge Seymour Papert beschrieb einmal, wie sich bei ihm als Kind die Neugier entwickelte. Er »verliebte« sich regelrecht in mechanische Geräte. Damit macht er deutlich, dass die Neugier eines Kindes mit tiefen Emotionen verbunden ist. Eine solche Freude am Erforschen kann nicht gelehrt, sie kann nur ermutigt und ermuntert (und bewundert) werden.

Neugier und intellektueller Horizont

Ein Kind – und ebenso ein Erwachsener – muss über eine ganze Reihe von reflexiven Fähigkeiten verfügen, damit die Neugier sich in eine wissenschaftliche oder kreative Erforschung der Welt verwandeln kann. Dazu muss es intellektuelle Aufgaben meistern können: Rätsel und mathematische oder technische Probleme lösen, Software entwerfen oder einen Rechtsfall klären. Doch wahre Erforschung beinhaltet auch Phantasie und emotionale Einsicht, man muss fähig sein, den Blickwinkel einer anderen Person zu verstehen, mehrdeutige Situationen zu erkennen und der eigenen emotionalen Stimme zu lauschen. Zum intellektuellen Horizont gehören nicht nur wissenschaftliches und abstraktes Denken, sondern ebenso Emotionalität und Spiritualität, Neugier und die Suche nach Sinn.

Das erste Rätsel für ein Baby ist das Entziffern der Mimik im Gesicht seiner Mutter, ihr Lächeln oder ihr finsterer Blick. Mit dem Heranwachsen dehnt sich die Welt, die das Baby verstehen muss, immer weiter aus. Mit jedem seiner Sinne ergründet es die Menschen, die es liebt. Es fragt sich, wo sie sind, und wundert sich, wenn sein Lächeln nicht erwidert wird.

Die neu gewonnene Geschicklichkeit und Mobilität eines Krabbelkinds erweitern den Horizont seiner Erfahrungen. Es will wissen, was sich in der Kiste befindet, die oben auf dem Regal steht. Es signalisiert seiner Mutter, die Kiste herunterzuholen, sich zu ihm auf den Teppich zu setzen und ihm zu helfen, die Sache herauszufinden. Wenn wir die Signale des Kindes befolgen, helfen wir ihm zugleich, Ursache und Wirkung zu verstehen. Wir können es ermutigen, seinen Forschungsdrang auf neue Bereiche auszudehnen, und ihm dazu eine große Bandbreite von Objekten anbieten – immer vorausgesetzt, sie sind ungefährlich. (Steckdosen sind genauso faszinierend wie aufziehbares Spielzeug.) All dies geschieht, *bevor* es seine Neugier in Worten äußern kann, auch wenn die ständigen »Warum«-Fragen nicht mehr lange auf sich warten lassen.

Erforschen durch Verbinden

Neugier ist eine Eigenschaft, die das Kind dazu anhält, immer mehr herauszufinden, Handlungen mit Ergebnissen und Menschen mit Gefühlen zu verbinden. Die Frage nach dem Warum ist der kraftvolle Motor, der Entdeckungen vorantreibt – man denke an die Biologin Rachel Carson, die sich fragte, warum die Felder und Wiesen verstummt waren, eine Frage, die schließlich zu dem Buch *Der stumme Frühling* und zum Verbot des Schädlingsbekämpfungsmittels DDT führte. Denken wir an die Astronomen, die nach neuen Galaxien Ausschau halten, an Biologen und Computerwissenschaftler, die das menschliche Genom entziffern, an Psychologen und Hirnforscher, die die Strukturen des menschlichen Bewusstseins erforschen.

Der Grundstein für die großen, weltverändernden Entdeckungen wird bereits in der Kindheit gelegt. Starke Kinder sind neugierig – ihre Neugier erweitert ihre Welt und weckt ihre Kreativität. Anfangs wird dieser Prozess durch gemeinsam geteilte Erfahrungen mit Eltern und anderen Bezugspersonen gefördert. Gleichgültig, ob ein Kind draußen im Garten in einem Laubhaufen herumhüpfen will oder sich fragt, warum seine Mutter heute so traurig aussieht, das Kind bedarf der Kooperation von Erwachsenen, die ihm helfen, seine Fragen zu äußern. Entscheidend ist, dass Eltern ihre Kinder anspornen, Dinge selbst herauszufinden. Wenn Ihr Kind sich überlegt, wie ein Schneebesen funktioniert, lassen Sie es versuchen, ein Ei zu quirlen. Wenn ein Kind sagt: »Ich möchte rausgehen«, öffnen Sie nicht einfach die Tür. Fragen Sie, warum, und es wird antworten: »Weil ich in den Blättern spielen will.« Damit wird sein Gefühl, sein Wunsch mit einer Idee verknüpft. Wenn es fragt, warum Sie so verärgert aussehen, zucken Sie nicht einfach mit den Schultern, sondern sprechen Sie über Ihre Gefühle so, dass es sie verstehen kann.

Komplexe Antworten

Eltern können durch ihre Fragen eine lebhafte Neugier fördern. Wenn Paul mit seiner Eisenbahn spielt, können wir ihn fragen: »Was passiert, wenn du die gebogene Schiene anschließt? Wie lange dauert es, bis du mit dem Zug einmal rundum gefahren bist? Warum ist der letzte Waggon entgleist?« Mit solchen Fragen fördern Sie die Flexibilität von Pauls Denken.

Neugier liegt auch dem triangulären Denken zugrunde, das seinerseits die Basis für multikausales Denken ist. Um trianguläres Denken zu unterstützen, fragen Sie ein Kind nach unterschiedlichen Lösungen für ein Problem. Geben Sie keine Antworten vor, sondern lassen Sie es selbst welche finden. Wenden Sie die altehrwürdige Methode des Sokrates an: Wenn der Legoturm nicht stehen bleiben will, fragen Sie: »Was können wir sonst tun? Können wir ihn irgendwie anders bauen?«

Diese Art des Denkens spielt auch in sozialen Situationen eine Rolle. Tamara möchte im Kindergarten mit Alice spielen, aber Alice ist immerzu mit anderem beschäftigt. Tamara fragt sich: »Was kann ich sonst noch tun?« Sie weiß, dass Alice eng mit Monika befreundet ist. »Was wohl passiert, wenn ich mich auch mit Monika anfreunde?«, denkt sie. Also lädt die schlaue Tamara Monika zum gemeinsamen Spielen ein. Bald lachen sie miteinander und bauen sich ein Zelt aus Decken und Stühlen. Alice ist ein bisschen eifersüchtig und möchte sich gern beteiligen. Bald spielen die drei Mädchen zusammen.

Wir Erwachsenen sind ständig mit dieser Art des triangulären Denkens befasst. Wir können es auch als »Gerissenheit« oder »Manipulation« bezeichnen, und auch, wenn das etwas negativ klingt, zeigt es gleichwohl eine gewisse Flexibilität des Denkens. Cleverness oder meinetwegen auch eine Portion Gerissenheit im Denken – zu lernen, wie man Probleme auf verschiedene Weise lösen kann – ist für Kinder eine wertvolle Fähigkeit. Es hilft ihnen, abstrakter und reflektierter zu werden. Fragen wie »Was kann ich sonst noch tun? Was könnte noch funktionieren?« werden Kindern zur Gewohnheit, die sie das ganze Leben begleitet.

Wenn die Kinder größer werden und sich verbal besser mitteilen können, kann man ihre Leidenschaft für das Erforschen von Dingen und für das Ausprobieren ihrer Ideen weiter fördern. Sie können dies durch freundliches Diskutieren bereits mit einem sechs- oder siebenjährigen Kind tun. Wenn ein Kind um etwas bettelt, können Sie zum Beispiel fragen: »Kannst du mir einen Grund sagen, warum du dich besser um den Hund kümmern würdest als dein Bruder?«, oder sagen: »Zeig mir, was mit deinem Fahrrad los ist und warum du glaubst, du brauchst ein neues.«

Wenn Sie Kinder auffordern, etwas zu erklären, an dem sie starkes emotionales Interesse haben, erhalten Sie aller Wahrscheinlichkeit nach kohärente, logische, sorgfältig bedachte Antworten. (Wir wissen alle, dass unsere Kinder großartige Advokaten sind, wenn es darum geht, ihre eigenen Interessen zu verteidigen, etwa das Zu-Bett-Gehen um fünf Minuten zu verschieben!) Entscheidend ist aber, dass die Kinder lernen, solche komplexeren Denk- und Sprachprozesse später auch in anderen Situationen anzuwenden, ob sie ein Referat über ein Buch verfassen, einen politischen Konflikt analysieren oder eine Geometrieaufgabe lösen.

Mit dem Impuls zum »Warum-Fragen« beginnt ein intellektuelles Training im sogenannten Grauzonendenken. Wenn ein Kind Ihnen erklärt, eine Lehrerin sei zwar nett, aber manchmal ungerecht, oder ein Schulausflug sei »lustig, aber sehr anstrengend« gewesen, zeigt es diese Fähigkeit zum Grauzonendenken. Während die Welt der Kinder immer größer und komplexer wird, fördern Eltern diesen Prozess, indem sie Fragen stellen. Solche Fragen reichen von »Hat Viola es wirklich verdient, vom Unterricht ausgeschlossen zu werden?« bis »Welche Figur in dem Roman, den du gerade liest, magst du am liebsten?« und »Was geschieht, wenn du die beiden Kabel trennst?«. Die Fragen können intellektuelle Rätsel aufgeben oder sich um die Gefühle des Kindes und Überlegungen über seinen Platz in der Welt drehen.

Neugier und Reflexion

Angetrieben von ihrer Neugier und ihrer tiefen emotionalen Bindung an die Gegenstände ihres Interesses begegnen Kinder nicht nur der Welt um sich herum mit Neugier, sondern ebenso dem Universum in ihrem Inneren – ihren Gefühlen, Träumen, Enttäuschungen, Freuden und Hoffnungen. Gewöhnlich erreichen Kinder diese Stufe der Reflexion zwischen dem zehnten und vierzehnten Lebensjahr. Das hängt ganz davon ab, wie sie die Welt bisher erfahren haben und wie sich ihr Nervensystem entwickelt hat.

Echtes Reflektieren speist sich aus ähnlichen Quellen wie die frühe Neugier. Der gleiche innere Antrieb, die Welt zu ergründen, der schon das Baby nach den farbigen Teilen des Mobiles greifen ließ, das über seinem Bettchen hing, führt nun zur Selbstreflexion. »Wer bin ich?« Alle Heranwachsenden stellen sich diese Frage, und wenn wir ehrlich sind, müssen wir zugeben, dass auch Erwachsene nicht aufhören, sich diese Frage zu stellen.

Reflektieren in emotionalen Bereichen heißt, dass das Kind Dinge sagt wie: »Mensch, warum bin ich denn so wütend? Ich weiß nicht, wo dieses Gefühl herkommt – ich fühle mich doch sonst nicht so. Warum regt mich Jonathans Stichelei so auf? Er verhält sich doch nicht blöder als gestern, und da habe ich nur darüber gelacht.«

Ein solcher innerer Dialog vergleicht das Gefühl in einer Situation – Verärgerung und Verletztsein – mit dem elementaren Selbstempfinden, das heißt mit dem Wissen, wie man sich normalerweise fühlt und verhält. Dafür muss das Kind in zwei Bezugsrahmen gleichzeitig denken können.

Selbstreflexion befähigt den Adoleszenten später zu der Aussage: »Meine Freunde machen sich über mich lustig, weil ich kein Bier trinke (oder nicht rauche), aber ich glaube, ich tue das Richtige.«

Die Einsicht des Jugendlichen basiert auf einem sich entwickelnden inneren Maßstab und dem Vergleich des momentanen Gefühls mit eben diesem Standard. Diese Fähigkeit stellt eine Balance her zwischen seinem Verlangen und seiner Neugier einerseits und dem moralischen Verhalten und Urteil andererseits. Dies wird vor allem im Teenageralter von entscheidender Bedeutung sein, wenn Neugier, die von keiner Reflexion gebremst wird, selbst ein starkes und ausgeglichenes Kind zu gefährlichen Entscheidungen bezüglich Alkohol,

Rauchen, Drogen und Sex drängen kann. Die Selbsterforschung, die Reflexion auszeichnet, setzt also gerade zur rechten Zeit ein!

Ein reflexives Kind mit eigenem innerem Maßstab ist fähig, seine Gedanken, sein Verhalten und seine Urteile zu hinterfragen. Als besäße es einen inneren Richter, der seine Entscheidungen und Gefühle beurteilt. Das Kind beurteilt sich selbst und andere, jedoch nicht in rigider Schwarz-Weiß-, Richtig-oder-Falsch-Manier, sondern in Beziehung zu dem sich entwickelnden inneren Maßstab, der sich mit zunehmendem Alter und zunehmender Erfahrung verändert. Und was sind diese Beurteilungen anderes als jenes Fragen nach dem »Warum«, das der Neugier entstammt?

Dieser innere Richter kommt auch dem Schreiben von Aufsätzen zugute. Wenn eine Schülerin die Aufgabe gestellt bekommt, Mark Twain und Tolstoi zu vergleichen, ist sie nunmehr in der Lage, nicht nur die Frage zu beantworten: »Wer reflektierte sein Zeitalter besser, wer war der repräsentativere Sprecher für die Zeit, in der er lebte?«, sondern auch: »Wer hat mehr mit unseren heutigen Erfahrungen zu tun?« Ein kluger Lehrer wird nicht nur fragen, welcher Autor seine Zeit besser reflektierte, sondern wessen Darstellung des Lebens in seiner Zeit eher dem heutigen Lebensgefühl entspricht.

Eine solche Frage zu beantworten ist eine komplexe, intellektuell anspruchsvolle Aufgabe, die voraussetzt, dass man sich seine eigene Weltsicht bewusst macht und andrerseits sie mit der Weltsicht in den jeweiligen Romanen vergleicht. Um diesen Aufsatz schreiben zu können, muss man sich außerdem die Frage beantworten: »Wie kann ich das sinnvoll erklären?«, und dann: »Habe ich mich wirklich klar und verständlich ausgedrückt?« Um den eigenen Aufsatz sinnvoll zu strukturieren und zu beurteilen, braucht man Kriterien für die Qualität eines Aufsatzes sowie die Kritikfähigkeit, um zu erkennen, ob man diesem Standard gerecht geworden ist.

Der Feind dieser Art komplexen Denkens, der Feind der Neugier ist ein mechanischer Unterricht, in dem es vor allem um Gedächtnisleistungen geht. Neugier spielt beim Auswendiglernen keine Rolle, ob es sich um das Einmaleins oder das Periodensystem handelt. Gesunde Neugier lässt Kinder »warum« fragen, und diese Fragen liegen allem Wissen zugrunde – einschließlich der Multiplikation und der organischen Chemie. Unterricht, der *Denken* einfordert, weckt und beflügelt die Neugier. Wenn man einen Teenager motiviert, seine Gefühle zu bewerten oder die Logik seines Aufsatzes, wenn wir ihn ermuntern, sich selbst die Frage zu stellen, wie gut er gelernt hat (oder nicht) oder ob er für eine bestimmte Handlung eine Strafe seitens seiner Eltern oder der Schule verdient hat oder nicht, dann wird sich sein Verständnis der Welt erweitern.

Die Psychologin Ellen Langer spricht in diesem Zusammenhang von der »kreativen Unsicherheit«. Damit meint sie, dass Ideen, wenn sie in Möglichkeitsform und nicht einfach als Tatsachen dargestellt werden, Kreativität wecken. Wir gehen Ideen viel eher auf den Grund, wenn wir sie als »möglich« und nicht als absolute Wahrheit ansehen.

Neugier und die »Theory of Mind«

Ein wichtiger Schritt in der intellektuellen Entwicklung ist die Entstehung der sogenannten »Theory of Mind«. Dieser Begriff bezeichnet die Fähigkeit, sich vorzustellen, was andere Menschen denken und fühlen, und sich in ihre Lage zu versetzen – darüber sprachen wir schon im Zusammenhang mit der Empathie. Auch hier beginnt alles mit der Frage »Warum«: »Warum fühlt sich Marion von mir gehänselt, wenn ich doch nur Spaß mache? Vielleicht reagiert sie auf manche Dinge sehr empfindlich.« Dieses Denken setzt nicht nur Selbstkenntnis voraus, sondern auch die Spekulation darüber, wie die Wahrnehmung und Weltsicht einer anderen Person sich möglicherweise von der eigenen unterscheidet.

Wenn ich wissen will, wie sich ein anderer fühlt, frage ich mich zunächst selbst: »Wie würde ich mich selbst in dieser Situation fühlen? Wenn ich sitzen gelassen würde, wäre ich gewiss traurig und deprimiert. Ob Matthias wohl traurig und deprimiert ist? Er *verhält* sich nicht so, aber er ist ein bisschen überdreht und versucht jedes neue Mädchen kennen zu lernen. Ob er sich wohl aufzuheitern versucht, indem er so tut, als wäre er fröhlich? Oder vielleicht hat er das Mädchen auch nicht sonderlich gemocht ... Vielleicht war er nur wegen des Gruppendrucks mit ihr zusammen, weil sie so beliebt ist.«

Die Theory of Mind ermöglicht einem Kind, verschiedene Hypothesen darüber aufzustellen, wie ein anderer sich fühlen oder was er denken mag, indem es sich in seine Lage versetzt – wobei es nicht unbedingt davon ausgeht, dass der andere so fühlt und denkt wie es selbst, sondern sich Alternativen überlegt. Dieser Prozess beginnt mit der bewussten Wahrnehmung der eigenen Gedanken und Emotionen. Dann kann man sich in einen anderen hineinversetzen und erneut überlegen, ob dies mit dem beobachteten Verhalten der anderen Person übereinstimmt.

Reflexion auf diesem hohen Niveau setzt voraus, dass man gleichzeitig verschiedene Blickwinkel einnehmen kann: den eigenen Blickwinkel, das, was man bei jemandem beobachtet, sowie weitere Möglichkeiten. Diese Form einer stark differenzierten Neugier liegt akademischen und allen anderen Arbeiten zugrunde, die komplexes Problemlösen beinhalten. Sie führt zu einer immer größeren intellektuellen Bandbreite.

Wie man Neugier fördert

Kinder wollen wissen, wie die Welt funktioniert, und sie können es kaum erwarten, Neues kennen zu lernen und zu erforschen. Sie sollten ein kleines Baby nicht nur auf Ihre Annäherung reagieren lassen, sondern ihm auch die Möglichkeit geben, die wechselseitige Begegnung selbst zu initiieren. Wenn Sie zum Beispiel mit Ihrem neunmonatigen Kind auf dem Boden sitzen, soll es sich die Rassel oder die Quietschente ruhig selber holen; geben Sie sie ihm nicht gleich. Lassen Sie die Rassel einen halben Meter außerhalb seiner Reichweite liegen. Ihr Kind wird der Verlockung der Rassel, ihrer Farbe, Form und auch dem Geräusch kaum widerstehen können. Wahrscheinlich wird es sich nach dem ersehnten Gegenstand strecken, ihn mit breitem Lächeln ergreifen und kräftig schütteln. Dieses erste Aufschimmern der Neugier, des Wunsches, Dinge kennen zu lernen und die Welt zu erkunden, wird gedämpft, wenn Sie Ihrem Baby die Rassel immer gleich geben. Ihr Baby hat den natürlichen Drang, sich durch »unerforschtes Gelände« zu dem von ihm ersehnten Gegenstand zu bewegen. Seine Neugier spornt es an, und wenn es die Bewegungen seiner Rücken-, Arm- und Beinmuskeln koordiniert, findet eine Vernetzung seines Hirns statt, die ihm das zukünftige intellektuelle und emotionale Wachstum erleichtert.

Alle Aktivitäten, die zwei- oder dreijährigen Kindern neue sinnliche Erfahrungen der Welt vermitteln, vergrößern ihre Neugier. Spielzeug, das sich äußerlich voneinander unterscheidet, jeweils mit anderen Gerüchen, Geräuschen und Bewegungsmerkmalen verbunden ist, spornt seine Neugier in einer vielgestaltigen Welt an. Das Spielzeug muss nicht sonderlich anspruchsvoll sein. Alle Eltern wissen, dass bunte Schachteln, etwas zerknülltes Einwickelpapier, Luftpolsterfolie, deren Bläschen man platzen lassen kann, oder zum Trommeln taugliche Keksdosen Kinder ähnlich faszinieren und zum Phantasiespiel animieren können wie »echtes« Spielzeug. Man sollte Kinder nicht zwingen, mit »pädagogisch wertvollem« Spielzeug zu spielen, und sie auch nicht davon abhalten, sich mit Farben oder Schlamm zu beschmutzen, denn solche Maßnahmen sind der sicherste Weg, den inneren Motor der Neugier lahmzulegen.

Sie sollten immer vom angeborenen Vergnügen Ihres Kindes ausgehen und ihm keineswegs vorschreiben, wie dieser Spaß auszusehen hat. Es ist sinnvoll, wenn Sie Spielzeug bringen oder Aktivitäten vorschlagen, von denen Sie glauben, dass Ihr Kind Interesse daran hat, aber dann sollten Sie sich zurücknehmen und sich schlicht seiner Führung überlassen. Machen Sie nicht den Fehler, das Spiel zu inszenieren, um das Kind vor anspruchsvolle Aufgaben zu stellen.

Im Alter von vier oder fünf Jahren wird sich Ihr Kind wahrscheinlich von Bauklötzen und Spielfiguren aller Art angezogen fühlen. Es kann damit jede Menge Phantasiespiele inszenieren, es fährt Busse an Häusern und Schulen vorbei, die aus Lego oder Holzklötzen gebaut sind. Wenn Sie ihm folgen und mit Ihrem Auto hinter seinem Bus her zum Zoo fahren, versuchen Sie es einzurichten, dass »zufällig« ein Bauklotz oder eine Puppe den Weg versperrt. Schauen Sie, ob Ihr Kind nun versucht, eine andere Route zum Zoo zu finden. Es kann Ihnen beiden viel Spaß machen, wenn Sie Hindernisse aufbauen, die Ihr Kind zwingen, sich Auswege einfallen zu lassen und seine Muskeln in ungewohnter Weise zu bewegen. Je koordinierter es körperlich wird, desto größer wird seine Neugier, weil es nun unbekanntes Terrain erforschen kann.

Es gibt nur wenige Mittel, mit denen man die Neugier eines Kindergartenkindes mehr locken kann als mit einem Spaziergang in der freien Natur. Sie können beide in die Knie gehen und ausprobieren, wie der Wald aus der Perspektive eines Rehkitzes aussieht, oder Ihr Kind kann sich ganz auf den Boden herunterbeugen, um die Ameisenperspektive einzunehmen. Wenn Ihr Kind älter ist und mit Ihnen zusammen durch die Stadt streift, können Sie ihm ebenfalls zu neuen Entdeckungen verhelfen. Wenn es neun Jahre alt ist, können Sie es bei einer Ihrer Stadterkundungen die Führung übernehmen lassen. Es kann zum Beispiel den kürzesten Weg mit der U-Bahn zu einem bestimmten Ziel herausfinden. Mit der Zeit gibt es mehr und mehr Aktivitäten, bei denen es gute Chancen hat, Sie zu übertrumpfen.

Die angeborene Neugier eines Kindes entwickelt sich am besten, wenn die Eltern zuhören. *Wenn Sie Forschergeist und intellektuelle Breite fördern wollen, dann erkundigen Sie sich nach der Meinung Ihres Kindes.* »Was meinst du dazu? Warum? Hast du auch schon vor ein paar Wochen so gedacht oder im letzten Jahr?«, oder: »Was glaubst du, wie du in ein paar Jahren darüber denken wirst?« Ob Sie diese Fragen Ihrer dreizehnjährigen Tochter, Ihrem achtzehnjährigen Sohn oder Ihrem dreijährigen Kind stellen, Sie fördern damit in jedem Fall ihre oder seine intellektuelle Beweglichkeit.

Wir beurteilen ständig unsere Kinder, sagen ihnen zum Beispiel, ob ein Aufsatz von ihnen gut oder schlecht ist. Wie viel besser wäre es, wenn wir sie stattdessen fragen würden: »Was hältst du selbst von deinem Aufsatz? Wie ist er im Vergleich zu dem, den du vor zwei Wochen geschrieben hast? Wie wäre er im Vergleich zu einem, für den du mehr Zeit gehabt hättest?«

»Naja, Mama, der Aufsatz ist etwas hingehudelt, glaube ich. Mit mehr Zeit hätte ich ihn besser schreiben können.«

Ein solches Gespräch ist unschätzbar! Ihr Kind bewertet sein eigenes Tun! Das ist die Art von Reflexion, die es zu einem Studium oder für einen guten Job prädestiniert. Genau das brauchen wir alle, um ein unabhängiges Leben zu führen. Als Erwachsene müssen wir fähig sein, unsere eigenen Gedanken, unser Verhalten und unsere Gefühle zu beurteilen.

Eines der größten Hindernisse für die Neugier ist die Angst oder Furcht, die manche Kinder vor neuen Erfahrungen haben oder davor, neue Optionen oder Ideen auszuprobieren. Man kann die Scheu eines Kindes überwinden, indem man die neue Erfahrung mit etwas verknüpft, das von großem Interesse ist. Wenn Ihr Kind nicht gerne nass wird, kann es ein Boot bauen, das im Bach oder Weiher fahren kann, und dann werden Sie sehen, dass es seine nassen Füße vergisst.

In jedem Alter baut das Interesse Ihres Kindes, neue Territorien kennen zu lernen, auf seinen spezifischen Vorlieben auf. Man muss jedoch darauf achten, dass die Versuche, Neugier zu erregen, nicht zu einer Überforderung des Kindes führen. Wenn Ihre Tochter gezwungen wird, sämtliche Schwierigkeiten der französischen Grammatik zu meistern, bevor sie zu einem Schüleraustausch nach Frankreich fährt, wird sie wahrscheinlich aufgeben und sagen: »Ach, dann bleibe ich einfach mit meiner Gruppe zusammen.« Wenn sie dagegen eine Liste von nützlichen Sätzen erhält, die sie meistern und benutzen kann, wenn sie ihre französische Austauschpartnerin kennen lernt, wird Ihre Tochter sehr wahrscheinlich auf dieses neue Instrument zurückgreifen und ein echtes Interesse entwickeln, Französisch zu sprechen, weil es zu Ergebnissen führt und ihr Spaß macht.

Das Leben ist ein Prozess, in dem wir unabhängig vom Alter kontinuierlich neue Bereiche kennen lernen und zusätzliche Stufen des Denkens meistern müssen. Dies ist der Grund, warum in vielen Kulturen die Ältesten als die Weisen gelten.

Wie man Neugier fördert

1. Lassen Sie Ihr Baby seine Welt in sicherem Rahmen erforschen.
2. Folgen Sie den Interessen Ihres Kindes; geben Sie ihm Spielzeug, das man auseinandernehmen, Farben, die man mischen, Wasser, in dem man planschen, und den Wald, den man erforschen kann.
3. Schaffen Sie ein Spielumfeld, in dem es verschiedene visuelle Reize, Geräusche, Gerüche, Oberflächentexturen gibt sowie vielfältige soziale Situationen und Spielkameraden.
4. Helfen Sie einem ängstlichen Kind, seine Ängste vor dem Neuen oder Unbekannten zu überwinden; ermutigen Sie es, neues Territorium zu erforschen.
5. Fragen Sie Ihr Kind nach seiner Meinung, seinen Ideen und Lösungsvorschlägen für Probleme.

Nicht, weil sie ein größeres Faktenwissen haben, sondern weil ihr Denken auf mehr Erfahrung beruht und sie tiefer in die Geheimnisse und Bedeutung des Lebens eindringen.

Das kontinuierliche Wachstum des Intellekts heißt natürlich nicht, dass aus jedem Kind ein Einstein wird oder alle Eltern Sokrates gleichen. Es bedeutet vielmehr, dass wir *alle* Fortschritte machen und uns nach vorn entwickeln können, die einen langsamer, die anderen schneller, angetrieben von unserer Neugier und erfüllt von gedanklichem Reichtum. Neugierige Kinder werden zu Erwachsenen mit einem weiten intellektuellen Horizont.

4
Kommunikation
Die Verwandlung durch Sprache

An der Straßenecke bei meinem Haus hält jeden Nachmittag gegen drei Uhr ein Schulbus. Kinder aus der Grundschule mit ihren viel zu schweren Ranzen drängeln aus den Bustüren auf die Straße. Sie eilen nun nach Hause, manche rufen einander zu, manche unterhalten sich leise. Andere, die vielleicht einen harten Tag hatten, gehen stumm mit gesenktem Kopf. Während sie sich so in der Gegend verstreuen, staune ich darüber, in welch großem Ausmaß sie miteinander kommunizieren – und indirekt auch mit den Erwachsenen, die ihnen zufällig zuschauen. Die Rufe einiger Jungen, die ein Fußballspiel gewonnen haben, verstärken den Zusammenhalt unter ihnen. Das geflüsterte Geheimnis einer Mädchengruppe aus der vierten Klasse besiegelt ihre intime Freundschaft – und schließt ein anderes Mädchen aus, das traurig nach Haus geht. Ein schweigsamer Junge ist vielleicht schüchtern oder furchtsam oder kränklich. Doch seine Haltung und sein Schweigen zeigen deutlich, dass irgendetwas mit ihm heute nicht stimmt.

Als Erwachsene erinnern wir uns nicht mehr daran, wie wir lernten, anderen unsere Wünsche und Ängste, unsere Enttäuschungen und Sorgen mitzuteilen. Aber wir haben dies alle gelernt, so wie unsere Kinder ebenfalls lernen müssen, ihre Botschaften und Anliegen deutlich zu machen.

Kommunikation beinhaltet nicht nur die Fähigkeit, Sprache zu verstehen und flüssig zu reden – in sich eine unglaubliche körperliche und intellektuelle Leistung –, sondern zugleich, nonverbale Ausdrucksmittel wie Mimik, Gestik und Tonlage zu beherrschen. Ebenso wichtig ist die Fähigkeit, zuzuhören und den Gesichtsausdruck und die Gesten anderer zu verstehen. Ohne zuzuhören, können wir weder angemessen reagieren noch in einen Dialog eintreten. Kommunikation bedeutet also, Informationen sowohl verbal als auch nonverbal durch Gesten auszutauschen.

Wenn wir von einem Erwachsenen sagen, er sei ein »großer Kommunikator«, dann meinen wir, dass er Gedanken, Gefühle, Ideen und Visionen artikuliert. Mit hochgezogenen Augenbrauen, mit einem Lächeln oder Achselzucken kann ein erfolgreicher Kommunikator ebenso effektiv eine Information vermitteln wie mit Worten und ihrer jeweiligen Betonung. Er versteht auch die Reaktionen anderer Menschen und erkennt die Feinheiten und Nuancen in ihren Äußerungen sowie die Gefühle, die sie ausdrücken. Er kann zu Einzelpersonen oder Gruppen sprechen, intime Gespräche mit Nahestehenden führen und sich erfolgreich in beruflichen Verhandlungen behaupten.

Die Sprachentwicklung

Es gibt zahlreiche Theorien darüber, wie diese erstaunliche Fähigkeit entstanden ist. Manche Theoretiker glauben, dass der Prozess geradezu magisch vonstatten gehe und die Menschen einen genetischen Code besitzen, der sich an einem bestimmten Punkt unserer Entwicklung einschaltet und uns befähigt, die Sprache zu erlernen. Andere glauben, dass die Grammatik, ein sehr wichtiger Bestandteil der Sprache, angeboren sei und wir bei entsprechender Anregung von außen einfach auf unseren »Sprachknopf« drücken oder unsere Sprachmodule öffnen, um dann mehr oder weniger korrekt zu sprechen.

Ich hingegen glaube, dass der Spracherwerb sehr viel mehr ist als die Zündung eines genetischen Potenzials durch irgendeine Stimulation aus der Umwelt. Wie mein Kollege Stuart Shanker und ich in unserem Buch »Der erste Gedanke« (erschienen bei Beltz, 2007) erklären, beruht Sprache auf einem Entwicklungsprozess, bei dem genetische Anlage und Umwelt zusammenwirken. Wie die anderen menschlichen Eigenschaften, die wir in diesem Buch diskutieren, entwickelt sich die Fähigkeit der Kommunikation über eine Abfolge von Entwicklungsstufen.

Laute mit Bedeutung

In den ersten Lebensmonaten sind Babys hauptsächlich damit beschäftigt, zu sehen und zu hören. Sie nehmen die Welt in sich auf und lernen, in ihr ruhig und ausgeglichen zu sein. Wenn wir zu unseren Babys sprechen, dann laden wir sie ein, auf unsere Münder zu schauen. Sie sehen, dass wir die Zunge bewegen, und wissen Sie was? – Die Babys ahmen unsere Zungenbewegungen nach! Wenn Sie einem Neugeborenen die Zunge herausstrecken, strecken die meisten Babys ihre Zungen ebenfalls heraus. Wir sehen diese einfache, frühe Form der Imitation, lange bevor wir komplexe soziale Imitationen beobachten. Babys lernen die ersten Kommunikationsschritte, wenn sie auf unsere interessanten Lippen schauen, die sich bewegen und merkwürdige Laute von sich geben.

Es dauert nicht lange, bis uns die Babys mit Lauten antworten. Mit vier oder fünf Monaten oder auch schon mit drei

Monaten haben sie und ihre Eltern ein Repertoire solcher Laute und stimmlicher Ausdrucksmöglichkeiten entwickelt. Wir summen und plappern Nonsenssilben – und sie antworten auf gleiche Weise, und so entsteht eine Art gemeinsamer Musik.

John Holt, der bedeutende amerikanische Autor und Pädagoge, hat viel Zeit mit kleinen Kindern zugebracht und sich über ihre Fähigkeiten Gedanken gemacht. »Warum beginnt ein Baby, Laute von sich zu geben?«, fragt er. »Ist es ein instinktiver Vorgang, so wie das Schreien? Offenbar nicht. Ein Hund, der getrennt von seinen Artgenossen aufgezogen wird, kann dennoch bellen, wenn er groß genug ist. Doch die wenigen Kinder, von denen wir wissen, dass sie ohne menschlichen Kontakt aufgewachsen sind, waren fast vollkommen stumm ... es scheint, dass Babys erst dadurch, dass sie andere sprechen hören, selbst zum ›Sprechen‹ kommen.«

Unsere Babys tun viel mehr, als Laute von sich zu geben, wenn sie mit uns plappern. Sie üben die dazugehörigen Bewegungen, mit denen sich die Laute herstellen lassen. Sie sehen uns an und verbinden die Laute, die sie von sich geben, und ihre Körperbewegungen mit dem, was sie bei uns beobachten. Immerzu lernen unsere Babys, zu unterscheiden und unterschiedliche Laute zu produzieren – Fertigkeiten, die ihnen später helfen, Wörter zu bilden. Sie gewinnen ein Bild von uns, und wir gewinnen ein Bild von ihnen. Doch auch, wenn wir uns über ihr Bettchen beugen oder sie auf dem Arm tragen und mit ihnen summen und glucksen, findet Kommunikation statt.

Alle Eltern wissen, dass selbst ein Neugeborenes bereits kommuniziert. Seine Kommunikation besteht aus Gesten, Gesichtsausdruck, Körperhaltung, unterschiedlichen emotionalen Äußerungen und Stimmfarben. Die Eltern lernen schnell, das Schreien ihres Babys zu unterscheiden: Bauchschmerzen, Müdigkeit, Hunger und Schreck klingen jeweils anders. Die Kommunikation des Babys ist nonverbal, aber äußerst effektiv. Wenn Eltern ein bestimmtes Schreien hören, reagieren sie auf bestimmte Weise: Sie wechseln die nasse Windel, sie schmusen mit dem Baby oder die Mutter stillt es. Später, wenn ihr Baby lächelt und nach dem Gesicht von Mutter oder Vater greift, reagieren diese mit Liebkosungen und Lachen. Das Baby initiiert einen Austausch, und die Eltern reagieren darauf. Das ist Kommunikation.

Eine junge Mutter nimmt eine Besucherin mit ins Kinderzimmer, um ihr das dreimonatige Töchterchen Anna zu zeigen. Anna ist erst vor wenigen Minuten aus ihrem Mittagsschlaf erwacht und noch ein bisschen vergrätzt. Aber sie freut sich, ihre Mama zu sehen. Sie quietscht, strampelt mit ihren dicken Beinchen und streckt ihre Arme in die Luft.

»Das heißt: ›Hallo Mama, ich freue mich, dich zu sehen‹«, sagt Annas Mutter. »Ich freue mich, dich zu sehen, Anna-Banana«, sagt sie zu ihrer Tochter.

Die Freundin ist ein wenig erstaunt. Sie weiß nicht viel über Babys, und Annas Lautgebungen sind für sie nur Geräusche.

»Ich weiß, du hältst mich für verrückt«, sagt Annas Mutter. »Aber sie macht wirklich verschiedene Laute für unterschiedliche Gefühle. Ich weiß das. Ich weiß, wann sie wütend ist und wann sie glücklich ist.«

»Das ist ja erstaunlich«, sagt ihre skeptische Freundin. Sie beugt sich zu Anna herunter und streichelt ihren Hals.

»Hu«, macht Anna und zieht ihren Kopf etwas zurück. Sie ist ein bisschen erschrocken, aber sie lächelt immer noch.

»So sagt sie, dass sie überrascht ist«, sagt Annas Mutter.

Es bedarf keines besonderen Genies, um Anna zu verstehen. Eltern, die die Lautgebungen ihrer Kinder aufmerksam verfolgen, wissen, dass man die Laute, Gesten und Bewegungen ihrer Kinder interpretieren und verstehen kann.

Und sie haben natürlich Recht. Wie die kleine Anna zeigt, setzen selbst kleine Babys Gesten und Laute – die Vorläufer von Wörtern – absichtsvoll ein. Sie haben Gefühle, die sie mitteilen wollen. Annas Mutter erkennt, dass ihre Tochter einen Laut für »Ich bin wütend« und einen anderen für »Ich bin glücklich« hat. Es gibt auch einen Laut für »Ich bin überrascht« und »Mach schnell mit der Milch, sonst werde ich wütend«. Ein Baby begleitet seine Laute mit entsprechender Mimik, Haltung und Arm- und Beinbewegungen. Seine Kommunikation wird zunehmend zielgerichtet, und die Laute sind dabei das Hauptmittel, seiner Botschaft Gehör zu verschaffen.

John Holt beschreibt diese intentionale Qualität des frühen Kinderlallens:

Ein Baby beginnt zu sprechen, lange, bevor es Laute von sich gibt, die wir als Wörter verstehen. Es hat durch scharfe Beobachtung gelernt, dass die Laute, die größere Menschen mit ihren Mündern hervorbringen, sich auf ihre Handlungen auswirken. *Ihr Sprechen lässt Dinge geschehen.* Das Baby weiß vielleicht nicht so recht, welche, oder wie das genau funktioniert, aber es will zu dieser Gesprächsgruppe größerer Menschen dazugehören, es will, dass durch *seine Stimme* Dinge geschehen [Hervorhebungen durch den Autor].

Warum befindet sich der Akt der Lautgebung im Zentrum der Kommunikation des Babys? Schließlich verfügt es über andere Kommunikationsmittel wie Zeigen oder Mimik/Grimassen. Zum Teil, weil die menschliche Zunge ein extrem gewandter und ausdrucksstarker Muskel ist. Große Bereiche des Hirns sind für die Zungenbewegung und die Interpretation der Zungenempfindungen zuständig. Babyzungen und ihre Fähigkeit, Laute hervorzubringen, sind bereits sehr früh im Leben gut entwickelt – und werden sich zwischen dem achten und zehnten Monat bis zum 24. Lebensmonat weiterentwickeln.

Die Koordination von Lauten und Gesten

Wie das Lautrepertoire von Anna zeigt, werden Babys rasch zu sehr guten Kommunikatoren. Die präverbale Kommunikation – Kommunikation ohne Worte – entwickelt sich früh und ist zwischen dem siebenten und neunten Lebensmonat voll etabliert. Diese Sprache aus Gesten, Mimik und »Nonsens«-Silben entwickelt sich bis etwa zum achtzehnten Lebensmonat, wenn das Kind immer mehr Wörter beherrschen lernt. Natürlich hat bei vielen Kindern der Wortgebrauch früher eingesetzt.

Das effektive Vermitteln einer Botschaft wird gegen Ende des ersten Lebensjahres eine immer bewusstere Tätigkeit. Vom dritten bis etwa zum zwölften Lebensmonat beginnt das Baby, die Laute, die es äußern kann, mit Hand- und Armbewegungen und Körperstellungen zu unterstützen. Es lernt, all diese Fähigkeiten zu koordinieren. Außerdem beginnt das Baby vom achten bis etwa zum achtzehnten Lebensmonat (nun wird es ein Kleinkind), in bestimmten Mustern zu interagieren. Mit achtzehn Monaten nimmt Jakob seine Mutter an der Hand und geht mit ihr zum Bücherregal, um ihr das Bilderbuch zu zeigen, das sie mit ihm anschauen soll. Er nimmt seinen Vater an der Hand, damit dieser ihm hilft, ein Spielzeug zu holen. Er deutet mit dem Finger, er schneidet Gesichter und gibt Laute von sich, damit der Vater ihn hochhebt, so dass er an das Spielzeug herankommt. Jakobs Laute und die Zusammenhänge, die sich daraus ergeben, sowie auch die körperlichen Gesten nehmen eine weitreichendere Bedeutung an. Er hat einen Plan im Kopf. Er hat angefangen, die Welt in Mustern zu sehen, und ebenso folgt seine Lautgebung nun bestimmten Mustern.

Mit achtzehn Monaten benutzt Jakob seine eigene Privatsprache. Seine Eltern hören morgens, bevor sie in sein Zimmer gehen, wie er in seinem Bettchen mit sich selbst spricht. Er antwortet ihnen in seiner eigenen Privatsprache, wenn sie hereinkommen und Guten Morgen sagen. Sie wissen, dass Jakob zu ihnen spricht – tatsächlich redet er wie ein Wasserfall, auch wenn nicht vollkommen klar ist, was er sagt. Jakobs Eltern freuen sich sehr über die morgendliche »Kommunikation« mit ihrem Sohn. Während er plappert, machen sie Gesten, zeigen auf Dinge in seinem Zimmer und stellen ihm Fragen, um herauszufinden, was er meint.

Wenn man Jakobs Eltern mit ihrem kleinen Jungen auf Video aufnehmen würde, würde man sehen, dass sie wiederholt Signale mit Jakob austauschen und ihm antworten, so dass es fünfzig bis sechzig Kommunikationszirkel gibt, die aus einer Vielzahl von Gesten und Lauten bestehen. So üben sich die Eltern im Lesen von Jakobs Signalen und Jakob übt sich im Erzeugen von Lauten und Lautmustern. Dabei wird gelacht und geschmust, und sie haben sehr viel Spaß bei ihrem gemeinsamen Spiel.

Manche Familien gehen allerdings einen anderen Weg und hemmen das Geplapper ihrer Kinder. Sie wollen, dass ihre Kinder still sind, man soll »sie sehen, aber nicht hören« können, damit sie niemanden stören. Eltern, die auf ruhigen Kindern bestehen, haben ein ruhiges Zuhause. Aber es ist unwahrscheinlich, dass ihre Kinder große Kommunikatoren werden. Wir dürfen nie vergessen, dass die Lautgebung und die Privatsprache eines kleinen Kindes die Grundlage dafür sind, Wörter später effektiv zu gebrauchen.

Wenn wir also Kinder großziehen wollen, die offen und selbstbewusst sind, die kein Problem damit haben, uns mitzuteilen, was sie wollen, müssen wir auf all ihre Gesten und Laute eingehen und sie unterstützen. Wenn wir diese präverbalen Sprachelemente fördern, indem wir uns auf lange Interaktionen und präverbale »Gespräche« einlassen, lernt unser Kind, immer mehr in Mustern zu denken. Dies ist ein wesentlicher Schritt in Richtung auf expressive Sprache und komplexe Kommunikation. Was könnte erstrebenswerter sein!

Eine Mutter erzählte mir eine Geschichte über ihren zweiten Sohn, der später zu sprechen begann als sein älterer Bruder. Er kommunizierte erfolgreich mit Gesten und Mimik. Er konnte ihr auf diese Weise mitteilen, was er essen wollte, mit welchem Spielzeug er spielen wollte, wann er auf seinen Bruder wütend war und so weiter. Er war sehr zärtlich und umarmte sie alle, um zu zeigen, wie sehr er seine Familie mochte. Doch die Mutter machte sich Sorgen darüber, dass er keine Wörter sprach. Kurz bevor sie ihn zu einem Logopäden bringen wollte, stellte er sich eines Tages hinter sie, umarmte ihre Knie und hielt sie ganz fest. »Ich hab dich lieb«, sagte er. Sie sagte daraufhin den Termin beim Logopäden ab. »Jetzt redet er wie ein Buch«, sagt sie von ihrem Sohn.

Später, wenn unsere Kinder gelernt haben, Wörter flüssig zu gebrauchen, hört die nonverbale Kommunikation nicht auf. Unser Zweitklässler mag sagen: »Ja, ich rede gern mit meiner Lehrerin«, doch zugleich zeigt sein Gesicht Widerwillen, und wir entnehmen daraus: »Nichts wie weg hier!« Kommunikation ist komplex; eine nonverbale Botschaft und eine verbale Aussage beinhalten nicht immer das Gleiche, manchmal können sie einander sogar widersprechen, wie das Beispiel des Zweitklässlers zeigt.

Bedeutung und Wunsch

Bevor wir kommunizieren, müssen wir wissen, was wir sagen wollen. Doch wie kommt dies zustande? Sofern wir nicht den Plan fassen, um eine Beförderung zu bitten, einen Heiratsantrag zu machen oder einen argumentativ überzeugenden Redebeitrag zu leisten, überlegen wir ja nicht: »Ich werde dieses oder jenes sagen.« Und selbst in den genannten Situationen wählen wir die Worte nicht immer planvoll, selbst dann nicht, wenn wir sie vorher einstudiert hatten.

Verbale Kommunikation findet automatisch statt, sie fließt gewissermaßen. Wenn wir uns an einem Gespräch oder einer Diskussion beteiligen, sind wir oft davon überrascht, was wir uns sagen hören. Wir denken, während wir reden. Dieser Prozess geht so schnell, dass es uns nahezu unmöglich wäre, jedes Wort vorher zu bedenken und zu planen. Wenn wir das täten, wäre die verbale Kommunikation eine langsame, anstrengende Sache – so wie sie es für manche Menschen tatsächlich ist.

Wir verbinden unsere Gesten – Zeigen, Blicke, Mimik – und unsere Worte oder Symbole mit unseren Gefühlen oder Wünschen. Es ist dieser intentionale Gehalt, der unseren Worten und Gesten Bedeutung verleiht und unseren Kommunikationsdrang antreibt.

Als die fünfjährige Katja mit ihrer Mutter ein Faschingskostüm kaufen wollte, zeigte sie an den Prinzessinnen- und Ballerinenkostümen nur geringes Interesse. Doch als sie ein flauschiges Hundekostüm entdeckte, sagte Katja: »Das *muss* ich haben. Ich will als Hund gehen!« Ihre Mutter erzählt, dass Katja mit ihren kleinen Händen die Packung ergriff und sie fest gegen ihre Brust drückte. Ihrer Stimme hörte man den leidenschaftlichen Wunsch an, als sie noch einmal sagte: »Ich *muss* das haben.«

Katjas Wunsch äußerte sich emotional so heftig, dass ihre Mutter sich ihm nicht verweigern konnte. Und als Katja dann das Hundekostüm anhatte, war sie geradezu berauscht. Man sieht ihre große Freude auf den Faschingsfotos. »Ich weiß immer noch nicht, warum ihr der Hund so wichtig war«, erklärt ihre Mutter. »Wir haben keinen Hund oder auch sonst kaum Kontakt zu Hunden. Aber vielleicht sollten wir mal ein paar kennen lernen.«

Ein Kind weiß aus seinem eigenen inneren Gefühl, dass es etwas will. Wenn ein Kleinkind Saft sieht, merkt es, dass es durstig ist. Es will den Saft! Dieser Wunsch findet Ausdruck, wenn es das Wort »Saft« mit seinem Wunsch verbindet und sagen kann: »Bitte Saft«, oder: »Ich will Saft.« Wenn es diesen Wunsch nicht spürte, hätte das Wort keine Bedeutung. Das Kind könnte dann ein Bild von einem Glas Saft sehen und das Wort »Saft« mechanisch aussprechen. Oder es könnte Worte aus einer Fernsehwerbung wiederholen, nur um irgendetwas zu sagen. Aber das wäre eine Kommunikation ohne jegliche Bedeutung. Die Bedeutung entsteht, wenn man etwas zu sagen hat. Und wenn man etwas zu sagen hat, dann hängt das immer, *immer* mit einem Wunsch, einem Bedürfnis oder einer Intention zusammen. Der Wunsch kann darin bestehen, dass man eine Information mitteilen möchte. Alle Eltern wissen, wie es aus einem Viertklässler hervorsprudelt, wenn er erzählt, wie die alten Ägypter ihre Pyramiden erbaut haben, oder wie empört ein Teenager ist, der in Geschichte von den Gräueltaten der Nazis gehört hat.

Tobias ist von Blumen fasziniert und sagt: »Mama, schau mal die gelbe Blume da! Wie schön sie ist!«, oder: »Mama, das riecht aber gut!« Auf dem Parkplatz vor der Schule, wo das achtsitzige Familienauto der Familie einer Freundin steht, sagt Eva vielleicht: »Papa, können wir eines Tages auch mal so ein großes Auto haben wie das da?« Sogar eine Frage wie »Hey, hast du die Fernsehshow gestern Abend gesehen?« wird von einem Wunsch motiviert.

Welcher Wunsch bewegt Tobias, wenn er sagt: »Mama, schau mal die gelbe Blume da«? Er möchte, dass seine Mutter sein Interesse versteht, seine Neugier erkennt und die Freude an seiner Beobachtung teilt. Dies ist der Grund, warum wir Kommentare von uns geben, sei es »Schau, wie süß die Katze in ihrem Körbchen schläft« oder »Ich bin so froh, dass du mit mir zu der Party gekommen bist. Ich kenne hier sonst niemanden!«.

Wenn wir einem Freund einen Witz erzählen oder sogar, wenn wir jemanden hänseln, ist ein Wunsch beteiligt. Vielleicht wollen wir jemanden anderen herabsetzen, um uns selbst besser zu fühlen, deshalb hänseln wir ihn. Wenn Ihr Sohn seinem Freund einen Witz erzählt, dann will er mit ihm gemeinsam lachen und zugleich zeigen, dass er ein cooler, lustiger Typ ist. Sogar, wenn man eine Frage im Schulunterricht beantwortet, steckt ein Wunsch dahinter: Eine Schülerin meldet sich auf die Frage ihrer Lehrerin, um zu zeigen, dass sie die richtige Antwort weiß.

Wünsche, Motivationen und Emotionen geben den Worten Bedeutung, sowohl bei der Aufnahme als auch bei der Vermittlung von Informationen. Denn wir verstehen, was andere

Menschen uns sagen, durch unsere Emotionen. Wir greifen auf unsere Erfahrung zurück, um zu interpretieren, was sie meinen.

Eine Mutter fragt ihre zweijährige Tochter Sina: »Willst du einen Keks, Schatz?« Sina hat gerade erst die Bedeutung der Wörter »Keks« und »wollen« gelernt. Aber woher weiß das Mädchen, was »Willst du einen Keks?« bedeutet? Sie weiß es, weil Mutter und Tochter oft mit Gesten und Wörtern über Kekse verhandelt haben, seit Sina acht Monate alt ist. Sina hat immer auf die Keksdose gezeigt und gelächelt, wenn Mama ihr einen gab und sagte: »Hier hast du einen Keks.« Wenn die Mutter also mit Worten fragt: »Willst du einen Keks?«, weiß Sina genau, was gemeint ist. Wenn Mama sagt: »Ich hab dich lieb, mein Schatz«, weiß Sina ebenfalls genau, was gemeint ist. Warum? Weil Mama sie immer in den Arm genommen und geküsst und mit ihr gespielt hat. Da das Wort »Liebe« mit ihren Glücksgefühlen verbunden ist, wenn Mama sie liebkost und küsst, weiß Sina bereits alles über das Wort.

Der Moment der Verwandlung: Die ersten Wörter

Irgendwann im zweiten Lebensjahr lernen Kinder, nicht nur mit Plappern, sondern mit ein paar Wörtern oder auch kurzen Zwei- oder Dreiwortsätzen sowie sehr vielen Gesten zu kommunizieren. Zwischen dem vierundzwanzigsten und dreißigsten Lebensmonat sprechen sie ganze Sätze und führen schon kleine Gespräche.

Vor wenigen Tagen beobachtete ich ein zweijähriges Mädchen mit seinem Vater im Supermarkt. Anders als viele Eltern, die gestresst durch den Laden hetzten, um ihre Einkäufe zu erledigen, unterhielt sich dieser Vater mit seiner Tochter, während er sie im Einkaufswagen durch die Gänge schob. Sie befanden sich bei den Regalen mit den Fruchtkonserven, er zeigte ihr die Bilder auf den Dosen und fragte, ob sie die abgebildeten Früchte möge.

»Mag Susanne Ananas?«, fragte er und zeigte ihr die Dose.

»A ... na ...«, sagte Susanne unsicher.

»Mag Susanne Birnen?«, fragte er.

»Susanne mag Birnen«, sagte sie.

Ihr Vater stellte die Dose in den Wagen und fuhr zur Früchteauslage.

»Mag Susanne Orangen?«, fragte er.

»Ich *mag* Orangen«, rief das kleine Mädchen begeistert. Ein Netz mit Orangen wanderte in den Wagen.

»Was ist mit Pfirsichen?«

Susanne war nun auf das Spiel eingestellt und wollte Spaß mit ihrem Vater haben. »Pfirsiche bäh!«, rief sie und verzog das Gesicht.

»Jetzt schwindelst du aber«, sagte er. »Ich weiß, dass du Pfirsiche magst.«

Susanne lachte ebenfalls. »Ich mag Pfirsiche«, stimmte sie zu. Drei Pfirsiche wanderten in den Wagen. Susanne klatschte in die Hände.

Was Susanne und ihr Vater da tun, sieht einfach aus: Sie führen ein spielerisches Gespräch über Früchte in einem Supermarkt. Aber es ist ein gewaltiger Schritt für Susanne, für die Wörter noch neu sind. Sie hat so oft mit ihrem Vater geplappert und gestikuliert, dass sie weiß, wie sie ihn für Interaktionen gewinnt. Mit den neu erworbenen Wörtern und ihrem erwachenden Sinn für Humor wird alles sehr viel einfacher und macht viel mehr Spaß – und die Sache wird gleichzeitig sehr viel komplexer.

Wie wir gesehen haben, werden die zunehmend komplexeren Muster, die ein zwölf- bis achtzehnmonatiges Kind sieht und versteht, von Emotionen gespeist. Sven sieht die Mütze seines Vaters auf dem Tisch. Er will seinen Vater zum Lachen bringen, und so zeigt er auf die Mütze und macht klar, dass er sie haben will. Sein Vater nimmt sie und zieht sie dem Jungen über den Kopf, und beide brechen in stürmisches Gelächter aus. Svens Wunsch, die Mütze zu bekommen und seinen Vater zum Lachen zu bringen, verbindet sich mit den neuen Fähigkeiten der Lautgebung und des gestischen Signalisierens. Er bekommt, was er will: die Mütze und das Lachen seines Vaters. Der Vater vollendet den Kommunikationszirkel, er setzt selbst die Mütze auf und macht dazu eine komische Grimasse. Sven quiekt und windet sich vor Vergnügen.

Je mehr Emotionen ein Baby fühlt, desto reicher werden seine Kommunikationsmuster. Und je mehr seine Eltern reagieren und sich auf Interaktionen mit ihm einlassen, desto näher kommt das Baby an die nächste Stufe: Wörter!

Wie wird aus einem Kind, das nur plappert und gestikuliert, plötzlich ein Kind, das Wörter spricht, Sätze bildet und sich beinahe wie ein kleiner Erwachsener unterhält? Um Wörter zu gebrauchen, um diese erstaunliche Transformation zu erreichen, die Menschen von den meisten anderen Spezies unterscheidet, muss das Kind lernen, Symbole zu benutzen.

Wie wir in *Der erste Gedanke* dargestellt haben, vollzieht sich diese Transformation, wenn das Kind eine grundlegende Fähigkeit erwirbt: die Wahrnehmung von der Handlung zu trennen. Mit anderen Worten setzt die Transformation ein, sobald das Kind etwas, das es sieht – sei es ein Bild von seiner Mutter oder die Mutter selbst –, von einer unmittelbaren Reaktion darauf trennen kann.

Wenn das Baby noch klein ist, ist fast alles, was es sieht, mit einer unmittelbaren Handlung verknüpft. Es sieht etwas zu essen, es greift danach. Es sieht seine Mutter, es streckt seine Arme nach ihr aus. Da ist nur wenig Raum zwischen der Wahrnehmung und der Handlung; sie gehören fast automatisch zusammen. Doch wenn ein Baby oder Kleinkind lernt, mit Gesten und Lauten zu interagieren, kann es verhandeln, zum Beispiel die Mutter zum Küchentisch ziehen und auf die Frucht zeigen, die es will.

Wechselseitiges Gestikulieren stellt eine Verbindung zwischen Sehen und Handeln her – zwischen dem Sehen der Schüssel und dem Greifen danach. Diese Interaktionen trennen die Wahrnehmung von der Handlung. Und wenn man die beiden trennt, entsteht etwas vollkommen Neues. In *Der erste Gedanke* nennen wir das, was auf dieser Stufe geschieht, die Entwicklung »frei stehender Wahrnehmungen oder Bilder«.

Das bedeutet, dass Lara jetzt ihre Mutter sehen kann, ohne unmittelbar handeln zu müssen. Sie hat ein Bild von ihrer Mutter im Bewusstsein – ein Bild, das mit Emotionen aufgeladen ist, mit Wünschen. Das Bild nimmt alle möglichen Bedeutungen an. »Mama« ist nicht nur die Person, an die man sich klammert oder bei der man weint. Mama kann auch die Person sein, die mit einem spielt. Mama kann die Person sein, die einen tröstet. Mama kann die Person sein, die eine lustige Geschichte erzählt. Mama kann die Person sein, die einen kitzelt und zum Lachen bringt. Mama kann die Person sein, die einem das Gefühl der Sicherheit gibt, wenn sie im Zimmer ist. Plötzlich kann man dieses frei stehende Bild von Mama im Bewusstsein behalten und, indem man Erfahrungen damit verknüpft, ihm viele emotionale Bedeutungen verleihen. Dies ist die Geburt der Symbole.

Klang und Bedeutung

Im zweiten Lebensjahr wächst und verfeinert sich die Fähigkeit des Kindes, seine Zunge, seine Mundmuskulatur und seine Stimmbänder zu regulieren. Diese körperliche Entwicklung verläuft parallel zur intellektuellen Entwicklung, die ein Kind durchläuft, wenn es mit seinen Eltern Lautsignale und Gesten austauscht. Es lernt nicht nur, wie es ein breites Spektrum von Lauten erzeugen kann, sondern es lernt auch, sie zu hören und zu verstehen. Es stimmt sein Gehör darauf ein, die Sprache, die in seiner Umgebung gesprochen oder mit der es angesprochen wird, zu hören und zu verstehen.

In dieser Phase wird die von der Familie gesprochene Sprache wichtig, sei es Spanisch oder Englisch, Chinesisch oder Suaheli, Französisch oder Italienisch. Wer schon einmal eine Fremdsprache gelernt hat, weiß, dass jede Sprache ein eigenes Klangsystem hat. Wenn Kinder gesprochene Sprache hören, lernen sie immer besser, die spezifischen Klänge aufzunehmen und wiederzugeben. Während sie lernen, Symbole zu bilden und Klangmuster mit diesen Symbolen zu verknüpfen, laden sie Symbol und Klang mit Bedeutung auf. Die Bedeutung stammt aus ihren emotionalen Interaktionen mit den Menschen, die immer wieder mit ihnen sprechen – sei es nun Mama, *maman* oder *madre*.

Dieses bemerkenswerte Zusammentreffen von neuen Fähigkeiten – Symbole bilden, frei stehende Bilder entwickeln und Klangmuster erkennen – erlaubt dem Kind, auf ein inneres Bild zurückzugreifen, das Wort »Mama« zu sagen und zu wissen, was es heißt. Der kleine Simon versteht das Wort, weil er seinen Klang unterscheiden und mit Bedeutung erfüllen kann. Er hat nun ein paar Jahre emotionaler Erfahrung mit seiner »Mama« hinter sich. Was für ein erstaunlicher Durchbruch!

Im Gespräch bleiben

Wenn ein Kind Symbole und Klänge meistern und Muster davon mit Bedeutung erfüllen kann, besitzt es Sprache. Es erreicht diese Stufe durch eine Reihe großer Entwicklungsschritte, und es ist bereit, immer noch höhere Kommunikationsstufen zu erklimmen. Es wird seine Sprache in Phantasiespielen und einfachen Sätzen anwenden und bald wird es beginnen, Ideen kausal miteinander zu verknüpfen.

Jetzt kann Simon seiner Mutter sagen, *warum* er nach draußen will: »Weil Michael draußen spielt.« Er kann erklären, warum er traurig ist: »Weil du mir meine Trommel nicht gibst.« Er hat komplexe eigene Ideen und kann komplexe Ideen verstehen, die ihm gegenüber geäußert werden. Wenn seine Mutter sagt: »Du kannst erst draußen spielen, wenn ich mich angezogen habe und ich auf dich aufpassen kann«, weiß er, was sie meint – auch wenn ihm ihre Antwort vielleicht nicht gefällt.

Als Nächstes wird Simon die Fähigkeit erwerben, mehrere Gründe anzugeben, warum er etwas will. »Ich will nach draußen, weil Michael einen Fußball hat und mich zum Spielen braucht.« Wenn Eltern Gespräche dieser Art unterstützen, indem sie ihre Kinder »warum« und »was« und »wie« fragen, erhalten sie reichere und komplexere Antworten.

An einem verschneiten Nachmittag saß ich in einem Café, und am Nachbartisch saßen eine Mutter und ihr kleiner Sohn, der wahrscheinlich in der zweiten oder dritten Schulklasse war. Er zeigte ihr alle möglichen Dinge aus seinem Schulranzen, von zwei Bonbons, die er auf einer Geburtstagsparty bekommen hatte, bis zu einem Bild, das er an diesem Tag mit Wasserfarben in der Schule gemalt hatte. Zu jedem Stück, das er hervorkramte, stellte ihm seine Mutter Fragen.

»Wer hatte denn heute Geburtstag?«

»Jamal. Er sitzt manchmal neben mir.«

»Magst du Jamal?«

»Ja, aber Tobi mag ich lieber.«

»Warum?«

»Tobi spielt immer so toll mit mir, wenn wir Pause haben und in den Pausenhof gehen. Jamal rennt manchmal weg«, sagte ihr Sohn.

Dann zeigte er ihr sein Bild, auf dem ein großes Boot voller kleiner Menschen dargestellt war.

»Das hast du toll gemalt«, sagte sie. »Das Boot ist aber ganz schön voll.«

»Ja«, sagte ihr Sohn, »es sind alle aufs Boot gekommen.«

»Du malst viele Boote. Ist es das gleiche Boot, das bei uns am Kühlschrank hängt?«

»Ja, aber hier sind größere Wellen!«

»Wir hängen es auf, wenn wir nach Hause kommen«, sagte seine Mutter.

Seine heiße Schokolade wurde gebracht, und er löffelte die Sahnehaube von seinem Becher, was das Gespräch kurz unterbrach.

»Lila«, sagte er und zeigte auf die Serviette unter seinem Becher.

»Erinnerst du dich noch an die lila Pflaumen, die wir bei Onkel Georg gepflückt haben?«, fragte seine Mutter.

»Mann, waren die sauer!«, rief der kleine Junge.

»Du magst Bananen wohl lieber?«

»Ja, die mit den braunen Flecken!«, kicherte ihr Sohn.

Ihr Gespräch geht auch dann noch weiter, als sie bereits zusammenpacken und sich zum Gehen rüsten.

Die Vergleiche und der Humor zwischen dieser Mutter und ihrem Sohn zeigen, dass es beiden wirklich Spaß macht, sich miteinander zu unterhalten. Der kleine Junge bekommt so eine Menge Übung und wird immer ausdrucksfähiger und wortgewandter. Die Fragen seiner Mutter haben Bedeutung für ihn, sie beziehen sich auf seine Emotionen und Freundschaften, sein Malen und seine Essensvorlieben.

Die Sprache dieses Jungen wird mit der Zeit immer nuancierter. Er wird nicht nur seine Gefühle zu Jamal und Tobi vergleichen und erklären, sondern auch seiner Lehrerin die Flugrouten der Zugvögel beschreiben und was zu ihrer Erklärung am wichtigsten, am zweit- und am drittwichtigsten ist. Er wird die Dinge in ihren Abstufungen erkennen und erklären können. Seine Fähigkeit, in Grauzonen zu denken, wird seine Sprache differenzierter machen und ihn dem Kommunikationsniveau von Erwachsenen annähern.

Sprache und Ich-Bewusstsein

Wenn Kinder ihre eigenen Ansichten ausdrücken und erklären können, warum sie eine Sache oder Person einer anderen vorziehen, erreichen sie die Entwicklungsstufe, die ich als »Denken aus einem Ich-Bewusstsein heraus« bezeichne. Die Kinder können auf eigene innere Maßstäbe, Werte und Überzeugungen zurückgreifen, um die Gespräche mit anderen zu beleben.

Eine Mutter berichtete mir, wie ihre Tochter, die in die siebte Klasse ging, in der Schule ein Referat darüber hielt, wie afrikanische Flüchtlinge versuchen, mit Booten nach Europa zu kommen, um von unserem Reichtum zu profitieren. Ihre

Mutter durfte hinten im Klassenraum sitzen, während ihre Tochter einen detaillierten und spannenden Vortrag hielt. Sie zeigte anhand von Zeichnungen, die sie selbst angefertigt hatte, welche Routen die Flüchtlinge benutzen, und sprach über die ungeheuren Summen, die sie für ihre Flucht nach Europa zahlen mussten. Am meisten aber war ihre Mutter davon beeindruckt, wie eloquent ihre Tochter über die Gefühle der Afrikaner sprach, als sie endlich die Küste Spaniens erreicht hatten.

»Ich war erstaunt, wie erwachsen sie klang«, sagte ihre Mutter. »Sie schien genau zu wissen, was die Flüchtlinge empfanden, und konnte es uns einfühlsam schildern.«

Danas Fähigkeit, die Gefühle anderer zu verstehen – auch von Menschen mit einem vollkommen anderen Hintergrund als dem ihren –, basierte auf dem Gespür für ihre eigenen Werte und ihre eigenen Ideen. Das Thema löste tiefe Gefühle in ihr aus, und diese Gefühle machten ihr Referat besonders lebendig und überzeugend.

Die Fähigkeit, ein Kommunikationsgeschehen anhand eines inneren Maßstabs zu beurteilen, bedeutet, dass die Kinder ihre eigene Leistung bewerten können. Im Unterricht sagt Maxi zum Beispiel, nachdem er dem Lehrer eine Scherzantwort gegeben hat: »Nein, ich wollte eigentlich etwas anderes sagen.« Anne erkennt: »Das Gedicht, das ich heute vor der Klasse aufgesagt habe, hat genau das ausgedrückt, was ich wirklich gefühlt habe.« Oder eine andere Klassenkameradin sagt: »Mein Aufsatz war miserabel. Ich habe mir überhaupt keine Mühe gegeben, anders als beim letzten.«

Wenn die Kinder in die frühe Adoleszenz eintreten, wird die Sprache zunehmend reflektiert und abstrakt. Das heißt, dass sie mit Sprache *über* Sprache reflektieren können. Sie können in Worte fassen, was sie von ihrem eigenen Stil und dem anderer halten. Sie wägen die Meinungen und Argumente anderer ab und reagieren darauf – sei es in einem Gespräch über mögliche Studienoptionen mit den Eltern während einer Autofahrt, sei es in einem heftigen Streitgespräch mit der Freundin oder in einer lebhaften Diskussion mit dem Geschichtslehrer.

Ein guter Kommunikator, Redner oder Schriftsteller muss, wie wir schon festgestellt haben, etwas zu sagen haben! Um über ein Thema überzeugend oder bewegend zu sprechen, müssen Kinder, Adoleszente und Erwachsene ein emotionales Interesse für unterschiedliche Bereiche haben und sich tiefergehende Gedanken machen. Die Schülerin, die mit ihrem Vater über ihre Studienpläne spricht, muss darüber nachgedacht haben, was sie gern studieren würde oder welche Universität für sie am geeignetsten wäre. Der junge Mann, der leidenschaftlich mit seiner Freundin streitet, muss einen inneren Standard entwickelt haben, wie ein Liebespaar sich zueinander zu verhalten hat. Der Schüler, der mit dem Geschichtslehrer diskutiert, muss begeistert in Büchern über die deutsche Wiedervereinigung gelesen haben, er hat sich vielleicht einen Film darüber besorgt, und so weiter. In all diesen Situationen geht es den Adoleszenten bei dem, was sie zu sagen haben, um etwas für sie Wesentliches. Sie haben ein emotionales und intellektuelles Anliegen, das ihre Denk- und Artikulationsfähigkeit anspornt. Auch ihre engagierte Tonlage und Gestik helfen dabei, ihre Sicht der Dinge klarzumachen.

In dieser Lebensphase der Kinder sind die höheren Kommunikations- und Denkformen zwei Seiten der gleichen Medaille. Eltern, die ihren Kindern helfen wollen, Kommunikationskompetenz zu erwerben, müssen ihnen bei der Entwicklung von Denkstrukturen helfen und sie ermuntern, zu einem breiten Spektrum von Themen ihre Meinung zu äußern. Wenn wir hingegen die Kinder dazu anhalten, Fakten aus Büchern auswendig zu lernen oder nachzuplappern, was wir ihnen vorbeten, werden sie am Ende nicht viel zu sagen haben. Wenn wir sie um ihre Meinung bitten – »Was denkst du darüber? Was kommt dir an meinem Argument falsch vor?« – und ihre Antwort anhören, wird unser Gespräch mit ihnen komplexer. Und natürlich müssen wir die Cleverness und Wendigkeit ihres Denkens damit belohnen, dass wir selbst komplex denken und antworten.

Ein guter Kommunikator ist immer auch ein guter Zuhörer. In Taschengelddebatten oder politischen Diskussionen beim Abendessen ist es wichtig, dass Ihr Kind Ihren Gesichtspunkt versteht und anerkennt. Solche kontroversen Gespräche helfen Kindern, selbstständig zu denken.

Manche Kinder und Jugendlichen sind allerdings stille Denker, keine Debattierer, und Eltern müssen dies erkennen und darauf Rücksicht nehmen. Angela geht in die zehnte Klasse, sie ist schüchtern und spricht nur ungern von ihren Gefühlen – selbst gegenüber ihren Eltern und Geschwistern. Doch die Gedichte, die sie für ihre Schülerzeitung geschrieben hat, zeigen ein sensibles und geistig hellwaches Mädchen. Zur Veröffentlichung ihrer Gedichte schenkten ihre Eltern ihr ein wunderschön gebundenes Buch aus handgeschöpftem Büttenpapier, das sie als Tagebuch oder für ihre Gedichte benutzen kann. Sie unterstützen ihre literarische Neigung, indem sie mit ihr zu Autorenlesungen gehen und sich nach ihren neuesten Gedichten erkundigen.

Die Fähigkeiten dieser stillen Denker unterscheiden sich nicht von Kindern, die gesprächiger sind. Ihr Zuhören, Denken und ihre Kommunikation sind alle eng miteinander verknüpft, sie sind nicht zu trennen. Stille Kommunikatoren schreiben möglicherweise wunderbare Aufsätze oder ausdrucksstarke Briefe, aber sie finden es schwierig, sich vor anderen zu artikulieren. Wenn Eltern ein solches Kind fragen, ob sie lesen dürfen, was es geschrieben hat, erfahren sie wahrscheinlich eine Menge über das, was das Kind geistig und seelisch beschäftigt.

Kommunikation anregen

Es gibt eine Menge Methoden, wie Sie die Fähigkeit Ihres Kindes, zu erklären und zuzuhören, entwickeln können. Aber alle laufen schließlich auf einen einzigen Punkt hinaus: die Bereitschaft, Ihr Kind häufig in lange Gespräche zu verwickeln.

Die Kommunikation zwischen Ihnen und Ihrem Baby nimmt in den ersten Lebenswochen Fahrt auf. Wenn Sie auf das Schreien und die aufgeregten Körperbewegungen Ihres Babys mit einfühlsamer, besänftigender Stimme und liebevollem Blick reagieren, fühlt es sich verstanden. Bereits in diesem frühen Stadium vermitteln Sie ihm die wertvolle Erwartung einer Antwort oder Reaktion. In späteren Lebensmonaten, wenn es seine Muskeln besser kontrollieren und seine Schultern und seinen Kopf heben kann, um mit Ihnen Kontakt aufzunehmen, achten Sie darauf, dass Sie Ihre ermunternden Worte mit lebhaften Gesten begleiten, die ihm zeigen, dass Sie es klar und deutlich verstehen. Die einfühlsamen Gesten, mit denen Sie auf die Gesten Ihres präverbalen Kindes eingehen, sind in der Tat noch wichtiger als Worte.

Wenn Ihr Kind achtzehn Monate alt ist, wechseln Sie mit ihm dreißig oder vierzig solcher Gesten, manchmal über zehn oder fünfzehn Minuten an einem Stück. Um diese Kommunikationszirkel zu öffnen und zu schließen und die Interaktion aufrechtzuerhalten, müssen Sie Ihrem Kind helfen, die Initiative zu übernehmen. Es ist nämlich keine wirkliche Kommunikation, wenn Sie nur seinen Bauch kitzeln und es kichert, und dann kitzeln Sie seine Füßchen, und es prustet, und dann kitzeln Sie erneut seinen Bauch, und das zehnmal hintereinander. Wirkliche beiderseitige Kommunikation entsteht nur dort, wo jeder neue Zirkel sich von dem vorhergehenden etwas unterscheidet.

Wenn Sie zum Beispiel mit Ihrem Baby auf der Couch schmusen, und es lächelt Sie an, dann erwidern Sie sein Lächeln. Jetzt strecken Sie die Zunge heraus und schauen, was als Nächstes passiert. Wahrscheinlich geraten Sie rasch in einen Grimassenwettbewerb, begleitet von fröhlichem Glucksen. Bedenken Sie immer, dass das Spiel eher von den Wünschen Ihres Kindes geleitet werden sollte als von Ihrem eigenen Impuls, die Begegnung zu steuern. Folgen Sie dem, was Ihrem Kind Spaß macht, sei es, dass es lustige Laute von sich gibt, ziellos im Zimmer umherwandert, mit einem Lichtschalter spielt oder auch die Toilettenspülung bedient. Wenn Sie sich auf die Aktionen Ihres Kindes einlassen, geben Sie ihm zu verstehen, dass Sie seine Absicht erkannt haben und sie teilen. Dies wiederum verstärkt seinen Wunsch, mit Ihnen zu kommunizieren.

Ein kleines Kind, das sein Zimmer erforscht, hat Ihnen viel zu zeigen und zu sagen, es hat viele Projekte, die Ihre Kooperation verlangen. Sagen wir zum Beispiel, es baut ein Haus, hat aber keine Bauklötze mehr. Es weiß, dass es im Schrank noch eine Kiste mit Bauklötzen gibt. Lassen Sie sich von ihm dorthin führen, so dass es benennen kann, was es will, oder darauf zeigen. Gehen Sie auf seine dringenden Wünsche ein, und Sie befinden sich recht bald in einer lebhaften Konversation aus Worten und Gesten.

Diese Art gemeinsamen Problemlösens wird komplexer, wenn Ihr Kind mit dem dritten Lebensjahr zu sprechen beginnt. Zum Beispiel geht ihr zweieinhalbjähriges Kind auf kürzestem Wege zu seinem Lieblingsdino, wenn Sie sich zum Spielen auf dem Boden niederlassen. Während es sich für einen Augenblick woandershin wendet, verstecken Sie den Dinosaurier oben auf einem Regal. Ihr Kind wird nun überrascht suchen oder fragen: »Wo ist er?« Sie erwidern die Frage mit einer weiteren Frage: »Wo ist er wohl hingegangen?« Wenn Ihr Kind beginnt, im Zimmer zu suchen, sagen Sie vielleicht: »Der Dinosaurier muss einen Berg hinaufgestiegen sein!«

Verfallen Sie nie dem Irrtum, die nonverbalen Signale – Lächeln, Stirnrunzeln, Zeigen, hängende Schultern etc. –, die Sie miteinander wechseln, seien nur ein Aufwärmen, das dann, wenn Ihr Kind in einfachen Sätzen sprechen kann, keine Rolle mehr spielt. Wir hängen unser ganzes Leben davon ab, diese nonverbalen Signale richtig zu deuten. Wir spüren instinktiv, dass der Chef schlechte Nachrichten hat, wenn er plötzlich unserem Blick ausweicht, oder dass der überschwängliche Händedruck des Politikers genauso geheuchelt ist, wie er sich anfühlt. Vergessen Sie also nie, wie wichtig es ist, Ihrem Kind zu helfen, sich mit Gesten auszudrücken, während es auf der Entwicklungsleiter weiterklettert.

Eltern haben unendlich viele Möglichkeiten, Interaktionen in die Länge zu ziehen. Kleine Hürden, solange sie nicht zu frustrierend sind, motivieren Kinder häufig, noch stärker nach ihrem Wunschgegenstand zu fahnden und dies auch verbal zu tun. Schaffen Sie also kleine Hindernisse, lassen sie einen Schatz suchen und lassen Sie Ihr Kind Vorschläge machen, wie sich die Rätsel lösen lassen. Diese Art von Aufgaben ermuntern Ihr Kind, die Initiative zu ergreifen und seine Wünsche in Worte zu fassen, beides wesentliche Bausteine für komplexeres Denken.

Gemeinsames und kooperatives Spiel mit Ihnen oder einem Gleichaltrigen hilft Ihrem Kind, auf das, was eine andere Person tut, denkt und sagt, mit Verständnis und Selbstvertrauen zu reagieren. Dabei lernt es, seine eigenen Ideen den Gesten, Gedanken und Worten einer anderen Person gegenüberzustellen. So-tun-als-ob-Spiele mit einem Kind von drei, vier oder fünf Jahren sind besonders geeignet, neue Ideen zu wecken und sie logisch zu verknüpfen. Wenn Sie zum Beispiel sehen, wie Ihr Kind ein Kuscheltier oder eine Puppe an sich drückt, so ist dies möglicherweise der erste Schritt eines komplexen Spiels, in dem Figuren in Gefahr geraten, gerettet, gefüttert und beschützt werden.

Lassen Sie Ihr Kind Regie führen, aber spielen Sie Ihre Rolle mit Gusto. Wenn Ihnen im Spiel eine Phantasiesuppe angeboten wird, dann seien Sie ein bisschen widerspenstig und sagen Sie: »Nein, nein, nein! Ich will Gummibärchen! Keine blöde Suppe!« Wenn Ihre »Mama« sich dann entschließt, mit Ihnen zum Einkaufsladen zu gehen und eine Tüte Gummibärchen zu kaufen, erklären Sie, dass das Auto kaputt ist oder dass Sie erst das Pferd satteln müssen. Auf diese Weise regen Sie Ihr Kind an, neue Ideen in das gemeinsame Spiel aufzunehmen. Sowohl sein logisches Denkvermögen als auch seine Phantasie profitieren von solchen So-tun-als-ob-Szenarien. Wenn die Kinder ins Schulalter kommen, macht es ihnen zumeist großen Spaß, mit anderen ganze Theaterstücke zu inszenieren, mit Kostümen und allem Drum und Dran.

Bei Grundschulkindern klingen die Gespräche vielleicht noch eher wie Monologe: »Oh, Papa, der Schiedsrichter war so ungerecht bei unserem Fußballspiel. Er hat immer Freistöße für die anderen gepfiffen, und wenn sie Foul gespielt haben, hat er's nicht gesehen. Es war so unfair!«

Während Ihr Sohn vor Empörung schnaubt, können Sie etwas sagen wie: »Ich glaube, ich weiß, wie du dich fühlst. Das erinnert mich daran, wie ich in deinem Alter war und der Schiedsrichter noch nicht einmal die Miene verzog, als mich ein Gegenspieler so brutal mit dem Ellbogen rammte, dass ich zu Boden ging.«

Wenn Ihr Kind plötzlich den Gesprächszusammenhang verlässt – zum Beispiel fragt: »Und warum warst du letztens zu spät, als du mich von der Schule abholen wolltest?« –, können Sie jederzeit versuchen, es in ein logischeres Gesprächsmuster zurückzulenken: »Aber was war denn mit diesem Schiedsrichter? Was haben die anderen in deiner Mannschaft dazu gesagt?«

Wenn Ihr Kind wiederholt nur in Monologen spricht, bitten Sie es, sich etwas zurückzunehmen und auf Ihre Kommentare oder Fragen zu antworten. Helfen Sie ihm, ein aktiverer Zuhörer zu werden. Schließlich ist ein starkes Kind ein interessanter Gesprächspartner und keine Quasselstrippe. Natürlich setzt das voraus, dass Sie selbst ein guter Zuhörer sind. Ermutigen Sie Ihr Kind, seine Ideen zu artikulieren, indem Sie manchmal in eigenen Worten wiederholen, was es gerade gesagt hat. So weiß es, dass Sie ihm intensiv zugehört haben.

Wenn Ihr Kind älter wird, werden die gemeinsamen Gespräche zuweilen recht kontroverse Debatten. Sie können sogar mit Absicht ein wenig provozieren. Bei einem kleineren Kind sollte dies nur sanft geschehen. Doch bei Teenagern können Sie durchaus den Advocatus Diaboli spielen und sie auffordern, ihre Argumente zu untermauern: »Warte mal. Was hat ein Gesetz zur Anschnallpflicht im Auto damit zu tun, alles tun und lassen zu dürfen? Haben Menschen die Freiheit, sich selbst zu gefährden?« Oder: »Wie fändest du das, wenn eure Schule den Sportunterricht streichen würde, damit ihr mehr Zeit zum Lernen hättet?« Teenager sind glänzende Debattierer, wenn das Thema sie unmittelbar betrifft. Wenn Sie hin und wieder kritisch nachfragen oder auch Einspruch erheben, helfen Sie Ihrem Kind, sich selbst überzeugender auszudrücken.

Ermutigen Sie Ihr Kind, Ihre eigenen Argumente auseinanderzunehmen. Wenn Sie sich selbst ein wenig zurücknehmen und fragen: »Okay, wo liege ich falsch?«, garantieren wir, dass aus Ihrem Kind ein engagierterer, aktiverer Zuhörer wird.

Doch bei alledem sollten Sie sich nicht zum Gefangenen der Diskussion machen: Versuchen Sie auch nicht, dem Kind immer nur eine wertvolle Lektion zu erteilen. Es geht um Spontaneität und Spaß, die die Ideen der Kinder befördern und sie animieren, mit Ihnen zusammen zu sein und lange Gespräche zu führen.

Wie man Sprache fördert

1. Wenn Ihr Baby die Welt wahrzunehmen beginnt: Singen und summen Sie ihm etwas vor; imitieren Sie wiederholt seine Laute und gehen Sie auf seinen Rhythmus ein.
2. Wenn Ihr Baby Beziehung zu Ihnen aufnimmt: Sprechen Sie zu ihm, lassen Sie es Laute hören und Ihre Mimik und Ihre Gesten sehen.
3. Wenn Ihr Kind gehen lernt: Versuchen Sie, die Absichten Ihres Kindes zu verstehen, wenn es auf Gegenstände zeigt, Laute von sich gibt und gestikuliert; folgen Sie seiner Führung und reagieren Sie mit Worten und Taten.

4. Wenn Ihr Kind Wörter spricht: Loben Sie begeistert die ersten Wörter und wiederholen Sie sie. Bauen Sie auf seinen eigenen Interessen auf. Fragen Sie Ihr Kind, was es möchte, und helfen Sie ihm, es zu bekommen.
5. Wenn Ihr Kind in Sätzen sprechen kann: Sorgen Sie dafür, dass Ihr Kind gehört wird! Bitten Sie es, Geschichten zu erzählen. Beginnen Sie lange Gespräche. Beginnen Sie, »Warum«-Fragen zu stellen.
6. Wenn Ihr Kind logisch zu denken beginnt: Stellen Sie »Warum«-Fragen und führen Sie das Gespräch weiter, bis Sie eine sinnvolle Antwort erhalten haben.
7. Komplexe Dialoge: Fragen Sie nach Gründen, Meinungen, Vorlieben. Wenn ein Kind sagt: »Ich möchte ein neues Fahrrad«, fragen Sie nach den verschiedenen Gründen. Wenn Ihr Kind auf einen Freund böse ist, helfen Sie ihm, herauszufinden, was den Streit verursacht hat. Fördern Sie nuanciertes Denken, indem Sie sich alle Seiten einer Geschichte erklären lassen.
8. Selbstreflexion: Fragen Sie Ihr Kind nach seiner Meinung zu allem, von der Politik bis zu Familienproblemen. Hören Sie aufmerksam und zugewandt zu. Finden Sie heraus, was Ihr Kind über seine Freundschaften, Lehrer, Schulleistungen etc. denkt. Beziehen Sie Ihren Teenager gleichberechtigt in Ihre Gespräche mit erwachsenen Freunden ein. Machen Sie Ihren eigenen Standpunkt klar, hören Sie seiner Ansicht zu und antworten Sie, so dass Ihr Kind weiß: Sie hören ihm zu.

Hier muss freilich festgestellt werden, dass Offenheit für Diskussionen und intensive Wortgefechte nicht bedeutet, dass ein Kind nun tun kann, was es will. Leider verwechseln viele Eltern diese beiden Dinge. Sie haben die Befürchtung, dass sie die Kontrolle über ihre Kinder verlieren, wenn sie zu guten Kommunikatoren und Denkern heranwachsen. Dem ist nicht so. Je besser Kinder kommunizieren und denken können, desto mehr fühlen sie sich verstanden und desto besser wird ihr Urteilsvermögen – und desto wahrscheinlicher werden sie Ihrem Urteil vertrauen oder zuhören. Sie als Eltern sind nicht nur berechtigt, sondern verpflichtet, Ihren Kindern Grenzen zu setzen und ihnen mit Ihrem guten Urteil Anleitung zu geben. Doch führen Sie solche Gespräche, *bevor* Sie es anleiten. Ihr Kind entwickelt dadurch eine Fähigkeit, die es mit in sein erwachsenes Leben nehmen kann. Es wird fähig sein, seinem Partner oder seiner Partnerin seine Gefühle zu erklären; es wird fähig sein, mit seinem oder ihrem Chef zu sprechen und ihm auseinanderzusetzen, warum es eine Beförderung oder einen neuen Verantwortungsbereich braucht; und es wird fähig sein, seinen oder ihren Kindern die gleichen »Warum«-Fragen zu stellen, die ihm gestellt wurden. Ihr Kind wird, mit anderen Worten, fähig, seine Geschichte zu erzählen.

5
Emotionale Bandbreite
Leidenschaft und Ausgeglichenheit

Ich habe ein etwa vierjähriges kleines Mädchen beim Warten auf den Faschingsumzug in einer kleinen Stadt beobachtet. Sie wusste, dass einige der Leute auf den Festwagen Bonbons und andere Süßigkeiten in die Menge werfen würden, und sie war aufgeregt.

> »Juchhu!«, schrie sie, als der erste Wagen auftauchte. »Sie kommen, sie kommen!«
> Ihre Eltern und die anderen Leute in ihrer Gruppe lachten über ihre Begeisterung.
> »Hierher, hierher!«, rief Astrid und hüpfte auf und ab, als sich der Umzug näherte.
> Die Leute des ersten Wagens warfen ein paar Dauerlutscher auf die Straße. Astrid stürzte sofort hin.
> »Lollis!«, rief sie, als ob sie noch nie Süßigkeiten gesehen hätte.

Wer ein vierjähriges Kind hat, kann sich leicht vorstellen, wie diese Geschichte ausgeht. Während des Umzugs steigerte sich Astrid immer mehr in ihre Begeisterung hinein. Als die letzte Abteilung mit Kindern des Musikvereins in ihren bunten Kostümen vorübermarschierte, klammerte sich Astrid an ihre Mutter und weinte bittere Tränen.

»Es ist *vorbei*«, schluchzte sie.

Eine ganze sonnige Stunde lang hatte das kleine Mädchen eine enorme Skala von Emotionen durchlebt: Aufregung und Vorfreude, Lachen und Übermut, Erfüllung und Glück sowie am Ende Enttäuschung und Traurigkeit. Astrid weinte nicht lange, nachdem der Faschingsumzug vorüber war. Ihre Mutter und ihr Vater waren während der ganzen Zeit ruhig geblieben, hatten sich über ihre Begeisterungsausbrüche amüsiert, sie aber nicht bestärkt. Als sie schließlich weinte, streichelten sie sie liebevoll, ohne sich über ihre Tränen lustig zu machen. Als das Weinen dann abebbte, machten sie den Vorschlag, weiter unten an der Straße noch Pommes zu essen und dann nach Hause zu gehen. Astrid, die sich nun beruhigt hatte, ergriff die Hand ihrer Mutter, und sie gingen zu der Pommesbude.

Das Ausgleichen der Emotionen

Kinder müssen das gesamte Spektrum menschlicher Emotionen erfahren und ausdrücken: von Glück über Wut bis zur Traurigkeit. Doch *eine Vielfalt von Emotionen nur auszudrücken, ist nicht genug: Kinder müssen die Fähigkeit erwerben, zu einem emotionalen Gleichgewicht zurückzukehren,* so wie es Astrid mit Hilfe ihrer Eltern tat.

Es ist für Kinder eine gewaltige Aufgabe, zu lernen, wie man einen solchen emotional sicheren Ort findet, eine innere Ruhe, auf die man sich auch in widrigen Zeiten verlassen kann. Sie müssen Mittel und Wege finden, sich selbst zu trösten und nach einer Enttäuschung wieder auf die Beine zu kommen. Emotionales Gleichgewicht heißt, auch in Stresssituationen gelassen, in Krisenmomenten konzentriert und ruhig zu bleiben. Um dieses Gleichgewicht zu fördern, müssen wir unseren Kindern erlauben, ihr gesamtes emotionales Spektrum auszudrücken – wobei wir sie ermutigen, dies auf eine ruhige und regulierte Weise zu tun. Wir müssen ihnen zugleich je nach Bedarf Disziplin, Führung und Trost geben, wie sie es brauchen.

Es ist nicht einfach, die gesamte emotionale Spannweite zu verstehen – sei es die leichte Enttäuschung über einen verpassten Telefonanruf, die Freude über ein großes Familienfest oder die Trauer über den Tod eines geliebten Haustiers. Die enorme Vielfalt unserer Gefühle zu verstehen bedarf vieler Übung, aber dieses Verständnis ist wesentlich, um ein emotionales Gleichgewicht zu erlangen. Wir müssen fähig sein, uns selbst zu beruhigen, wenn wir verärgert oder wütend sind; wir müssen fähig sein, Trauer zu empfinden und zu verarbeiten und das Glück zu genießen. Wenn wir unsere Gefühle erkennen und uns nicht von ihnen überwältigen lassen, haben wir einen wichtigen Schritt in unserer Entwicklung zurückgelegt. Die Übung hierfür beginnt bereits, wenn das Baby lernt, sich zu beruhigen, so dass es sich für seine Umwelt öffnen kann.

Eine ausgeglichene Person

Wenn wir ein Kind oder einen Erwachsenen als »ausgeglichen« bezeichnen, meinen wir in der Regel jemanden, der über ein reiches Gefühlsleben verfügt, seine Gefühle aber regulieren kann.

Nehmen wir zum Beispiel Frank M. Er ist in seinem Beruf ein ebenso bestimmter und kreativer wie zielorientierter Vorgesetzter. In seiner Freizeit hat er Spaß an Segeln oder Tennis, an Spielen, in denen er sich mit anderen messen kann. Aber er kann auch sehr zärtlich sein, er liebt seine Frau und seine Kinder und versteht ihre Gefühle.

Wenn andere Frank unter Druck setzen, weil sie nicht mit ihm übereinstimmen oder weil sie ihm Ärger machen wollen, durchschaut er sie. Statt zornig und nachtragend zu reagieren und es ihnen heimzuzahlen, fühlt er sich nur leicht verärgert. Aber weil er neugierig ist und wissen will, warum sie gegen ihn eingestellt sind, kann er seine Verärgerung kontrollieren und über die Gesamtsituation nachdenken, die auch seine eigenen Ziele umfasst. Will er sich jetzt wirklich auf einen heftigen Schlagabtausch einlassen? Oder will er seine Gegner lieber zur Kooperation gewinnen? Lohnt es sich, gegen ihre Herausforderung und Feindseligkeit anzukämpfen? Frank hat mehrere Optionen. Er kann sich durchsetzen und seine Vorgesetztenrolle ausspielen, oder er kann einen Schritt zurücktreten und die Auseinandersetzung vertagen.

Wie wir alle ist Frank manchmal mit schwierigen Situationen konfrontiert. Vor kurzem erkrankten seine Eltern, und er war sehr in Sorge. Als seine Mutter starb, erfüllte ihn der Verlust mit tiefer Trauer – aber er wurde davon nicht überwältigt. Wenn er an seine Mutter denkt, empfindet er immer noch den gleichen Schmerz und die gleiche Trauer. Doch hat er zugleich liebevolle und heitere Erinnerungen an sie, die ihn lächeln oder manchmal sogar lachen lassen. Frank hat auch Angst um seinen Vater, der um seine Frau trauert und nach wie vor Probleme mit seiner Gesundheit hat. Er macht sich große Sorgen, weil er weiß, wie sehr er ihn vermissen wird, wenn er sterben sollte. Er möchte, dass sein Vater noch lange eine Rolle im Leben seiner Kinder spielt, denn er weiß, wie wichtig es ist, einen Großvater zu haben. Manchmal hat Frank auch Angst um seine Kinder. Werden sie in einer sicheren Welt aufwachsen? Es geschehen so viele entsetzliche Dinge, dass es manchmal schwerfällt, optimistisch in die Zukunft zu sehen. Aber er lässt diese Sorgen nicht die Freude zerstören, die er in ihrer Gegenwart empfindet.

Frank durchlebt die ganze Bandbreite der Erfahrungen, die das Leben bietet, und die Emotionen, die damit einhergehen – Fröhlichkeit, Glück, Intimität, Empathie, Selbstsicherheit, Neugier, Wut, Traurigkeit, Enttäuschung, Angst. Es gibt keinen Bereich, dem er ausweicht, den er ignoriert oder verdrängt.

Wenn seine Kinder ihm nicht gehorchen und er etwas lauter werden oder sogar Strafen androhen muss, damit sie seiner Führung folgen, ärgert er sich und ist wie alle Eltern frustriert. Aber nur selten verliert er die Kontrolle über sich und schreit. Er ist meist in der Lage, sich und seine Kinder zu beruhigen, wenn sie miteinander streiten. Er hilft seinen Kindern, auf die eigentliche Meinungsverschiedenheit fokussiert zu bleiben. Selbst wenn seine Kinder weinen und sich beschweren, weiß er, dass er das Richtige tut, wenn er ihnen Grenzen setzt. Seine Kinder brauchen klare Vorgaben, um gesund aufwachsen zu können – und er kann streng sein. Sie sind vielleicht eine Weile ärgerlich oder weigern sich, mit ihm zu reden, weil er darauf bestanden hat, dass sie den Fernseher abschalten und Hausaufgaben machen, doch Frank toleriert ihren Ärger. Er bleibt ruhig, gesammelt und reguliert, während er ihnen freundlich, aber bestimmt sagt, was zu tun ist.

Wenn Frank dennoch einmal kurzzeitig die Nerven verliert – schließlich ist er auch nur ein Mensch –, nimmt er sich danach wieder zusammen. Wenn er das Gefühl hat, dass er emotional unangemessen reagiert hat, entschuldigt er sich bei seiner Frau oder bei seinen Kindern und überlegt sorgfältig, was dazu geführt hat, dass er außer sich geriet. So kann Franks emotionales Gleichgewicht die Beziehungen zu seiner Familie selbst in Konflikten oder stressbeladenen Zeiten stärken.

Unsere Unvollkommenheit

Viele Kinder und Erwachsene verfügen weder über eine emotionale Spannweite ihrer Gefühle noch sind sie ausgeglichen. Erwachsenen kann es schwer fallen, tiefe emotionale Nähe mit ihrem Ehepartner oder mit ihren Kindern zu erleben. Sie empfinden vielleicht eine Verbindung, sogar eine gewisse Wärme und Geborgenheit, aber das ist nicht das tiefe Gefühl der Nähe und des Glücks, das in einer engen Beziehung möglich ist. Es gibt Erwachsene, die Verärgerung spüren können, aber große Mühe haben, ihrer Wut freien Lauf zu lassen, wenn sie frustriert sind, und dies selbst dann, wenn andere alles tun, um sie zornig zu machen. Andere Erwachsene wiederum können nur schwer Gefühle der Traurigkeit oder des Verlusts zulassen. Sowie sie enttäuscht werden oder die Dinge nicht so laufen, wie sie es sich wünschen, bekommen sie Depressionen. Sie fühlen sich hilflos und reagieren mit großer Angst und Verstörung.

Wir alle kennen Erwachsene mit solchen Defiziten, sei es in Bezug auf Selbstbewusstsein und Zulassen von Wut, sei es in Bezug auf Intimität und Empathie oder auf Angst und Sorgen. Sie können solche Gefühle nicht ertragen, sondern fühlen sich deprimiert oder verleugnen sie oder empfinden scheinbar grundlos Angst. Und auch wir können uns nicht immer emotional so ausdrücken, wie wir vielleicht wollen. Wenn wir versuchen, mit unseren Emotionen vollkommen zu sein, machen wir uns zu Maschinen und verlieren die spontane Lebendigkeit, ohne die menschliche Gefühle nicht denkbar sind. Wir müssen uns unsere Defizite verzeihen, auch wenn wir versuchen, ein möglichst erfülltes Leben zu führen und im Gleichgewicht zu bleiben.

Emotionen und Balance beim Baby

Ein Neugeborenes erlebt eine gewaltige Flut sinnlicher Eindrücke. Um diese einordnen zu können, muss das Baby lernen, ruhig und reguliert zu bleiben, statt sich von ihnen überwältigen zu lassen. All seine Sinne – Sehen, Hören, Tasten, Geschmack, Bewegung – sind daran beteiligt. Die Eltern merken schnell, dass ihr Baby über ein ganzes Spektrum von Gefühlen verfügt – Übermut, Frustration, Glück, Trotz, sogar ein wenig Traurigkeit. Sie fördern diese Gefühlsvielfalt nicht nur durch gemeinsam geteilte Aufmerksamkeit in verschiedenen emotionalen Zuständen, sondern auch, indem sie alle Sinne des Kindes dabei stimulieren. Wenn wir unser Baby in die Höhe heben und mit ihm lachen, bevor wir es in den Buggy setzen, erzeugen wir in ihm Fröhlichkeit und Glücksgefühle. Sanftes Streicheln und Wiegen, wenn es traurig oder ängstlich zu sein scheint, helfen ihm, seine Gefühle zu meistern und wieder zur Ruhe zu finden.

Wir erwähnten bereits, dass Babys sich in uns, ihre ersten Bezugspersonen, verlieben. Dies geschieht gewöhnlich im Alter von zwei bis vier Lebensmonaten. Verlieben bedeutet natürlich Wärme und Bindung. Aber es kann auch Frustration und Wut sowie Trotz und Neugier mit sich bringen. Diese erste Liebesbeziehung ist ein Dialog aus zahlreichen verschiedenen Emotionen, genauso wie zwei Erwachsene alle möglichen Gefühle erleben und dennoch ihre Liebe aufrechterhalten.

Von frühester Kindheit an lernen Kinder, ihren Schmerz oder ihre Freude der Umwelt mitzuteilen. Sie kommunizieren ihre Gefühle, seien sie positiv oder negativ. Sie vermitteln ihre Botschaft durch Gesten. Wenn Ihr Baby wütend ist, weil Sie zur Arbeit gehen, dreht es seinen Kopf zur Seite, wenn Sie sich für einen Abschiedskuss zu ihm herunterbeugen. Wenn es sich freut, dass Sie es zum Spielen mit nach draußen nehmen, klatscht es in die Hände. Kleinkinder können die unterschiedlichsten Emotionen signalisieren – Trotz und Glück ebenso wie Traurigkeit, Enttäuschung und Frustration. Diese Fähigkeit entwickelt sich stetig weiter.

Zu Beginn dieses Kapitels haben wir gesehen, wie die vierjährige Astrid ihre Kommunikationsfähigkeit einsetzte, um ihrer Umwelt zu zeigen, was in ihr vorging. Sie hüpfte und tanzte vor Freude, wenn Süßigkeiten vor ihren Füßen landeten. Sie lachte, schrie und jauchzte, als ihr Bruder sie noch anstachelte, alles aufzuheben. Sie weinte und verbarg ihr Gesicht, als der Faschingsumzug zu Ende war. Sie kommunizierte.

Wenn die Kinder größer werden, lernen sie, eine zentrale Emotion zu verstärken oder abzuschwächen. Ein Kind kann seine Freude noch steigern, indem es mit einer Bezugsperson oder einem anderen Kind Späße macht. Es kann besser mit Frustrationen umgehen, wenn es lernt, geduldig zu sein und sich mit anderen abzuwechseln. Es kann seinen Ärger bezähmen, indem es lernt, ihn auszudrücken und sich dann mit dem Vater, der Mutter oder einem Freund versöhnt.

Wenn die Kinder mit So-tun-als-ob-Spielen beginnen, erweitern sich ihr emotionales Repertoire und die Fähigkeit, ihre Emotionen zu regulieren. Sie benutzen Puppen oder anderes Spielzeug, um mit Gefühlen zu experimentieren, und finden heraus, wie andere darauf reagieren. Ihre Phantasiespiele agieren vielerlei menschliche Dramen und Gefühle aus. Mit ihren Spielsachen drücken die Kinder Selbstgewissheit, Ängste, Geborgenheit und Empathie aus. Zwei kleine Jungen, die mit Autos und Tieren spielen, verwickeln ihre Autos vielleicht in einen Unfall – und dann bauen sie ein Krankenhaus, wo die verletzten und verängstigten Stofftiere liebevoll verarztet werden. Durch ein solches Spiel lernen die Kinder, ihre Ängste und starken Gefühle unter Kontrolle zu halten. Schon der Psychoanalytiker Erik H. Erikson hat darauf hingewiesen: Für Kinder »assoziiert sich die Freude, das Spielzeug zu beherrschen, mit der Beherrschung der Traumen, die auf das Spielzeug projiziert wurden«. Auf diese Weise können Kinder alle Angst auslösenden Gefühle austesten.

Eltern können sich hier ebenfalls beteiligen. Wir können die Phantasie unserer Kinder dazu anregen, im Spiel verschiedene emotionale Themen zu erforschen. Wir können ihnen helfen, ausgeglichen zu bleiben, indem wir die Interaktion lenken und darauf achten, dass die Emotionen nicht zu extrem werden.

Ausgeglichenheit und Reflexion

Wenn Kinder höhere Stadien des logischen und reflexiven Denkens erreichen, können sie kausale Zusammenhänge erkennen. Sie können über ihre Gefühle sprechen und sie analysieren. »Marie hat mich auf dem Pausenhof links liegen lassen, deshalb bin ich wütend und traurig.« Sie können auch Alternativen in Betracht ziehen: »Vielleicht hat mich Marie nicht gesehen, vielleicht wollte sie mich nicht links liegen lassen«, oder: »Marie sah aus, als ob sie mit Andrea gestritten hätte. Vielleicht war sie zu sehr damit beschäftigt und zu durcheinander, um mich zu grüßen.« Solche Nuancen sehen und sich die eigenen Gefühle erklären zu können, hilft den Kindern, ihre Gefühle zu verstehen und das emotionale Gleichgewicht wiederherzustellen. Diese Fähigkeit wird in den kommenden Stürmen der Adoleszenz mancher Belastungsprobe ausgesetzt. Schließlich wird sie unseren Kindern das ganze Leben hindurch von großem Nutzen sein.

Mut zu Leidenschaft und Ausgeglichenheit

Wenn wir unserem Kind helfen wollen, ein emotional lebendiger, ausdrucksfähiger Mensch zu werden, der nach einer Belastungssituation schnell wieder zur inneren Ruhe findet, so stehen wir vor einer gewaltigen Aufgabe. Wir alle kennen Erwachsene, die gern liebevolle und zärtliche Gefühle zeigen, aber Probleme haben, auch ihre aggressiven Impulse anzuerkennen, oder andere, die sich rasch in einen Zornausbruch hineinsteigern, aber sich nur mit Mühe wieder beruhigen können. Doch da kleine Kinder emotional sehr formbar sind, können wie einiges tun, um ihnen den Umgang mit dem gesamten Spektrum menschlicher Gefühle zu erleichtern – Liebe, Freude, Traurigkeit, Frustration, Wut, Aggression, Neid und Scham. Wir können ihnen sogar Instrumente an die Hand geben, mit denen sie sich wieder sammeln können, wenn starke Gefühle sie zu überwältigen drohen. Diese Instrumente erlauben ihnen schließlich, impulsive Verhaltensweisen zu bändigen.

Drei wichtige Punkte sind zu beachten, wenn wir Babys, Kindern und Jugendlichen helfen, emotionale Lebendigkeit und emotionales Gleichgewicht zu erwerben. Vor allem ist es außerordentlich wichtig, dass nicht nur Eltern, sondern alle Bezugspersonen – Pädagogen, Helfer, Freunde – der offenen Äußerung von Gefühlen positiv begegnen. Betrachten Sie keinesfalls nur bestimmte Gefühle als gut und andere als schlecht. So werden von Anfang an nur Probleme geschaffen. Wenn Sie glauben, ein Kind müsse immerzu folgsam und süß sein und dürfe nie Trotz oder Wut zeigen, wird es entweder zu Wutanfällen neigen oder sehr passiv und vorsichtig werden. Wenn wir glauben, dass Kinder nicht weinen, keine Angst oder Verstörung zeigen sollten, verstärken wir möglicherweise nur ihre Ängste und hindern sie an der Fähigkeit, diese Ängste aufzulösen. Wenn wir glauben, Kinder dürften nie ihre Liebesbedürftigkeit oder Abhängigkeit zeigen, sondern müssten stets selbstständig sein, zerstören wir möglicherweise wichtige Komponenten des Vertrauens und machen Kinder exzessiv liebeshungrig oder aber bringen sie dazu, ihre Bedürfnisse zu verleugnen und eine falsche Unabhängigkeit vorzugaukeln.

Wenn ein Kleinkind mit seiner Selbstständigkeit experimentiert, freuen Sie sich an der selbstbewussten Interaktion und bauen Sie darauf auf. Wenn ein Kind auf einen wackligen Stuhl klettert, um an ein Spielzeug auf dem Regal heranzukommen, sagen Sie nicht »Nein!« oder »Geh da sofort wieder herunter!«, sondern stellen Sie sich schützend in die Nähe und fragen Sie, was es will. Wenn es Ihnen mit Gesten zu verstehen gibt, dass es das Holzauto will, bieten Sie an, den Stuhl festzuhalten oder das Kind hochzuheben. Auf diese Weise machen Sie die Selbstentfaltung zu einem sicheren und gemeinsamen Projekt, statt sie zu ersticken.

Zweitens ist es immer wichtig, Strukturen vorzugeben und Grenzen zu setzen, so dass das Kind von seinen Emotionen nicht überwältigt wird. Regen Sie Ihr Kind zu Interaktionen an, die reguliert, strukturiert und in sich begrenzt sind. Wenn ein Kind auf dem Rand eines eingefassten Teichs laufen möchte, helfen Sie ihm, dies auf sichere Weise zu tun. Wenn das Kind etwas Gefahrvolles tun will, setzen wir eine Grenze – selbst wenn das Kind dann kurzfristig verärgert und enttäuscht ist. So erkennt das Kind, dass es nicht alles tun kann, was es will und wann es das will – das heißt, wir helfen ihm, allmählich seine Emotionen zu regulieren und Frustrationen zu ertragen.

Wenn Bezugspersonen sich auf eine Gefühlsäußerung einlassen, dann akzeptieren sie sie, reagieren darauf und müssen damit zu Rande kommen – aber das geht nicht, ohne Grenzen zu setzen. Sagen wir, Ihr Kind will auf Ihren Arm. Sie lassen sich darauf ein, Sie interagieren, Sie tauschen fröhliche Laute und Zärtlichkeiten. Doch nehmen wir ein anderes Beispiel: Ihre kleine Tochter will unbedingt mit Ihnen schmusen, während Sie mit Großmutter telefonieren. Sie wird zum Quälgeist und will Ihre gesamte Aufmerksamkeit. Das ist der Punkt, an dem Sie sie möglicherweise auf Ihrem Schoß festhalten und sie mit einem »Pscht, pscht« besänftigen müssen. Vielleicht müssen Sie ihr helfen, neben Ihnen zu sitzen und still Ihre Hand zu halten, während Sie mit der Großmutter am Telefon sprechen.

Damit setzen Sie Grenzen, lenken das Kind und regulieren seine Emotionen innerhalb einer Situation liebevoller Nähe. Finden Sie einen Kompromiss, wobei das Kind Ihnen nahe bleibt, aber seinem eigenen Überschwang Grenzen setzt. Sie akzeptieren seine Gefühle und interagieren mit ihm, doch durch Ihre ruhige Bestimmtheit regulieren Sie zugleich sein Verhalten. Wir nennen diesen Prozess »Gegenregulierung«.

Drittens müssen Sie die individuellen Eigenheiten Ihres Kindes sowie auch Ihre eigenen kennen, wenn Sie Ihrem

Kind zur ganzen Bandbreite der Emotionen verhelfen wollen, ohne dass es von ihnen überwältigt wird. Manche Kinder reagieren sehr empfindlich auf Geräusche oder Berührungen. Einem solchen Kind macht die mehr robuste, aggressive oder auch kompetitive Seite des Lebens Angst, weil es von lauten, dominanten Stimmen oder von zu viel Getobe und Berührungen emotional überfordert wird. Ein Kind, das auf Berührungen oder Geräusche weniger stark reagiert, wird sich möglicherweise nach genau solchen Erfahrungen sehnen. Es fällt es ihm wahrscheinlich auch schwerer, Traurigkeit oder Frustration zu empfinden, ohne »stark«, d.h. aggressiv oder impulsiv zu reagieren. Andererseits wird ein hochsensibles Kind nur schwer mit seinen Ängsten fertig, weil sie es zu überwältigen drohen.

Sie müssen also das Temperament Ihres Kindes einschätzen können, wenn Sie sein emotionales Spektrum schrittweise und in einem geschützten Rahmen erweitern wollen. Ein sensibles Kind wird Spiele, in denen es körperlich rau zur Sache geht, eher meiden und ein Spiel vorziehen, das keinen Körpereinsatz erfordert. Später kann das sanfte Spiel dann zu etwas robusteren Spielen übergehen, in denen körperliche Dominanz eine größere Rolle spielt. Andrerseits hat Ihr robustes und wildes Kind, das nicht genug sinnliche Reize bekommen kann, wahrscheinlich Probleme mit dem Entspannen, und es tut sich auch mit Empathie, Nähe und Zärtlichkeit schwerer. Sie führen diese Dinge am besten schrittweise ein. Zuerst rennen Sie Hand in Hand mit dem Kind, dann hüpfen Sie zusammen, und dann machen Sie vielleicht etwas Rhythmisches, das langsam ruhiger und ruhiger wird, bis Sie beide am Ende des Tages einfach auf dem Boden liegen, sich gegenseitig den Rücken massieren und diese zärtlichere Form der Nähe miteinander teilen.

Jedes Kind muss den Eingang zum vollen Spektrum der Emotionen durch sein eigenes individuelles Temperament finden. Doch Ihre eigenen sensorischen Voraussetzungen spielen eine ebenso große Rolle. Wenn Sie sehr empfindlich auf Geräusche und Unruhe reagieren, wird es Ihnen schwerfallen, ein dominantes, vordrängendes Verhalten zu ermuntern. Wenn Sie aber körperbetont und sportlich aktiv sind, werden Ihnen bestimmte Aspekte der Empathie und Intimität nicht so leicht fallen. Ihre besonderen Eigenheiten bestehen vielleicht nicht in der Art, wie Sie Sinneseindrücke gegenwärtig verarbeiten, sondern resultieren vielleicht aus Ihrer eigenen Erziehung. So müssen Sie sich fragen, ob es bestimmte Emotionen gibt, die Sie in Ihrer Kindheit und Jugend vermieden haben, weil Sie so empfindlich darauf reagierten oder weil sie unterdrückt wurden. Wenn sowohl die Gefühle Ihres Kindes wie Ihre eigenen Gefühle respektiert werden, können Sie beide ein immer größeres Spektrum an Gefühlsäußerungen und ein immer besseres inneres Gleichgewicht erreichen.

Die individuellen Eigenheiten Ihres Kindes manifestieren sich bereits, wenn Sie es im Arm halten oder es Sie vom Wickeltisch aus anschaut. Sie können den Situationen, in denen es erregt oder unglücklich wirkt, besondere Beachtung schenken. Nachdem Sie offensichtliche Stressfaktoren wie schmutzige Windeln oder Koliken ausschließen können, überlegen Sie, wie Sie seine Umwelt so einrichten, dass es sich von selbst beruhigt. Vielleicht reagiert es empfindlich auf zu helles Licht (schalten Sie die Deckenlampe aus und stattdessen die Nachttischlampe ein) oder auf hohe Stimmen (sprechen Sie leiser und tiefer und summen Sie, statt ihm vorzusingen). Wenn es auf visuelle Reize oder Geräusche nur wenig reagiert, geben Sie Ihrem Blick etwas Strahlendes, sprechen Sie mit mehr Ausdruck und heben Sie begeistert Ihre Augenbrauen, wenn

Sie es ansehen. Wenn es beim Schreien mit seinen kleinen Armen und Beinen unruhig rudert, versuchen Sie es in eine Decke einzuwickeln – viele Babys sind weniger verstört, wenn ihre Gliedmaßen nicht im »leeren Raum« schweben.

Achten Sie auf das sensorische System Ihres Kindes, wenn es mobiler wird. Die meisten kleinen Kinder lieben Bewegung, und sie finden es wunderbar, wenn sie schaukeln dürfen. Doch Sie werden bald feststellen, ob Ihr Kind lieber fest oder sanft angeschubst werden möchte und bei welcher Schaukelbewegung es sich am sichersten fühlt. Manche Kinder sind für solchen Spaß nur zu haben, wenn sie sich durch einen festen Druck auf ihrem Rücken abgesichert fühlen. Eine elastische Gurtschaukel kann hier die Lösung sein.

Gerade wenn wir uns auf die spezifische Reaktionsweise des Kindes einstellen, können wir sein Spektrum erweitern. Wenn der Forscherdrang unseres Kleinkindes nur wenig ausgeprägt ist, müssen wir es sehr vorsichtig und allmählich an ein offensiveres Verhalten heranführen. Es hat keinen Sinn, sich auf das Kind zu stürzen und es mutiger zu »machen«. Versuchen Sie vielmehr eine Spielsituation herzustellen, die mit ein wenig Hilfe Ihrerseits das natürliche Interesse Ihres Kindes erregt. Stellen Sie zum Beispiel ein neues Spielzeug oben auf den Tisch, so dass es motiviert ist, einen Kissenberg hinaufzuklettern, den Sie gemeinsam aufgetürmt haben.

In der gesamten Kindheit ist es wichtig, Äußerungen von Emotionen nicht zu hemmen, sondern zu fördern. Wenn Ihr Kind Enttäuschung oder Wut empfindet, helfen Sie ihm, diese Gefühle auszudrücken, indem Sie mit empathischen Gesten und Worten Ihr Mitgefühl zeigen.

So-tun-als-ob-Spiele ermöglichen dem Kind, unterschiedliche Emotionen auszuprobieren. Sie werden aber nicht selten beobachten, dass es Spielzeug oder Rollen meidet, die symbolisch mit Macht oder Aggressionen verbunden sind (Hexen, Zauberer, Monster und dergleichen), hingegen mit großem Spaß Partys für glückliche Teddybären arrangiert. Sie können dann fragen: »Wie kommt es, dass sich unsere Teddybären ständig umarmen?« Zwar lassen Sie Ihrem Kind die Führung bei den emotionalen Themen, die es erforschen will, doch können Sie einen ungebärdigen Teddy in das Spiel einführen, der nicht nur die Geschichte lebendiger macht, sondern Ihr Kind mit Gefühlen konfrontiert, die es zuvor gemieden hat.

Seien Sie froh, wenn Sie von Ihrem Kind während des Phantasiespiels aggressive, eifersüchtige oder rivalisierende Gedanken hören – auch wenn Sie selbst Probleme damit haben sollten, solche Gefühle auszudrücken. Sie beide können gelegentlich in die Rolle von Bösewichtern schlüpfen, die wie Monster brüllen, oder in die von brutalen Piraten, die einen blinden Passagier über Bord gehen lassen. Dies wird Ihrem Kind die Sicherheit geben, dass Gefühle nicht tabu sind und dass alle Gefühle zugelassen sind.

Durch die Äußerung negativer Gefühle in einer sicheren Umgebung, in der das Kind weiß, dass es verstanden und nicht abgeurteilt wird, lernt Ihr Kind, seine Gefühle zu zeigen – sei es durch Gesten, im Gespräch oder im Spiel –, ohne davon überwältigt zu werden. Wenn es sich außer Stande sieht, seine unangenehmen oder verletzenden Gefühle zu vermeiden, haben Sie die Möglichkeit, ihm klarzumachen, dass ein wesentlicher Unterschied besteht zwischen Denken, Fühlen und Sprechen einerseits und dem Ausagieren dieser Gefühle an Personen andererseits. Ersteres ist akzeptabel, Letzteres nicht. Wenn Ihrem Kind einmal die Sicherung durchbrennen sollte und Sie es besonders liebevoll trösten und beruhigen, dann lernt es, diese Beruhigung zu internalisieren und seinem eigenen emotionalen Repertoire einzuverleiben.

Ein größeres Kind kann unangenehme Gefühle, die zukünftige Situationen bereithalten, antizipieren. Wenn Sie es ermuntern, sich die Gefühle vorzustellen, mit denen es wahrscheinlich zum ersten Mal die neue Schule betritt oder wie seine Schwester reagieren wird, wenn sie herausfindet, dass es seine Lieblings-CD zerkratzt hat, lernt Ihr Kind diese Gefühle zu akzeptieren und zugleich zu kontrollieren.

Sollte seine sechzehnjährige Schwester »rot sehen«, wenn sie ihre zerkratzte CD entdeckt, müssen wir daran denken, dass auch sie nicht dafür getadelt werden darf, dass sie auf ihren kleinen Bruder wütend ist. Wenn Sie ihre Entsetzensrufe hören, versuchen Sie die Situation zu entschärfen: Der Bruder muss sich entschuldigen und dann anbieten, Ersatz zu beschaffen. Wenn Ihre Tochter weiterhin laut auf ihren Bruder schimpft, so ist auch das eine legitime menschliche Emotion. Solange sie ihr Verhalten im Zaum behält und auf ihren Bruder nicht tätlich losgeht, brauchen Sie nicht einzuschreiten. Sorgen Sie dafür, dass kein Tabu auf Gefühlen lastet. Starke Kinder müssen sich ausdrücken können und dabei lernen, das ganze Spektrum menschlicher Gefühle zu meistern.

Während die Welt des Adoleszenten durch ein neues Gefühl der Unabhängigkeit und der herannahenden Zukunft größere Dimensionen annimmt, kann die emotionale See zuweilen stürmisch werden. Es gehen Veränderungen im Körper vor, und schwärmerische und sexuelle Gefühle machen das Leben zu einer emotionalen Achterbahn. Gleichzeitig erfordert die wachsende Unabhängigkeit größere Verantwortung, sei es in der Schule oder zu Hause. Alles das kann Anlass für Freude und Begeisterung sein. Aber die körperlichen Veränderungen und die zunehmenden emotionalen und intellektuellen An-

Wie man Kindern hilft, Gefühle auszudrücken und emotional ausgeglichen zu sein

1. Finden Sie heraus, was Ihrem Baby hilft, ruhig und reguliert zu werden, welche Geräusche, visuellen Eindrücke und Bewegungen besänftigend wirken.
2. Helfen Sie Ihrem Kind, seine Gefühle zu regulieren, indem Sie selbst ruhiger werden, wenn Ihr Kind übererregt ist, und indem Sie Wärme und Geborgenheit anbieten, wenn es traurig und in sich gekehrt ist.
3. Äußern und erklären Sie Ihre eigenen Gefühle, wenn Sie mit Ihrem Kind umgehen.
4. Lassen Sie dominantes oder trotziges Verhalten und Wut ebenso zu wie folgsames Verhalten und glückliche Gefühle.
5. Helfen Sie Ihrem Kind, durch So-tun-als-ob-Spiele und durch Gespräche über seine Gefühle Zugang zu sich selbst und zu seiner Gefühlswelt zu finden.
6. Wenn Ihr Kind größer ist, versuchen Sie Rollenspiele, um es zu befähigen, zukünftige Gefühle zu antizipieren.
7. Erinnern Sie die Kinder immer wieder daran, dass Gefühle nicht tabu sind.

forderungen machen es für Teenager oft schwierig, das innere (und äußere!) Gleichgewicht aufrechtzuerhalten. Dies ist die Zeit, in der sich Eltern an laut zugeschlagene Türen, im Streit abgebrochene Abendessen und wütende Telefongespräche gewöhnen. Zum Glück haben wir aber auch die Chance, mit unseren Teenagern tiefe und vertrauensvolle Gespräche über den Sinn des Lebens, über Werte, Gerechtigkeit und andere wichtige Themen zu führen. Manchmal lassen sich solche Gespräche am ehesten führen, wenn Sie beide etwas Gemeinsames tun und Ihr Teenager keinen Blickkontakt mit Ihnen hat. Zum Beispiel können Eltern beim Kochen oder Laubrechen ihre Zuneigung äußern und die Teenager daran erinnern, wie sehr sie sie lieben und schätzen.

Wenn Adoleszente sich über die Familie hinaus orientieren, wird das emotionale Gleichgewicht entscheidend wichtig – in der Ausbildung oder beim Lernen an der Uni. Um im Beruf erfolgreich sein zu können, müssen wir angesichts von Konkurrenz und Frustration Ruhe bewahren und reguliert bleiben. Das Gleiche gilt für Zeiten des Erfolgs. Später bringen dann die Beziehungen zu Liebes- und Lebenspartnern und zu Kindern einen neuen Kosmos von Gefühlen mit sich – einschließlich der unvermeidlichen Verluste, sei es der erste Schultag unseres Kindes oder der Tod unserer Eltern.

Während unseres ganzen Lebens erweitern wir unsere emotionalen Grenzen und die Fähigkeit, in verschiedensten Situationen unser Gleichgewicht wiederherzustellen. Wir können immer gesündere emotionale Reaktionsmuster entwickeln, und wir können unseren Kindern helfen, das Gleiche zu tun.

6

Selbstbewusstsein
Die Wichtigkeit der Selbstwahrnehmung

Letzten Sommer ging die achtjährige Janni zusammen mit ihren Eltern ins Schwimmbad. Vom Beckenrand aus sahen sie zu, wie Janni mit ihrem leuchtend roten Badeanzug immer wieder vom Einmeterbrett sprang. Dann winkte sie ihren Eltern zu und ging entschlossen Richtung Sprungturm. Sie kletterte hinauf und schritt bis an den Rand des Dreimeterbretts, stellte sich auf die Fußspitzen – und sprang! Als Janni wieder auftauchte, strahlte sie über das ganze Gesicht.

»Ich hab mich getraut!«, prustete sie. »Ich hab gewusst, dass ich's schaffe!«

»Ganz schön mutig von dir, vom Dreimeterbrett zu springen«, sagte ihre Mutter, als sie heimfuhren.

»Ja«, sagte Janni. Und dann wiederholte sie wie zu sich selbst: »Ich hab *gewusst*, dass ich's schaffe.«

Wo nahm Janni das Selbstvertrauen her, etwas völlig Neues zu wagen, und das auch noch vor ihren Eltern? Und warum waren die danach so begeistert? Doch deswegen, weil sie so ein selbstbewusstes, starkes und optimistisches Mädchen ist. Das Strahlen auf Jannis Gesicht, als sie aus dem Wasser auftauchte – ein Strahlen, das ihre Mutter an das süße Lächeln erinnerte, das Janni mit acht Monaten zeigte –, war Ausdruck ihres starken Selbstwertgefühls.

Grundlagen des Selbstwertgefühls

Selbstwertgefühl ist sowohl für Kinder wie für Erwachsene ein überragend wichtiges Ich-Merkmal. Es ist das grundlegende Vermögen, sich im Innersten selbst zu mögen und zu schätzen. Von Selbstwertgefühl ist ständig die Rede: in Elternzeitschriften, im Fernsehen, von Lehrern und Lehrerinnen oder in Gesprächen mit anderen Eltern. Doch die Entwicklung und Förderung dieses Gefühls, das so unmittelbar mit der Wertschätzung der eigenen Identität zu tun hat, sind keineswegs so einfach, wie manche glauben machen.

Nehmen wir zum Beispiel Valentin. Sein ganzes Leben lang wurde ihm zu verstehen gegeben, dass alles, was er tue, toll sei. Seine Eltern glaubten, sie könnten ihm mit viel Lob ein positives Selbstwertgefühl vermitteln. Freilich lobten sie ihn vollkommen unabhängig davon, ob etwas nun tatsächlich gut gewesen war oder nicht. Valentin konnte so nie wissen, ob er irgendetwas wirklich gut gemacht hatte oder ob er einfach nur gelobt wurde, weil er es war, der es gemacht hatte: »Oh, du bist ja so toll...«

Dieses undifferenzierte Lob machte ihn unsicher. Er suchte überall nach Bestätigung. Wegen seiner Hausaufgaben fragte er seine Freunde oder wegen einer Zeichenaufgabe für den Kunstunterricht fragte er seine ältere Schwester: »Ist das okay? Habe ich das so richtig gemacht?« Im Unterricht ging er zur Lehrerin und fragte: »Habe ich das jetzt so richtig gemacht?« Valentin fühlte sich seiner selbst nie sicher.

Es gibt natürlich auch das Gegenteil. Sabine wuchs in einer Familie auf, für die nichts, was sie tat, je gut genug war. Sie fühlte sich immerzu kritisiert. Ihre Eltern glaubten, dass Liebe nur fordern darf und übten ständigen Leistungsdruck auf sie aus. Sabine hatte das Gefühl, es ihnen nie recht machen zu können. Schließlich nahm sie sich die Haltung ihrer Eltern zu Herzen und sagte sich: »Ich kann nichts richtig machen. Was immer ich versuche, wird nicht gut genug, warum es also versuchen?« Sie dachte immer nur negativ an sich und litt an einer chronischen leichten Depression. Sie vermied es, neue oder schwierige Dinge in Angriff zu nehmen, weil sie keinerlei Zuversicht hatte, sie zu meistern.

Keine dieser beiden extremen Erziehungsstrategien hat ein selbstbewusstes, sich selbst akzeptierendes Kind hervorgebracht, obgleich sowohl Valentins wie Sabines Eltern davon überzeugt waren, dass sie nur das Beste taten. Valentins Eltern machten das Leben für ihren Sohn zu leicht, Sabines Eltern hingegen machten ihr Leben zu schwer.

Gerade genug Herausforderungen

Selbstwertgefühl basiert nicht darauf, ständig mit Lob überhäuft zu werden. Eher resultiert es aus der erfrischenden Erfahrung, ein Hindernis aus eigener Kraft überwunden zu haben – sei es das Öffnen des Küchenschranks, um an die Keksdose zu kommen oder später das Lösen von Algebra-Aufgaben in einer Schularbeit –, und dies in Verbindung mit der Anerkennung des eigenen Wertes durch andere. Je mehr Herausforderungen wir meistern, während wir aufwachsen, und je mehr die uns nahestehenden Menschen diese wohlverdienten Siege mit Freude wahrnehmen, desto besser fühlen wir uns mit uns selbst.

Wie die kleine Geschichte über Janni und das Sprungbrett verdeutlicht, hat das gute Selbstwertgefühl mit Fortschritten zu tun, die man macht. Janni machte wortwörtlich einen Fortschritt vom Einmeter- zum Dreimeterbrett. Doch woher hatte sie das Selbstvertrauen und den Mut, diesen Schritt zu wagen? Zum Teil liegt es sicher daran, dass ihre Eltern klug genug waren, sie manchmal auch scheitern zu lassen. Sie erledigten nicht die Hausaufgaben für sie, und manchmal bekam die Lehrerin eine nachlässige Arbeit voller orthographischer Fehler. Doch als sie lernte, ihre Arbeiten sorgfältiger zu erledigen, war die große, rote 1 unten auf der Seite etwas, das sie sich selbst verdient hatte. Viele solcher Erfahrungen, verbunden mit liebevollen Umarmungen, wenn sie verstört und wenn sie glücklich war, bereiteten für Janni den Weg zum höheren Sprungbrett – zu Selbstwert und Selbstachtung.

Ein Kind, das alles bekommt und dem über jede Hürde auf seinem Weg geholfen wird, hat wahrscheinlich nicht die gleiche Basis für Selbstvertrauen wie jemand, der tief Luft holen und selbst hinüberklettern muss. Ein Kind, das ständig mit Aufgaben und Hürden konfrontiert wird, die es nicht meistern kann, wird es ebenfalls schwer haben, ein positives Selbstwertgefühl zu entwickeln. Sie kennen den Spruch: »Der Weg ist das Ziel.« Nun, was Selbstachtung und Selbstakzeptanz anbetrifft, so sind sie Weg und Ziel zugleich.

Selbstwertgefühl hat viel mit der eigenen Entwicklung zu tun. Dazu gehört, dass man Sensibilität für den eigenen Körper entwickelt – und sich mit dem Körper und seinen Möglichkeiten wohlfühlt. Dazu gehört auch eine grundlegende Einstellung zur Welt, nämlich die Entwicklung einer optimistischen Haltung, die sich in Stolz und Zuversicht niederschlägt. Zum Selbstwertgefühl gehört die Einsicht in die eigenen Stärken und Schwächen und worin sie jeweils liegen. Und schließlich gehört dazu, die eigenen Schwächen zu akzeptieren und an ihnen zu arbeiten sowie gleichzeitig sich der eigenen Stärken zu erfreuen und stolz auf sie zu sein.

Selbstwertgefühl hat auch mit dem Selbstbild zu tun. Es bedeutet die Fähigkeit, sich selbst von außen zu sehen und mit dem Bild positive Gefühle zu verbinden. Janni hat dies zweifellos getan, bevor sie die Leiter zum Sprungturm hinaufstieg. Sie stellte sich bildlich vor, wie sie die Leiter hinaufkletterte, den Sprung machte und triumphierend an die Wasseroberfläche kam.

Selbstwertgefühl erfordert, wie wir gesehen haben, eine realistische Selbsteinschätzung. Es bedeutet, dass wir über uns selbst nachdenken und herausfinden müssen, ob wir uns gut dabei fühlen, wenn wir uns schwierigen Dingen stellen. Es bedeutet, dass wir effiziente Strategien entwickeln müssen, um ans Ziel zu kommen, und unsere Energien auf Bereiche konzentrieren müssen, die uns wichtig sind. Natürlich können Kinder dies nicht alleine schaffen. Auf jeder Entwicklungsstufe sollten die Eltern und andere Erwachsene mit ihnen in den Startlöchern stehen, sie coachen, um etwas Neues zu versuchen, ihnen Sicherheit geben, so dass sie ein Stückchen weiter gehen können, sie ermahnen, wenn sie zu schnell aufgeben, und sie intensiv loben, wenn sie eine Aufgabe gut und eigenständig zu Ende geführt haben.

Während des Heranwachsens wandeln sich diese Aufgaben. Zunächst bauen wir Sandburgen, dann bekommen wir den Auftrag, die Katze zu füttern oder den Frühstückstisch zu decken, es folgen tief ins Leben eingreifende Vorhaben wie die Bewerbung um ein Stipendium, eine Arbeit zum Semesterabschluss, die erste Anstellung oder die Entscheidung, eine eigene Familie zu gründen. Auf jeder Stufe spielen die Eltern eine Rolle, sei es, indem sie mit ihrem Kleinkind am Strand spielen, den Zehnjährigen daran erinnern, den Wassernapf für den Hund zu füllen, oder indem sie einem Referat zuhören, ein Schultheaterstück anschauen oder ein Vorstellungsgespräch proben. Selbst wenn unsere Kinder erwachsen sind – sogar, wenn wir nicht mehr leben –, bleiben wir mit ihnen verbunden, fordern sie, loben sie und trösten sie mit unserer – erinnerten – Zuwendung, Sorge und Liebe. Unser Dasein und unsere Präsenz sind für ihr Selbstwertgefühl von zentraler Bedeutung, auch wenn nicht immer leicht zu entscheiden ist, wann wir eingreifen und helfen sollen und wann wir besser nur am Rande stehen, ermutigen und anfeuern.

Die Selbstwahrnehmung unserer Kinder – ihre Fähigkeit, über sich selbst Bescheid zu wissen und zu reflektieren – ermöglicht ihnen, die Beziehungen zu suchen und zu finden, die für sie bereichernd sind, die Studienfächer oder den Beruf zu wählen, der ihnen Freude macht und in dem sie sich entfalten können, sowie die Arbeit und Freizeitaktivitäten, die ihnen Befriedigung gewähren. Schließlich heißt dies, zentrale Werte und Ziele für das Leben zu entwickeln und dann eine Strategie zu formulieren, mit der sie erreicht werden können. Wenn Kinder lernen, ein Repertoire von Werten zu internalisieren, wenn sie wissen, wonach es sich zu streben lohnt, und wenn sie kritisch ihren eigenen Weg im Auge behalten, während sie ihre Fortschritte beurteilen, verstärken Selbstwertgefühl und Selbstwahrnehmung einander gegenseitig.

Erste Lektionen

Wie alle anderen Eigenschaften, die ein starkes Kind ausmachen, entsteht das Selbstwertgefühl sehr früh auf der Lebensreise – im Säuglingsalter. Tom ist das erste Baby seiner Eltern. Beide sind erfolgreich berufstätig und haben mit ihrer Elternschaft gewartet, bis sie über dreißig waren. Sie lieben ihr Baby über alles; sie sind ausgelassen und fröhlich mit ihrem kleinen Jungen. Bettina nimmt Tom nach dem Schlaf hoch und singt ihm etwas vor. Eines Nachmittags steht sie etwas weiter weg von seinem Bettchen und singt ein Lied, das sie als Kind sehr geliebt hat: »Wer hat die schönsten Schäfchen, die hat der goldne Mond«, singt sie, ohne immer den exakt richtigen Ton zu treffen.

Tom, der friedlich auf dem Rücken liegt, dreht sein Köpfchen dem Gesang zu. Seine Mutter erwidert seinen Blick, hört auf zu singen und begrüßt ihn mit einem strahlenden Lächeln. Dann geht sie auf die andere Seite des Bettchens und singt weiter:

»... der hinter unsern Bäumen am Himmel droben wohnt.« Sie singt nun mit lustigerer Stimme.

Tom wendet sein Köpfchen zur anderen Seite – und dort steht Mama und lächelt ihn wieder an. Tom lacht und strampelt vor Vergnügen mit Armen und Beinen, und mit der Zeit wird dieses Aufwachspiel zu einem Ritual zwischen den beiden.

Wenn Tom sich den Dingen in seiner Welt zuwendet, wenn er seine Mutter singen hört und seinen Kopf zu ihr umdreht, so dass er sie sehen kann, entwickelt er allmählich ein Gefühl für seine eigenen Fähigkeiten. Er beginnt die Welt außerhalb von sich zu erkennen. Wenn er seinen Kopf wendet und Mamas Gesicht sieht, das ihn strahlend anlächelt, fühlt er sich im Besitz großer Macht. Wenn sie nun singt: »Dann weidet er die Schäfchen auf seiner blauen Flur ...«, und er im Rhythmus dazu strampelt, fühlt er sich immer glücklicher.

Natürlich sind Toms Gefühle nicht die gleichen wie die von Erwachsenen, er nimmt sie nicht bewusst wahr, er verbindet damit keine Gedanken. Aber gleichwohl empfindet er sie.

In den frühen Entwicklungsstadien wird Tom mehr über die Welt und über sich selbst lernen, ohne dass er darüber nachdenken müsste. Das Erkennen seines Körpers und seiner Position in der Welt bildet die Grundlage dafür, dass er sich zweckgerichtet verhalten kann, wenn er größer wird. Mit der Zeit lernt er, seine Grundfunktionen wie Essen und Ausscheiden zu kontrollieren. Berührung und Bewegung sind für ihn ständige Quellen der Lust und Selbsterfahrung. Dieses Wohlgefühl im eigenen Körper ist die Voraussetzung für sein späteres Selbstwertgefühl.

Auch als Erwachsene empfinden wir Selbstachtung und Selbstwert »wortlos«. Manchmal sind wir einfach in unserem Körper, in unserem Leben zu Hause, wenn wir zum Beispiel jemanden anschauen, den wir lieben, oder mit einer Freundin im Sonnenschein spazieren, nachdem wir von einer Krankheit genesen sind. Dieses wortlose Glück ist gewiss dem ähnlich, was kleine Babys fühlen. Sie entwickeln das grundlegende Gefühl, mit der Welt verbunden zu sein, und die Lust, mit anderen zu interagieren. Dieses Gefühl kommt von dem, was sie tun – nämlich schauen, sich umwenden.

Wenn Tom seinen Kopf dem Gesang seiner Mutter zuwendet, gewinnt er ein kleines bisschen Kontrolle darüber, wie er sich fühlt. Und genau hier liegt der Schlüssel zum Selbstwertgefühl: *Er macht, dass etwas geschieht.* Er wendet sich um, er schaut, er hört zu, er lächelt, er runzelt die Stirn, er bewegt sich. All diese Handlungen lösen nicht nur Reaktionen bei seinen Eltern aus, sondern vermitteln ihm wortlos das Wissen: »Ich kann etwas tun!«

Der Schlüssel zur Entwicklung dieses frühen Wissens ist nun, die Lust, mit einem liebevollen und zugewandten Erwachsenen Kontakt aufzunehmen, mit einer Handlung seitens des Kindes zu verknüpfen, die eben diese Interaktion auslöst. Sie sollte dem Kind nicht einfach geschenkt werden, so dass es nur passiv auf ein Kitzeln oder eine zärtliche Berührung reagiert. Wenn es tatsächlich versucht, dieses wundervoll strahlende Gesicht zu finden – indem es sich umwendet, schaut, hört –, lernt es seine erste Lektion in Sachen Selbstwertgefühl. Und es ist eine grandiose Lektion.

John Holt spricht in *Wie Kinder lernen* über die Wirkungen der kleinen Spiele, die wir mit Babys spielen:

Seit kurzem spielt Lisa (sechzehn Monate) wilde Spiele. Sie zeigt ihre Zähne, knurrt, brüllt, stürzt sich auf mich. Ich tue so, als ob ich mich fürchten würde. Das kann eine ganze Weile so gehen. Es hat den Anschein, dass sie durch solche Aktionen ein *Ich* in sich spürt, das stärker wird, das Dinge unternimmt und Dinge fordert ... Spiele wie diese geben einem Kind ein stärkeres Gefühl für Ursache und Wirkung, ein Gefühl dafür, dass eine Sache zu einer anderen führt. Auch bekommt das Kind durch sie ein Gefühl dafür, dass es etwas bewegen kann, dass es Einfluss auf seine Umgebung hat.

Grundlage des Selbstwertgefühls ist ein Gefühl der Verbundenheit, Zuneigung und lustvollen Interaktion mit anderen. Schließlich bedeutet Selbstwertgefühl das positive und beglückende Erfülltsein, das wir in unseren Liebesbeziehungen empfinden. Wir haben keine innere Stimme, kein Gefühl, dass wir eigentlich ganz gut sind, wenn wir dies in unseren frühesten Beziehungen nicht erfahren. Es kommt nicht aus dem Blauen, es kommt nicht aus einem genetischen Code. Es entsteht aus jener frühen Verbindung mit liebevollen und zugewandten Bezugspersonen.

Manche Forscher gehen davon aus, dass bestimmte Menschen genetisch glücklicher und lebensfroher veranlagt sind als andere. Und es mag durchaus manche Menschen geben, die aufgrund ihrer Hirnvernetzung etwas mehr zum Lächeln und zum Optimismus neigen als andere. Doch diese grundlegenden Eigenschaften, auch wenn sie genetisch mitbedingt sein mögen, führen nicht automatisch zum Selbstwertgefühl, wenn sie nicht durch eine liebevolle Beziehung gespeist werden. Ein Baby braucht die Wärme und Nähe eines anderen Menschen, das Gefühl, sich in der Bewunderung eines anderen zu sonnen, wenn es etwas eigenständig zuwege gebracht hat, selbst wenn es sich um so scheinbar simple Dinge handelt wie Sehen, Hören oder Lächeln.

Gegen Ende des ersten Lebensjahres werden diese Verbundenheit und eine gewisse Zweckgerichtetheit zunehmen. Das Baby lernt nun, nach einem Gegenstand, den der Vater sich auf den Kopf gesetzt hat, eigenständig zu greifen oder eine versteckte Rassel zu finden. Auch diese Interaktionen führen zu einem positiven Selbstwertgefühl.

Im zweiten Lebensjahr kommt es zum Lösen von komplexeren Problemen. Auch dies stärkt die Selbstwahrnehmung und das Selbstwertgefühl des Kindes. Wenn das Kind ein neues Spielzeug findet, das Großmutter in der Nähe des Sandkastens versteckt hat, wachsen sein Stolz und sein Gefühl, etwas eigenständig zuwege gebracht zu haben. Die Aufgaben werden mit den zunehmenden Fähigkeiten des Kindes immer komplexer.

In diesem Stadium stellen kluge Eltern ihr Kind vor Aufgaben, die immer einen Viertelschritt über das hinausgehen, was es kann.

Anfangs mag es frustrierend sein, aber das Kind wird bald schon die richtigen Lösungen finden. Wenn es seine Fähigkeiten erweitert und zum Beispiel herausfindet, wie es Bauklötze immer höher aufeinanderstapeln kann, ist der gemeinsame Spaß mit den Eltern und der Stolz auf das Gelungene ein stark motivierender Lohn. In der gemeinsamen Beschäftigung mit seinen Eltern fühlt es ihre Akzeptanz und ihren Stolz. Beides ist wiederum verknüpft mit seinem realen Bemühen und dem Gefühl, eine neue Fertigkeit zu beherrschen.

Dieses Gefühl, etwas zu meistern, wird Teil des Bilds, welches das Kind von sich selbst hat. Erik H. Erikson schreibt: »Ein Kind, das gerade herausgefunden hat, dass es laufen kann, scheint nicht nur den inneren Trieb zu spüren, den Akt des Laufens zu wiederholen und zu perfektionieren ... es wird sich auch bewusst, dass es nun den neuen Status und die neue Statur von ›jemandem, der laufen kann‹ erworben hat.«

Die Macht der Ideen

Im dritten Lebensjahr erfahren Kinder ihr Selbstwertgefühl nicht nur auf der Ebene elementarer Emotionen, sondern auch auf der Ebene dessen, was sie sich vorstellen können. Jetzt sieht das Kind nicht nur seine Mutter lächeln, wenn es seinen Teddybären umarmt, sondern es kann ihr Lächeln *in seinem eigenen Inneren* sehen. Es kann dieses freudige Bild abrufen, indem es auf die eine oder andere Art mit seinem Teddybären spielt.

Durch Gedanken kann es die Dinge in sich zur Vorstellung bringen, die es glücklich stimmen, sowie auch die Art von Aktivitäten, die es gern ausprobieren möchte. Es kann sie in seinem eigenen Bewusstsein proben, und es kann Lösungen für Probleme suchen, ohne sie in die Tat umzusetzen. Seine Gedanken werden eine Quelle der Selbstbestätigung und der Anregung. Wenn das Kind eine interessante Idee hat, kann es sich darüber freuen und Stolz empfinden.

Wie lernt ein Kind, seine Ideen zu beurteilen? Auch dies vollzieht sich durch liebevolle Beziehungen. Wenn Eltern sich auf den Boden setzen und mit einem Kind spielen und zum Beispiel dem Teddybären zur Begrüßung die Hand schütteln, geben sie damit zu erkennen, dass sie die imaginativen Ideen des Kindes wertschätzen. Sie zeigen, dass seine Ideen ebenso wichtig sind wie seine Aktivitäten. Eine Mutter, die zu beschäftigt ist, ermutigt keine Ideen. Ein Vater, der immerzu negativ reagiert und das Spiel unterbricht, weil das Kind etwas zerbrechen oder sich beschmutzen könnte, vermittelt dem Kind den Eindruck, dass seine Aktivitäten und Ideen mit Gefahren verbunden oder lästig sind. Unter solchen Voraussetzungen bringt das Spielen weder Freude noch Selbstbestätigung. Wenn man hingegen sein Spiel aus vollem Herzen unterstützt und daran teilnimmt, ohne ständig zu fürchten, dass man nass oder schmutzig werden könnte, zeigt dies dem Kind, dass seine Ideen Wertschätzung finden, dass *es selbst* Wertschätzung findet.

Die Fähigkeit Ihres dreijährigen Kindes, Sie im Bewusstsein zu behalten, wenn Sie selbst nicht da sind, trägt zu seinem Selbstwertgefühl bei. Wenn es alleine spielt, kann es Ihr zustimmendes Lächeln und Ihr Lob in sich vergegenwärtigen, sei es beim Legen eines Puzzles oder beim Auftürmen von Bauklötzen.

Logik und Selbstwertgefühl

Mit dem Beginn des logischen Denkens lernt das Kind, eine neue Ebene des Selbstwertgefühls und der Selbstakzeptanz zu erreichen. Es beginnt zu erkennen, dass die Welt von Folgewirkungen bestimmt wird. »Wenn ich brav meine Fischstäbchen aufesse und auf meinem Stuhl sitzen bleibe, spricht Mama lieb mit mir. Sie streichelt mir über den Kopf und ist glücklich. Wenn ich trotzig bin, wird Mamas Gesicht ernst, und sie ärgert sich über mich.«

Logisches Denken ist für Kinder von unschätzbarem Wert.

Sie wissen nun, wann sie Anerkennung und Lob zu erwarten haben und wann nicht. Jetzt können sie sich bewusst entscheiden, wie sie sich verhalten wollen.

Durch die Fähigkeit, Konsequenzen vorherzusehen, hat das Kind mehr Kontrolle über sein inneres Wertgefühl. Doch wird es sich keineswegs nur für ein Verhalten entscheiden, für das es Zuspruch erhält. Zum Ärger seiner Mutter wird es sich zuweilen ungezogen aufführen. Es ist widerspenstig und frech. Es wirft die Fischstäbchen auf den Boden und weigert sich, zur Schlafenszeit ins Bett zu gehen, obwohl es weiß, dass dieses Verhalten seine Eltern wütend macht. Mehr noch, es scheint ihm Spaß zu machen, sie zu ärgern.

Warum verhalten sich Kinder so, obgleich sie wissen, welche Folgen dies hat? Es gibt zwar viele Gründe, warum Kinder sich frustriert fühlen können, aber manchmal versäumen Eltern, ihr Kind zu fordern und ihm etwas anzubieten, für das es sich anzustrengen lohnt. Doch ist es eben diese Anstrengung, die dem Kind das stolze Gefühl gibt, etwas Neues erreicht zu haben. Wenn es aufgefordert wird, beim Tischdecken zu helfen oder eine Gabel statt seiner Finger zu benutzen oder von seinem Dreirad auf einen Roller umzusteigen, dann macht das Kind eine neue Erfahrung, die es mit Freude erfüllt.

Manchmal fordern Eltern von ihren Kindern zu wenig, die Hürden liegen zu niedrig. Wenn ein Kind zu behütet und verwöhnt heranwächst, kann dies in ihm ein Gefühl der Frustration auslösen. Infolgedessen kommt es zu dem paradoxen Schluss, dass jemanden zu ärgern mehr Liebe einbringen kann, als ständig alles zu bekommen, alles erlaubt zu kriegen usw. Ein zu starkes Verwöhnen des Kindes oder Willfährigkeit seitens der Eltern können dem Kind das Gefühl geben, dass es im Grunde nicht wirklich geschätzt wird. Dies kann Wut in ihm auslösen, es fühlt sich vernachlässigt und von den

Herausforderungen abgeschnitten, die ihm Stolz und Selbstwert vermitteln und nach denen es sich intuitiv sehnt. Also versucht es, auf eine andere Art Aufmerksamkeit zu erlangen – und treibt seine Eltern zur Weißglut.

Wenn dies eintritt, müssen Eltern sich genau anschauen, wie sie sich bisher ihrem Kind gegenüber verhalten haben. Fordern sie ihr Kind schrittweise heraus, neue Fertigkeiten zu erwerben und intellektuelle Aufgaben zu meistern? Geben sie ihrem Kind das Gefühl, dass es sich entwickelt und Fortschritte macht? Einige neue Herausforderungen wie Ballfangen oder Fahrradfahren können ein Kind aus dem negativen Zyklus, zu stark verwöhnt zu werden, herausholen.

Doch auch wenn Kinder mit interessanten neuen Aufgaben konfrontiert werden, wird mit der nächsten Stufe auf der Leiter das gute Selbstgefühl schwieriger.

Lutz wohnt in einem Reihenhaus in der Stadt, im Garten hinter dem Haus steht ein Kirschbaum. Lutz ist es verboten, auf den Baum zu klettern, aber er schaut sich ihn sehr gern von seinem Zimmer aus an. Im Frühjahr steht der Baum in prächtiger blassrosa Blüte.

Lutz kann nicht widerstehen. Eines Morgens, während seine Mutter das Frühstück zubereitet, schlüpft der Fünfjährige in den Garten und klettert den Baumstamm hinauf. Er weiß ganz genau, dass er etwas Verbotenes tut. Aber er weiß auch, dass er etwas Aufregendes und Neues tut. Er weiß, dass seine Mutter mit ihm schimpfen wird, insbesondere weil sonst niemand im Garten ist. Aber er weiß auch, dass sie schließlich lächeln wird, wenn er ihr den Strauß Blüten reicht, den er für sie auf dem Baum pflücken will. Das Leben und die Wahrnehmung des Lebens sind für Lutz nuancierter und komplexer geworden.

Wenn ein Kind lernt, in Grauzonen zu denken, entwickelt es ein feiner abgestimmtes Bild von sich selbst. Es erkennt sich als Person, die sich die meiste Zeit gut benimmt, aber nicht immer, als Person, die gewisse Dinge gut erledigen kann, aber bei anderen größere Mühe hat. Es entwickelt ein realistischeres Selbstbild und damit ein komplexeres Selbstwertgefühl.

Selbstbewusstsein und (Grund-)Schule

Wenn die Kinder in die Grundschule kommen, wird ihr Selbstbewusstsein durch die individuellen Rollen, die sie in der Gruppe spielen, komplizierter. Sind sie innerhalb oder außerhalb der Gruppe, sind sie oben oder unten? Werden sie bei Mannschaftsspielen zuerst gewählt oder erst zum Schluss? Sind sie gute Schüler, oder haben sie Schwierigkeiten? Werden sie von anderen Kindern gemocht? Wie sehr?

Eltern wissen, dass sich diese Selbsteinschätzungen in der Grundschule von Tag zu Tag verändern, wenn die Kinder nach Hause kommen und berichten, wer mit wem gespielt hat, wer im Unterricht geweint und wer eine Eins bei einem Test bekommen hat. Für Kinder in diesem Alter, in dem die »Spielplatz- oder Schulhofpolitik« eine große Rolle spielt, hat es nicht selten den Anschein, als ob sich die Dinge von Minute zu Minute verändern. Und selbst ein Kind mit robustem Selbstbewusstsein kann durch die wechselnden Allianzen auf dem Pausenhof und die immer größeren Anforderungen im Unterricht unter Druck geraten.

In den wechselnden Gruppenhierarchien lernen Kinder, sich mit anderen zu vergleichen. In den ersten Schuljahren ist die größte Quelle des Selbstwertgefühls, wie sich die Kinder in Beziehung zu ihren Kameraden erleben. Auch wenn es oft mit Schmerzen verbunden ist: Die Fähigkeit, sich im Vergleich mit anderen einschätzen zu können, ist eine große intellektuelle, emotionale und soziale Leistung. Ein Kind von vier Jahren ist dazu nicht in der Lage!

Kinder können in dieser Phase zum Glück auch immer mehr Grautöne erkennen. Ellen, die ein künstlerisches Talent hat, begreift zunehmend, dass sie nicht *in allem* die Beste sein muss. Sie ist beim Ballspielen nicht so gut, aber sie kann dafür hinreißend malen. Gero ist vielleicht im Kopfrechnen schwach, aber kann toll Witze erzählen und bringt die ganze Klasse – einschließlich der Lehrerin – zum Lachen. Währenddessen ist Lukas bei seinen Mathematikaufgaben super und bittet um anspruchsvollere.

In dieser Entwicklungsphase spielen bereits die Hoffnungen und Träume der Kinder eine Rolle, ihre Vorstellungen von ihrer eigenen Zukunft. Man kann nicht auf sich selbst stolz sein, wenn man keine Wünsche oder Ansprüche hat, an denen sich das Erreichte oder Geleistete messen lässt. Wenn Eltern und Lehrer den Kindern vermitteln, dass sie Fortschritte machen und immer mehr Aufgaben meistern, werden ihr Gefühl der eigenen Fähigkeiten und ihr Selbstbewusstsein im Mikrokosmos einer liebevollen Familie stetig wachsen, selbst wenn sie ihre eigenen Grenzen entdecken. Andererseits kann ein Kind, das sehr gut im Sport ist oder der beste Rechner oder Leser in der Klasse ist, ein sehr geringes Selbstbewusstsein haben, wenn die Beziehungen in der Schule und in der Familie zu stark von kritischen Urteilen oder von Gleichgültigkeit geprägt sind.

Tamara ist ein intelligentes kleines Mädchen mit einer besonderen Sprachbegabung. Als jüngstes Kind eines Schriftstellers und einer Redakteurin macht ihr nichts so viel Spaß, wie ihre Eltern mit ihrer Klugheit und ihrem Witz zu verblüffen. Sie fing früh zu lesen an und erfand Geschichten, sowie sie schreiben konnte.

Doch in der Schule muss Tamara feststellen, dass sie bei vielen anderen Dingen nicht so gut ist. Als sie ihr Zeugnis bekommt, stürzen sich ihre Eltern auf die schlechten Noten (Handschrift, Aufmerksamkeit, Rechnen) und scheinen ihre Stärken gar nicht mehr wahrzunehmen.

Im weiteren Verlauf des Schuljahrs bereitet es Tamara immer größere Mühe, die Hausaufgaben zu erledigen. Wenn sie vor einem leeren weißen Blatt sitzt, versteinert sie regelrecht. Stattdessen arrangiert sie lieber ihre Puppen auf dem Regal neu oder malt Bilder. Die Hausaufgaben bleiben liegen. Sie erklärt ihrer Mutter, dass sie keine aufhabe oder dass sie sie schon in der Schule gemacht habe. Doch wenn Schlafenszeit ist, wälzt sich Tamara unruhig hin und her und grämt sich wegen der unerledigten Aufgaben. Sie weiß, dass sie in der Schule am nächsten Tag Probleme bekommen wird.

Tamara schafft es, auf dem Rücksitz des Schulbusses ihre Hausaufgaben in fliegender Eile nachzumachen. Sie machte sie nicht perfekt, aber immerhin bringt sie sie fertig. Doch während sie so ihre Arbeit in Nullkommanichts erledigt, fühlt sie sich grässlich, als ob ihre Brust zu eng ist und sie nicht mehr richtig Luft holen kann.

Tamara fühlt das Gegenteil von Selbstwertschätzung, sie fühlt Scham. Und ihre Scham lähmt sie. Sei es im Spiel mit ihren Freundinnen, sei es bei anderen Dingen, die ihr Freude machen, die Scham mischt sich ein. Sie verdirbt ihr jede Ausgelassenheit. Sie stört ihren Schlaf. Sie versperrt ihr den Weg zum positiven Selbstwertgefühl.

Doch Tamara hatte Glück. Ihre Lehrerin bemerkte, was los war, und nahm sich Zeit, Tamara zwei Dinge beizubringen: sich einzugestehen, wenn sie etwas nicht zustande brachte, und sich die Arbeit zu erleichtern, indem sie sie in kleinere Einheiten unterteilte. Als Tamara sich danach wieder an ihre

Aufgaben setzte, ging es ihr deutlich besser. Ihre Eltern achteten immer noch mehr auf ihre Fehler als auf ihren Erfolg, aber Tamara hatte nun in ihrer Lehrerin eine Verbündete, die sie an ihre Stärken erinnerte. Und sie entdeckte, wie sie sich selbst motivieren konnte, wenn sie einmal stecken blieb. Es funktionierte oft, und Tamara begann sich leichter und unbesorgter zu fühlen, selbst als die Anforderungen in der Schule zunahmen.

Tamara fand heraus: Die Fähigkeit, sich einzuschätzen und sich die eigenen Fehler ehrlich einzugestehen, aber auch die eigenen Stärken oder Erfolge nicht unter den Tisch zu kehren, ist ein entscheidender Schritt zu einer realistischen Selbsteinschätzung. Aber sie brauchte die Zuwendung und Akzeptanz einer Erwachsenen, bevor sie ihre Schwächen anerkennen und an ihnen arbeiten konnte.

»Wie gut bin ich?«

Wenn Kinder mit einem klaren Empfinden für ihre Stärken und Schwächen und einem gesunden Selbstbewusstsein in die Jahre der Adoleszenz kommen, halten diese emotional stürmischen Jahre immer wieder auch Schönes und Glückliches bereit. Nach dem Ende der Grundschule mit ihrer komplizierten Hackordnung und Konzentration auf die Gruppe treten die Jugendlichen in ein Alter ein, in dem ihre Selbstwahrnehmung und auch die Möglichkeiten der Selbstdarstellung zunehmen. Ein Junge, der bisher als großer Fußballspieler galt, kann sich nun an Kunstprojekten versuchen, ohne fürchten zu müssen, seinen Status zu verlieren. Ein Mädchen, das bisher Probleme mit dem Anschluss an die anderen Schülerinnen hatte, findet vielleicht über das Schultheater Akzeptanz und neue Freundinnen.

In den Jahren der Adoleszenz verfügen starke Kinder über ein definiertes Selbstbild sowie über eine intensive Selbstwahrnehmung. Sie können sich und ihre Gedanken besser einschätzen, sie erkennen ihre Gefühle. Der Schlüssel zu solch einer Selbstbeurteilung ist die Fähigkeit, sich an einem inneren Maßstab zu messen, an Werten und Zielen, die sich zu entwickeln beginnen, und an einem Idealbild von der Person, die man gerne sein möchte. Diese Maßstäbe oder Standards entstehen allmählich, wenn das Kind Rollenmodelle aller Art beobachtet oder über sie liest – ein Lehrer, ein Popstar, ein Kinderarzt, ein Fußballer, aber auch Tanten, Onkel und ältere Geschwister. Teenager und junge Erwachsene haben häufig schon ein inneres Bild von sich, das sie als liebevolle, engagierte und anteilnehmende Menschen darstellt. Sie sehen sich selbst auf dem Weg, einen bestimmten Platz in der Gesellschaft oder im Berufsleben auszufüllen.

Wie ich zu Beginn sagte, heißt ein »starkes Kind« zu sein nicht unbedingt, dass Ihr Sohn auf eine Eliteuniversität geht oder Ihre Tochter ein Tennisstar wird. Ein starkes Kind wird aber in jedem Fall versuchen, einfach gut zu sein, egal ob als Elektriker, als Politikerin, als Bibliothekar, als jemand, der eine Familie großzieht, oder als jemand, der durch die Welt reist und für den Frieden arbeitet. Kapitel 10 wird sich eingehender mit moralischen Maßstäben und beruflichen Orientierungen befassen.

Was immer Kinder anstreben und welche Ziele sie verfolgen, sie werden, wenn in ihrer Entwicklung alles gut verläuft, einen Punkt erreichen, an dem sie ein Bündel von Werten internalisieren und sich anhand dieser Werte selbst beurteilen können. Mit einem starken Empfinden für die eigenen persönlichen Werte – fast könnte man es persönliches Sendungsbewusstsein nennen – ist ein Kind, ein Teenager oder ein Erwachsener weniger verletzbar durch das, was Freunde, Eltern, Lehrer oder Vorgesetzte sagen. Vielmehr ist wichtig, dass sie die Frage »Wie gut bin ich bei dem, was ich mache?« für sich selbst mit großer Zufriedenheit beantworten.

Selbstkenntnis

Wir alle kennen Menschen, die voller Selbstvertrauen und neugieriger Zuversicht einen Raum betreten. Sie sehen sich um, als wollten sie sagen: »Welche wunderbaren oder interessanten Dinge werde ich hier erleben?« Es scheint eine Art Licht von ihnen auszugehen, und die anderen Leute werden durch ihre Präsenz lebendig. Sie sind vielleicht nicht die erfolgreichsten Menschen, die wir kennen, und sie leben auch nicht in den größten Häusern. Vielleicht haben sie sich sogar entschieden, unspektakulär zu wohnen und ein altes Auto zu fahren, so dass sie Zeit haben, Kinder im Sportverein zu trainieren, Gedichte zu schreiben oder ehrenamtlich Rechtsberatungen durchzuführen.

Echtes Selbstvertrauen schwankt nicht von Tag zu Tag. Kinder oder Erwachsene, die darüber verfügen, brechen nicht gleich zusammen, wenn sie mit einer schlechten Note, einem ungerechten Lehrer oder Chef konfrontiert werden. Natürlich sind solche Widrigkeiten unerfreulich. Doch die inneren Werte, die man sich erworben hat, und das Gefühl, dass man peu à peu ihrer Verwirklichung näher kommt, werden durch kleine Rückschläge nicht in Frage gestellt, ja noch nicht einmal durch große Tragödien. Mit einem guten Selbstwertgefühl und Selbstakzeptanz wird ein starkes Kind den unvermeidlichen Stürmen des Lebens trotzen und an Weisheit gewinnen.

Förderung von Selbstwahrnehmung und Selbstvertrauen

Der erste Grundsatz zur Förderung des kindlichen Selbstvertrauens klingt vielleicht paradox: Überfüttern Sie Ihr Kind nicht mit Lob. Kinder brauchen ein authentisches Feedback, um zu erkennen, ob sie etwas gut gemacht haben oder ob sie sich mehr anstrengen müssen. Nehmen Sie alle ihre Anstrengungen und Leistungen aufmerksam wahr, aber sagen Sie auch, wenn Sie mehr erwarten können.

Der zweite Grundsatz lautet: Ihr Interesse und Lob müssen ehrlich sein und von Herzen kommen. Wenn Sie abgelenkt sind und an Ihren Arbeitstag denken, während Ihr Vierjähriger eine Burg aus Bauklötzen baut und sie mit seinen Playmobilfiguren bevölkert, wird er sich nicht ermuntert fühlen, wenn Sie mit flacher Stimme sagen: »Das ist eine schöne Burg.«

Wenn Sie sich ihm hingegen voller Begeisterung zuwenden und sagen: »Wow! Ich wette, dass niemand diese Burg erobern kann!«, geben Sie Ihrem Kind das beglückende Gefühl Ihrer Wertschätzung – und es kann dieses Gefühl vielleicht verinnerlichen.

Also ist es wichtig, dass Sie genau hinschauen und gut zuhören, wenn Ihr Kind etwas Interessantes, Kreatives oder Lustiges sagt oder tut. Indem Sie auf seine neuen Fertigkeiten, seine Gesten und Phantasiesprünge (oder auch seine körperlichen Sprünge) kommunikativ reagieren, fördern Sie seine Selbstakzeptanz und Selbstwahrnehmung. Wenn Sie ihm durch Ihr Feedback zu verstehen geben, dass es etwas Neues versucht oder etwas ein kleines bisschen anders oder besser gemacht hat als zuvor, weiß Ihr Kind, dass es sich weiterentwickelt und dass sein Wagnis Ihre Anerkennung und Ihren Respekt gefunden hat.

Die emotionale Aufmerksamkeit, die Sie Ihrem Kind und seinen Unternehmungen schenken, ist von entscheidender Bedeutung. Wenn es drei Monate alt ist und Ihnen ein bezauberndes Lächeln zuwirft oder mit sechs Monaten einen Gruß mit seinen Händchen erwidert oder mit einem Jahr zum ersten Mal frei stehen kann, ohne sich abzustützen, mit achtzehn Monaten einen Turm aus Bauklötzen errichtet oder mit acht Jahren zum ersten Mal einen Fußball köpft: Immer sind es Ihre Anerkennung, Ihr bestätigendes Nicken und Ihr begeisterter Blick, die es mit einem großartigen Gefühl der Selbstwertschätzung und Selbstsicherheit erfüllen. Wenn das kindliche Repertoire, mit dem es in anderen Anerkennung und Bewunderung hervorruft, wächst, dann wächst auch zugleich sein Selbstwertgefühl.

Die Hürde für neue Aufgaben höher zu legen, ist ein weiterer Grundsatz, um im Kind das Selbstwertgefühl zu steigern. Wie zuvor schon erwähnt, können Sie in Ihrem Kind ein Gefühl des »Das-kann-ich-schaffen« unterstützen, indem Sie jede neue Lernaufgabe so gestalten, dass es den nächsten Schritt mindestens zu 70 oder 80 Prozent meistern kann. Ihr Kind wird Glück und Stolz empfinden und zugleich sich realistisch einschätzen lernen, wenn Sie jeden seiner kleinen Fortschritte mit Ihrer Anteilnahme und Anerkennung begleiten.

Schließlich tun es ein paar klug gewählte Worte. Wenn Sie zum Beispiel sagen: »Ich bin froh, dass du dich so lieb um das Meerschweinchen gekümmert hast«, »Das Haus sieht genau aus wie das von Spongebob« oder »Was für eine tolle Interpretation des Gedichts«, bekommt Ihr Kind das Gefühl, dass es ganz bestimmte Dinge in der Tat besonders gut gemacht hat. Seine Selbstwahrnehmung und Selbstwertschätzung werden damit wachsen: »Ich kann gut auf Tiere aufpassen«, »Ich kann gut zeichnen« oder »Ich kann wirklich gut schreiben«. Wenn es stolz auf seine Leistungen ist, kann es im Gegenzug auch seine Schwächen und Verfehlungen besser akzeptieren. Es wird gleichwohl Enttäuschung oder Scham über seine negativen Eigenschaften empfinden; doch da es auch Talente und gute Eigenschaften hat, wird es davon nicht überwältigt.

Damit ein Kind all seine Aspekte, auch die weniger attraktiven, akzeptieren kann, braucht es bestimmte Grenzen. Die Grenzen, die Sie seinem Verhalten setzen, geben ihm das Gefühl, Dinge kontrollieren zu können, auf die es nicht stolz ist. Wenn es den Spielroboter von seinem besten Freund Martin »geliehen« und in seiner Schreibtischschublade versteckt hat, ist es wichtig, dass Sie sich auf seine Augenhöhe begeben, ihm fest in die Augen blicken und seine beiden Hände ergreifen, während Sie ruhig und ernst darüber sprechen, was es heißt, etwas zu nehmen, das einem nicht gehört. Sie können Ihr Kind fragen, warum es das getan hat, und ihm erklären, wie traurig der Freund nun ohne seinen Roboter sein wird. Dann schlagen Sie ihm Wege vor, wie es seinen Fehler wiedergutmachen und zugleich sein tiefes Schamgefühl überwinden kann. Mit der Zeit wird Ihr Kind all die widersprüchlichen Facetten seiner Persönlichkeit akzeptieren lernen: dass es gut und böse sein kann, klug und dumm, mutig und schüchtern, großzügig und neidisch.

In den empfindlichen Teenager-Jahren wird das Selbstwertgefühl Ihres Kindes besonders stark von dem Feedback seiner Kameraden bestimmt. Hat sich Ihre Tochter »unmöglich« gemacht, als sie beim Mittagessen in der Schule unaufgefordert am Tisch der schönsten der schönen Mädchen Platz nahm? Wenn Ihr Sohn grausam verspottet wurde, können Sie die

Wie man echtes Selbstvertrauen fördert

1. Spielen Sie mit Ihrem Baby und seien Sie stolz auf die kleinen Dinge, die ihm gelingen.
2. Animieren Sie es, mit Gesten oder Worten zu zeigen, was es will, oder indem Sie es ermuntern, selbst aktiv zu werden.
3. Legen Sie die Hürde immer ein Stückchen höher als erwartet, aber berücksichtigen Sie dabei seinen Entwicklungsstand.
4. Zeigen Sie ihm Ihre Freude, wenn es eine Sache etwas besser gemacht hat als zuvor.
5. Sprechen Sie auf respektvolle Weise mit ihm, auch wenn es nichts »Gutes« tut, und setzen Sie ihm dann angemessene Grenzen, so dass es schrittweise alle Seiten seiner Persönlichkeit erkennen und akzeptieren lernt.
6. Wenn es größer wird, helfen Sie ihm, die Dinge zu beschreiben, auf die es stolz ist und auf die es weniger stolz ist. Auf diese Weise werden seine Selbstwahrnehmung und sein Stolz Teil eines inneren Standards, den es verstehen und artikulieren kann.

Verletzung nicht ungeschehen machen; aber Sie können den Schmerz durch emotionale Zuwendung ausbalancieren, indem Sie zum Beispiel Ihren Stolz zeigen, wenn er eine neue Fähigkeit erwirbt oder wenn er einen klugen Kommentar macht oder im richtigen Moment eine treffende Pointe setzt.

Es wird Momente geben, in denen die Enttäuschung tief sitzt. Wenn Ihr Sohn in keiner der Schulmannschaften mitspielen darf, versuchen Sie nicht, ihn damit aufzumuntern, dass er so gut sei wie alle anderen Spieler (es sei denn, Sie glauben das wirklich). Versuchen Sie stattdessen ihm zu helfen, sich auf seine wahren Stärken zu besinnen: Ermuntern Sie ihn, Unterricht in einem Einzelsport zu nehmen, den er liebt, so dass er seinen Stolz und sein Vertrauen in seine wirklichen Fähigkeiten zurückgewinnen und nach einer persönlichen »Bestmarke« streben kann. Wenn die schulischen Leistungen das von Ihrer Tochter erträumte Studienfach eher unwahrscheinlich erscheinen lassen, machen Sie ihr klar, dass sie Optionen hat: beispielsweise ein soziales Jahr oder ein Praktikum in einem Bereich, den sie schätzt, so dass sie ihr Ziel neu überdenken oder das Studium nach der Wartezeit antreten kann. Was immer Sie tun, »schönen« Sie Ihre Reaktion nicht. Reagieren Sie aufmerksam und Anteil nehmend auf die Enttäuschung und versäumen Sie dann nicht, auf die Fähigkeiten und Talente Ihrer Tochter hinzuweisen. Die Entwicklung von Selbstwertgefühl und Selbstwahrnehmung braucht Zeit, doch werden sie allmählich Teil der Persönlichkeit Ihres Kindes.

7

Innere Disziplin
Ausdauer und Selbstkontrolle

Tim, zwanzig Monate alt, besucht mit seiner Mutter einen gleichaltrigen Freund. Es ist ein schöner Frühlingstag, man kann schon draußen im Garten sitzen. Der Freund hat geholfen, Blumen einzupflanzen, und am Ende des Blumenbeets stehen ein paar leere Plastikblumentöpfe.

Tim hat Spielzeug mitgebracht, aber er kniet sich sofort neben die Blumentöpfe und beginnt sie mit Erde zu füllen.

»Nein, lass das, Tim«, sagt seine Mutter. »Du machst dich schmutzig! Hier, spiel lieber mit deinen Duplo-Steinen.«

Tim ist nicht einverstanden. Er wirft seiner Mutter einen finsteren Blick zu, er hat kein Interesse an den langweiligen Duplo-Steinen. »Nein!«, ruft er, eines seiner neuen Lieblingswörter benutzend.

»Das ist schon okay«, sagt ihre Gastgeberin beschwichtigend. »Er macht ja nichts kaputt.«

Tims Mutter seufzt innerlich darüber, dass die hübsche Kleidung ihres Jungen nun mit Erde verschmiert wird. Aber sie lässt Tim seinen Willen. Sie setzt sich sogar neben ihn und füllt selbst mit einer kleinen Schaufel einen der leeren Blumentöpfe. Doch Tim schiebt ihre Hand beiseite und ruft: »Nein, Tim machen!«

»Ich glaube, du willst den Topf allein füllen«, sagt seine Mutter und lächelt ihn an. Sie umarmt ihn kurz und geht dann zurück zu ihrer Freundin und setzt sich neben sie.

Das Gärtnerprojekt hält Tim eine Weile beschäftigt, so dass seine Mutter und ihre Freundin sich in Ruhe unterhalten und ein Glas Eistee trinken können. Währenddessen konzentriert sich Tim darauf, einen der Blumentöpfe bis oben hin zu füllen und die Erde festzuklopfen.

Als ein sehr verschmutzter kleiner Junge seinen Blumentopf voller Stolz zu den Erwachsenen schleppt, ist seine Mutter entspannt und fröhlich. Sie lacht und klopft den gröbsten Schmutz von seiner Kleidung, dann nimmt sie ihn in den Arm und sagt ihm, was für eine wundervolle Gartenarbeit er da geleistet hat. Tim errötet vor Stolz. Jetzt ist er bereit, mit seinen guten alten Duplo-Steinen zu spielen.

Was ist hier geschehen? Tims Mutter reagiert positiv auf das Signal ihres Sohnes, dass er die Kontrolle über sein Spiel behalten will. Nachdem sie es verstanden hat, lässt sie ihn sein Projekt selbst bestimmen und gibt ihm Raum und Zeit, es abzuschließen. Durch diesen Vorgang kommt Tim dahinter, dass er seiner Mutter signalisieren kann, wie er in dem sonnigen Garten seine Zeit verbringen will. Sein Lohn ist nicht nur, dass er mit der Erde spielen und sein Vorhaben zu seiner Zufriedenheit zu Ende führen kann, sondern wichtiger noch ist sein Gefühl, in diesem Moment der »Chef« zu sein. Dazu bedarf es der Beharrlichkeit auf Seiten des Jungen, und es bedarf des Einfühlungsvermögens seiner Mutter. Sie hat erkannt, dass eine Unterbrechung seines Projekts Tim tief enttäuscht und mit Frustration erfüllt hätte. Sie hat erkannt, dass er eine Idee verfolgt und sie in die Tat umsetzen will. Da es um nichts Gefährliches geht, lässt sie ihn gewähren.

Diese scheinbar einfache kleine Szene im Garten ist ein

wichtiger Schritt auf Tims Weg zu innerer Disziplin. Er gewinnt auf diese Weise die Fähigkeit, sich selbst zu kontrollieren und zu organisieren und eine Sache bis zu ihrem Abschluss zu verfolgen. Er erkennt etwas, was er tun will (den Blumentopf füllen); er kommuniziert seinen Wunsch, dies zu tun und nichts anderes (mit Duplo-Steinen spielen); er reißt das Projekt an sich und führt es zu Ende. Auch wenn seine sprachlichen und konzeptuellen Mittel dazu noch nicht ausreichen, hört man ihn förmlich sagen: »Gut, dass ich mich Mama gegenüber durchgesetzt und diese wichtige Sache selbst in die Hand genommen habe.«

Die innere Stimme der Disziplin

Starke Kinder haben einen starken Willen. Sie planen, sie bleiben bei einer Sache und führen sie zu Ende. Wie können Eltern ihren Kindern diese innere Disziplin vermitteln? Wie können sie ihr Kind motivieren, die Hausaufgaben zu erledigen, weil es diese selbst für wichtig hält, und nicht, weil es auf einen iPod hofft, wenn es eine Eins schreibt, oder den Verlust von Privilegien fürchtet?

Bevor wir uns anschauen, wie diese Fähigkeit entsteht, wollen wir uns zunächst überlegen, was einen disziplinierten Erwachsenen auszeichnet. Frau J. ist eine disziplinierte Frau. Sie bleibt bei dem, was sie sich vorgenommen hat. Sie macht sich einen Plan und führt ihn aus, sei es im Beruf, wo sie Computerprogramme für ihre Firma entwickelt, oder zuhause, wenn sie den Frühjahrsputz in Angriff nimmt. Sie folgt nicht nur ihrem Plan, sondern verfügt zu diesem Zweck über ein hilfreiches Instrument: Sie hat eine innere Stimme, die sie dabei unterstützt, indem sie zum Beispiel sagt: »Okay, jetzt hast du A und B erledigt. Was ist mit C und D? Komm schon, du kannst vor dem Mittagessen noch ein bisschen etwas tun, und dann kannst du dich entspannen und die Pause genießen.«

Die innere Stimme leitet Frau J. an, bestätigt, besänftigt und ermuntert sie. Es ist beinahe, als ob eine Mutter oder ein Vater neben ihr stünde und sie mit Rat und Lob unterstützte und ihr den Nutzen ihrer harten Arbeit vor Augen führte. Ihr innerer »Begleiter« hilft ihr nicht nur, ihren Plan zu befolgen, sondern zugleich, sich nicht ablenken zu lassen.

Beispielsweise fragt eine Kollegin am Arbeitsplatz: »Wie wäre es mit einer Kaffeepause? Ich muss dir dringend erzählen, was meine Kinder gestern erlebt haben.« Frau J. ist mitten in der Ausarbeitung eines neuen Programms und sagt also: »Ehrlich? Aber warte mal. Warum essen wir nicht zusammen zu Mittag?« Sie kann nun fertigstellen, was sie begonnen hat. Sie lässt sich nicht leicht ablenken, selbst nicht durch einen Plausch mit einer ihrer besten Freundinnen. Zuhause, wenn sie einem ihrer Kinder bei den Hausaufgaben hilft oder nach dem Abendessen die Küche macht, lässt sie sich ebenfalls selten von ihrer Aufgabe abbringen, weder durch einen Telefonanruf von einer Freundin noch von der Versuchung, die Füße hochzulegen und sich auszuruhen, noch durch sonst einen momentanen Impuls. Sie erledigt die Dinge zu ihrer Zufriedenheit, und erst danach lässt sie sich auf einen Plausch ein oder begibt sich für eine halbe Stunde mit einem Buch aufs Sofa.

Der Vorteil ist natürlich, dass Frau J., wenn sie sich mal nicht gut fühlt und sich entschließt, einen Erholungstag einzulegen, von keinem schlechten Gewissen geplagt wird und denkt: »Ach, eigentlich sollte ich jetzt arbeiten«, sondern ihre freie Zeit wirklich genießen kann. Sie kann sich ihre Arbeit gut einteilen und sie kann ihre Freizeit und Entspannung planen, wenn sie diese braucht. Die innere Stimme sagt ihr, dass sie ein paar freie Stunden oder einen freien Tag verdient hat. Es ist wunderbar, eine bestätigende innere Stimme zu haben, die uns sagt, wenn wir gut arbeiten, die uns bei der Stange hält und uns hier und da auch einen freien Tag gewährt.

Eine Welt voller Zerstreuungen

Ganz anders liegt der Fall bei Herrn S.: Seine innere Stimme ist nur schwach entwickelt. Muss er ein paar Geschäftsberichte fertigstellen, ist er leicht ablenkbar, dazu genügt schon ein Gespräch in seiner Nähe. Er versucht, etwas davon aufzuschnappen, und konzentriert sich nur dann auf seine Arbeit, wenn die Stimmen sich als zu undeutlich erweisen und er nichts verstehen kann. Doch kaum sitzt er wieder über der Arbeit, hört er andere Kollegen am Kaffeeautomaten lachen. Er muss sich ihnen unbedingt anschließen und herausfinden, was so lustig ist – und seine Arbeit bleibt liegen. Die innere Stimme von Herrn S. wird ihn, wenn sie überhaupt etwas zu sagen hat, wahrscheinlich scharf kritisieren, dass er seine Zeit vergeudet und am Ende des Tages seine Aufgaben nicht erledigt hat. Jetzt hat er jeden Abend Schuldgefühle und ist mit sich selbst nicht im Reinen. Aber auch den nächsten Tag wird er seine Arbeit wieder nicht erledigt bekommen.

Gleichwohl ist Herr S. ein intelligenter Mann, was seine Arbeitszeugnisse durchaus belegen. Er verfügt über großes geistiges Potenzial und exzellente analytische Fähigkeiten, aber er schöpft beides nicht aus. Seine Arbeit ist ungleichmäßig und inkonsistent und wird oft erst zu spät fertig. Auf diese Weise entspricht sie auch nicht der Qualität, die man von ihm erwarten kann. Seine Frau beklagt sich ähnlich. In der

Freizeit, wenn er Tennis spielt oder Gitarre lernt, kann er sich durchaus auf seine Aufgabe konzentrieren. Doch wenn Ausdauer verlangt wird, etwa bei langen und umständlichen Geschäftsberichten oder bei Hausarbeiten, ruft ihn keine innere Stimme zur Räson.

Herr S. ist weder hyperaktiv noch leidet er an einer Aufmerksamkeitsstörung, wenn das Leben problemlos und leicht ist. Er ist das Beispiel eines Menschen, der nicht gelernt hat, Selbstdisziplin zu entwickeln – die Fähigkeit, einen Plan zu fassen, ihn in die Tat umzusetzen und zu Ende zu führen.

Wenn ein Kind ablenkbar und impulsiv ist, wenn es nicht bei einer Sache bleiben kann, dann neigen wir dazu, dieses Kind zu bestrafen. Wir glauben, strenge Disziplin und harte Konsequenzen für sein Verhalten brächten das Kind dazu, sich zusammenzureißen und mehr wie Frau J. zu werden: eine disziplinierte Person, die etwas konsequent und beharrlich zu Ende führt. Doch strenge Liebe, die mit Strafe und Härte einhergeht, funktioniert nicht immer. Tatsächlich entwickeln sich bestrafte Kinder oft zurück, sie werden noch impulsiver und ablenkbarer. Oft haben sie dadurch noch größere Probleme, sich zu konzentrieren, und reagieren nur auf Disziplinierungsreize von außen. Ein solches Kind befasst sich mit seiner Aufgabe, solange ein strenger Erwachsener über seine Schulter schaut, doch sowie der aus der Tür ist, macht sich die Disziplin des Kindes ebenfalls aus dem Staub.

Die Art von Disziplin, über die wir hier sprechen, hat nichts mit Disziplinierung im Sinne des Bestrafens zu tun. *Es ist die Disziplin, die Kindern hilft, sich auf eine Aufgabe zu konzentrieren und nicht von ihr abzulassen, bis sie abgeschlossen ist.*»Das Ziel aller Disziplin ist Selbstdisziplin«, sagt der Kinderpsychologe T. Berry Brazelton.

Fokussieren lernen

Nehmen wir Lisa, ein anschmiegsames, ruhiges Baby. Sie genießt den warmen Körperkontakt zu ihrer Mutter und lauscht gern der tiefen Stimme ihres Vaters. Sie beginnt, sich auf ihre Umgebung zu fokussieren, und nimmt diese durch ihre Sinne – sehen, hören, berühren, riechen und schmecken – in sich auf. Sie wedelt mit ihren Händen vor ihren Augen und versucht herauszubekommen, zu wem sie gehören. Sie wendet ihren Kopf zur Seite, um zu sehen, wer über dem Rand ihres Bettchens aufgetaucht ist. Sie beginnt, eine Beziehung zur Welt herzustellen.

Lisa gewinnt immer mehr Kontrolle über ihre Muskeln, sie organisiert ihre Bewegungen aufgrund von Informationen, die ihr die Sinne zutragen. Wenn ihr älterer Bruder mit seiner lauten Trommel ins Zimmer kommt, erschrickt sie. Wenn ihr Vater ihr vorsingt, während er ihr vor dem Einschlafen das Fläschchen gibt, wird sie ruhig. Wenn Mama sie füttert und ihr einen trockenen Schlafanzug anzieht, fühlt sie sich wohl und geborgen. Ihre Welt scheint einfach zu sein, in Wahrheit ist sie aber voller Eindrücke und Herausforderungen. Ihre Sinne arbeiten die ganze Zeit, um eine Verbindung mit der äußeren Welt herzustellen. Sie lernt zu fokussieren, aufmerksam auf Dinge zu achten.

Warum ist diese früheste Fähigkeit, zu fokussieren, so wichtig für die Entwicklung der inneren Disziplin? Weil ein wesentlicher Teil der Disziplin die Fähigkeit ist, sich auf eine Sache zu konzentrieren und sie abzuschließen. Für Lisa ist es wichtig, das Gesicht ihrer Mutter zu sehen oder sich nach ihrer Stimme umzuwenden. Sie kann eine Aktion planen, sie kann merken, dass ihre Mutter im Raum ist und ihren Kopf in diese Richtung bewegen. Die Fähigkeit, eine Handlung mit einer Information zu verknüpfen, die durch die Sinne gewonnen wurde, ist der erste Schritt zur Fokussierung und zur Planung einer sinnvollen Handlung. Sie bildet aus ihren Sinnen allmählich ein zusammenarbeitendes Team.

Emotion: Der Treibstoff der inneren Disziplin

Ein weiterer entscheidender Schritt auf der Entwicklungsleiter ist die Anknüpfung von Beziehungen – damit meine ich das so wichtige Sichverlieben in die Welt und in die Bezugspersonen darin. Das Knüpfen von Beziehungen heißt, die Umgebung sehr aufmerksam wahrzunehmen; es heißt, die Sinnesempfindungen, die uns in der Welt behagen – Wärme, Nahrung, Lachen –, wahrzunehmen und sie mit den Menschen und Dingen in unserer Umgebung zu verbinden.

Tommi, zehn Monate alt, entdeckte eines Tages, dass er seinen Vater nur in die Nase kneifen muss, damit dieser eine lustige Grimasse schneidet und dann schnaubende Geräusche wie eine Dampflokomotive von sich gibt. Also macht er es immer wieder. Dieses Spiel wird für Vater und Sohn zur Gewohnheit. Beide haben Vergnügen daran, und sie benutzen es, um wieder in Kontakt zu kommen, nachdem sie durch Vaters Arbeitstag getrennt waren.

Warum sind interaktive Beziehungen so wichtig für die innere Disziplin? Weil emotionale Verbindungen Aktionen auslösen. Emotionen organisieren die Sinne und Handlungen eines Kindes. Die Beharrlichkeit, mit der Tommi in Vaters Nase zwickt, wird begleitet von der Freude, die ihre Beziehung ihm bereitet, und von dem Spaß, wenn seine Bewegung mit komischen Geräuschen beantwortet wird und zu Lachen und allerlei Liebkosungen führt.

Die Beziehung veranlasst Tommi, seinen Aufmerksamkeitsfokus auf seinen Vater zu richten, und motiviert ihn, zielgerichtet zu handeln. Einige Wochen lang wartet Tommi jeden Abend darauf, dass sein Vater heimkehrt, um mit ihm das Nasenspiel zu spielen. Er plant seine Aktion – nach der Nase zu greifen und sie zu zwicken – und er bekommt ein Ergebnis. In diesem scheinbar einfachen Spiel sind die Anfänge der inneren Disziplin angelegt: Tim weiß, was er will. Er weiß, was er tun muss, um dies zu erreichen. Und es macht ihn überglücklich, wenn sein Plan funktioniert und sein Vater die Geräusche einer schnaubenden Eisenbahn von sich gibt.

Diszipliniertes Problemlösen

Der nächste Schritt auf dem Weg zu einer organisierten inneren Disziplin ist entscheidend: die Entwicklung der Fähigkeit, ein Problem zu lösen, einen Aktionsplan zu entwerfen, so dass eine Aufgabe erledigt werden kann. Tim, der kleine Junge, den wir am Anfang dieses Kapitels kennen gelernt haben, lernt genau dies. Er hat herausgefunden, dass er, wenn er etwas in der Küche haben will und sein Vater in der Nähe ist, in der Regel etwas zum Naschen bekommt. (Er weiß auch, dass diese Strategie bei seiner Mutter nicht so gut funktioniert.) Eines Sonntagmorgens kommt Tims Mutter zum Frühstück in die Küche und sieht ihren Mann und ihren Sohn, wie sie fröhlich Topfkuchen essen und Milch trinken.

»Die Milch ist okay. Aber Topfkuchen zum Frühstück?«

»Er kam ins Wohnzimmer, wo ich Zeitung las, hat mich an der Hand genommen und mich hierhergeführt, um mir zu zeigen, wo du den Kuchen versteckt hast!«, protestiert ihr Mann. »Er hat mich zur Anrichte gebracht und auf die rechte Tür gezeigt, damit ich sie öffne und den Kuchen heraushole.

Natürlich habe ich das getan!« (Der Vater ist offensichtlich beeindruckt von der Cleverness seines Sohnes.)

Auch wenn Tim nur ein paar Worte in kurzen Sätzen zusammenbringt, wird er ein sehr guter Kommunikator. Er weiß, wie er mit Gestensprache Probleme lösen und Ziele erreichen kann. An diesem Sonntagmorgen war der Topfkuchen das Ziel, und das Problem waren die hohe Anrichte und die Schranktür, hinter der für Tim unerreichbar der Kuchen aufgehoben wurde. Indem er zwei und zwei zusammenzählte – Vater und effektive Gesten – bekam Tim genau das, was er wollte. Die Bewunderung des Vaters für seine Cleverness war eine zusätzliche Dreingabe!

Diese Art der Problemlösung findet auch statt bei einem achtjährigen Jungen, der seiner Mutter helfen will, das Fahrrad zu reparieren, oder bei einem zwölfjährigen Mädchen, das seine entfernt wohnende Freundin besuchen will und seine Mutter oder seinen Vater bewegen muss, es hinzufahren. Um welches Problem es sich auch immer handelt, die Lösung ist einfacher, wenn man jemand anderen beteiligen kann, sei es ein Erwachsener oder ein gleichaltriges Kind. Gemeinsames, in mehreren Schritten sich vollziehendes Problemlösen hilft den Kindern, die innere Disziplin zu entwickeln, die sie brauchen, um bei einer Sache zu bleiben, bis sie sie zu Ende geführt haben.

Wenn ein Kind erfolgreich diese drei Schritte zurücklegt – vom Fokussieren über die Interaktion innerhalb einer Beziehung bis zum Problemlösen –, ist es auf dem besten Wege, ein zielgerichtetes Kind zu werden, das seine Sinne bzw. sinnlichen Eindrücke organisieren und sich auf die vor ihm liegende Aufgabe konzentrieren kann. Es ist auf dem besten Weg, ein diszipliniertes Kind zu werden, aus dem später mal ein disziplinierter Erwachsener wird.

Die innere Stimme

Erinnern Sie sich noch an Frau J. und ihre motivierende, bestätigende innere Stimme? Wie kommen Kinder nun vom frühen kausalen Denken, wie es Tim demonstriert, zur Entwicklung einer inneren Stimme, die so stark ist, dass es keiner äußeren Hilfsstrukturen bedarf, um die Disziplin aufrechtzuerhalten? Wie wird aus einem Kind eine Person, die auch dann fortfährt, Probleme zu lösen und aktiv an einer Aufgabe zu arbeiten, wenn niemand dabei ist und zuschaut? Bei gemeinsamem sozialem Problemlösen, das uns unser ganzes Leben lang begleitet, gibt es ein Gegenüber, mit dem man die Dinge besprechen kann und das dazu beiträgt, eine Lösung zu finden. Was aber, wenn niemand im Raum ist und man alleine ein Spiel zu spielen versucht?

Hier kommt die Phantasie ins Spiel. Im zweiten und dritten Lebensjahr lernt ein Kind, Ideen und Symbole zu entwickeln. Wenn alles normal verläuft, werden Sie beobachten, dass Ihr Kind »so tut als ob«. Sein Stofftiger beginnt zu sprechen, seine Puppen beginnen sich schlecht zu benehmen. Wenn dies geschieht, experimentiert Ihr Kind mit Ideen und Vorstellungen.

Auf dieser Entwicklungsstufe beginnt ein Kind zu sagen, was es tut oder was es will: »Ich will den Apfel.« »Gib mir Saft.« Vielleicht sagt es sogar: »Ich hole mir jetzt Saft«, oder: »Mein Tiger trinkt jetzt Wasser.« Es beschreibt seine eigenen Handlungen und projiziert sie in die Zukunft: »Ich höre mir am Abend eine Geschichte an.«

In dieser Phase spricht die Stimme, die schließlich eine innere Stimme wird, noch laut mit dem Spielzeug oder das Kind spricht laut mit sich selbst: »Ich bin ein braves Mädchen. Ich habe den Apfelbutzen in den Müll getan.« Es beginnt zu beschreiben, was es tut, was es sieht oder was es mag und was nicht: »Mama, ich mag den Saft, ich mag keine Banane.« Damit legt es den Grund für seine innere Stimme. Ein Kind, das sagen kann: »Ich mag den Apfel haben«, kann zu sich selbst sagen: »Ich bin ein braves Mädchen«, oder: »Zieh mir die Stiefel an, damit ich nach draußen gehen und spielen kann.« Es spricht nun mehr davon, was zu tun ist, als was es tun will. »Tu den Apfelbutzen hier hinein«, murmelt es vielleicht, wenn es den Mülleimer öffnet. »Braves Mädchen.«

Selma Fraiberg beschreibt in ihrem Buch *Die magischen Jahre* sehr anschaulich das Stadium eines Kindes, das von rein impulsivem Verhalten zur Benutzung von Bildern und Worten übergeht:

> Mit der allmählichen Entwicklung mentaler Prozesse – die wir durch die Sprachentwicklung verfolgen können – stoßen wir auf eine immer größere Bereitschaft, Worte und Gedanken für Handlungen einzusetzen. Unsere Erwartungen dem Kind gegenüber nehmen zu, wir wollen, dass es in immer größerem Maße Worte und Gedanken benutzt, um seine Impulse zu beherrschen. Doch müssen wir uns vor Augen halten, dass dieser Bildungsprozess Monate und Jahre dauert. Zwar können wir am Ende des dritten Lebensjahres eine bessere Selbstkontrolle erwarten, aber immer noch haben wir es mit einem stark lustbetonten kleinen Kind zu tun, so dass ein häufiger Verlust dieser Kontrolle uns wenig überrascht.

Wenn wir Kinder ermuntern wollen, ihre Welt und ihren Platz darin auf komplexere und vielschichtigere Weise zu beschreiben, müssen wir ihnen helfen, Symbole, Worte und Ideen zu gebrauchen. Zunächst mag Ihre Tochter erklären:

»Gib mir den Saft«, was sich nicht sehr davon unterscheidet, ihn sich einfach selbst zu nehmen. Es ist eine impulsive Äußerung ihrer Idee, eines der ersten Dinge, die wir bei Kindern sehen, die Ideen zu benutzen beginnen. Aber wir müssen sie in wechselseitige Gespräche verwickeln und ihnen helfen, einen Schritt weiter zu gehen: »Ich möchte Saft«, und später: »Kann ich etwas Saft haben?«

»Ich möchte Saft« ist etwas anderes als »Gib mir Saft«, weil »Ich möchte Saft« einen Wunsch ausdrückt. Es hat nicht die an Handlung gebundene Direktheit von »Entweder ich bekomme jetzt sofort den Saft oder ich haue dich«. Der Zusatz »Ich möchte« heißt: »Ich habe ein Bedürfnis; ich habe einen Wunsch.« Das Kind beginnt seine eigene innere Emotion zu reflektieren. Der *Wunsch* ist die Emotion. Das Kind beschreibt ein Gefühl. Schließlich verbinden sich seine emotionalen Vorstellungen mit der Wirklichkeit und erzeugen einen fortlaufenden inneren Kommentar: »Ich möchte den Saft, aber ich bekomme ihn nicht, bis ich die Duplo-Steine in die Kiste geräumt habe. Ich räume sie lieber in die Kiste, damit ich den Saft bekomme.«

Dieses innere Gespräch entwickelt sich zur inneren Stimme, die disziplinierten Kindern und Erwachsenen hilft, das zu verwirklichen, was sie sich zu tun vorgenommen haben. Ob sie ein Essen zubereiten oder ein Antragsformular für Bafög ausfüllen, die Stimme ist die gleiche: Tu dies, bleib dabei, dann hast du eine bessere Chance, am Ende das zu bekommen/erreichen, was du willst.

Logik und Beharrlichkeit

Matthes ist ein Fan von Dinosauriern. Er kennt ihre Namen, kann sie zeichnen, und er rennt gern mit einem Freund im

Garten herum, wobei sie so tun, als seien sie eine wild gewordene Herde von Dinosauriern. Doch als Siebenjähriger hat Matthes noch andere Pflichten als Spielen. Er muss einfache Arbeiten im Haushalt erledigen, zum Beispiel sein Zimmer aufräumen und mit dem alten Familienhund um den Häuserblock gehen. Es erfordert Matthes' erwachende Planungsfähigkeit, herauszufinden, wie er bekommt, was er will – Zeit, seiner Dinosaurier-Leidenschaft zu frönen, und zugleich, seine häuslichen Pflichten zu erledigen.

Mit seiner neuen, immer noch etwas unsicheren inneren Stimme kann er sich sagen: »Wenn ich Bello gleich nach der Schule ausführe, kann ich bis zum Mittagessen *Tyrannosaurus Rex* spielen.«

Dies zu erkennen und sich zu klarzumachen ist ein wichtiger Schritt für Matthes. Er lernt, was Sozialwissenschaftler »Belohnungsaufschub« nennen, eine entscheidende Lektion für alle älteren Kinder und erfolgreichen Erwachsenen. Seine Mutter weiß, wie wichtig dies ist, und spricht mit ihm über seine Tagesplanung, so dass er für alles genug Zeit hat. In einem solchen Gespräch können sie und Matthes Dinge aushandeln:

»Mama, wenn ich meinen Pyjama wegräume, *bevor* ich zum Frühstück komme, habe ich noch etwas Zeit, in meine Dinosaurier-Bücher zu schauen«, sagt er.

Da hast du Recht. Eine sehr gute Idee. Aber warum willst du denn so früh am Morgen schon in deinen Dinosaurier-Büchern lesen?«

»Wenn ich fünf Sauriernamen nennen kann, ohne ins Buch zu schauen, hat mir die Lehrerin eine Belohnung versprochen.«

Die Mutter ist nicht die einzige Person, mit der Matthes Dinge auszuhandeln beginnt. Seine innere Stimme wird von seinen Wünschen angetrieben und hilft ihm auch bei Dingen, die nicht so viel Spaß machen und trotzdem erledigt werden müssen.

Nichts fördert die Logik dieser inneren Stimme so sehr wie Diskussionen mit Ihrem Kind – je mehr, desto besser. Wenn sein Wortschatz größer wird, können Sie Ihr Kind fragen: »Warum willst du dieses oder jenes?« und »Wie wirst du dich fühlen, wenn du es bekommst; wie wirst du dich fühlen, wenn du es nicht bekommst?«. Durch die Beantwortung Ihrer Fragen erwirbt Ihr Kind die Fähigkeit, seine Aktivitäten auf logische Weise zu planen. Seine innere Stimme wird dabei immer klarer und deutlicher werden – und das wiederum ist die Grundlage für die Art von innerer Stimme, mit deren Unterstützung disziplinierte Erwachsene in komplexen Situationen eine Aufgabe gut zu Ende führen können.

Reflexion und Planung

Wenn ein Kind in der Lage ist, auf seine innere Stimme zu hören und laut mit ihr zu sprechen, erreicht es eine höhere Stufe der Reflexion. Es kann Strategien zur Erreichung seiner Ziele gegeneinander abwägen. Welche sind effektiv und welche sind zu vermeiden? Es kann beschreiben, bis zu welchem Grad eine Strategie funktioniert und eine andere versagt.

»Du siehst nicht gerade so aus, als ob du Lust hättest, deine Mathematikaufgaben zu machen«, sagt Janas Mutter, bald nachdem ihre Tochter von der Schule heimgekehrt ist.
»Nein, nicht jetzt! Ich möchte mich in die Hängematte legen, weil es draußen so schön ist, und hier drinnen ist es so

dunkel. Ich war den ganzen Tag im stickigen Klassenzimmer! Draußen ist es viel schöner.«

Um Jana zu helfen, den Nachmittag für sich zu planen, fragt ihre Mutter: »Wenn du dich jetzt draußen in die Sonne legst, wann willst du dann deine Hausaufgaben machen?«

»Okay, ich lege mich jetzt eine Viertelstunde lang mit meinem Heft in die Hängematte, und dann komme ich herein und erledige die Aufgaben. Versprochen!«, antwortet Jana.

Da Jana die Welt nun in Abstufungen wahrnehmen kann, nicht nur in einer Alles-oder-nichts-Manier, ist sie in der Lage, sich für eine Viertelstunde draußen zu entspannen und sich dann daran zu erinnern, dass sie noch etwas anderes zu erledigen hat. Ein Kind auf der Alles-oder-nichts-Stufe glaubt, dass es entweder endlos spielen kann oder aber endlos mit seinen Hausaufgaben beschäftigt ist. Jana aber ist fähig, in »Grauzonen« zu denken, und sieht daher, dass sie sich für eine Weile draußen entspannen und dann eine Weile ihre Hausaufgaben machen kann. Dies erlaubt ihr, flexibler zu planen – und die Viertelstunde in der Hängematte zu genießen. Wenn sie ihre Pause über Gebühr ausdehnt, wird ihre Mutter sie wahrscheinlich an ihr Versprechen erinnern. Doch mit einer solchen gelegentlichen Erinnerung kann Jana jetzt einen Plan formulieren und sich daran halten – was sie im Allgemeinen auch tut.

Selbstbeurteilung und Disziplin

Im Alter von zwölf oder dreizehn Jahren weiß Ihr Kind wichtige Dinge über sich selbst. Es kann seine eigenen Verhaltensstandards, seine eigenen Gedanken und Gefühle beurteilen. Es kann sich selbst loben und sagen: »Heute war ich

richtig gut. Ich habe das Kapitel in meinem Englischbuch abgeschlossen, und dann habe ich mit Marcel draußen Fußball
gespielt und drei Tore geschossen.« Es kann auch eine schwä-
chere Leistung erkennen und sich eingestehen: »In der Schule
war ich heute miserabel. Ich habe nur den Unterricht gestört
und dann bei dem Englischtest total versagt. Ich habe jetzt
keine Zeit für meine Freunde, weil ich lernen muss.«

Die Fähigkeit, sich selbst richtig einzuschätzen und die Planung danach auszurichten, festigt die innere Disziplin. Diese
absolut unverzichtbare Fertigkeit entsteht in der frühen Adoleszenz und bleibt im Erwachsenenalter erhalten. Die realistische Selbsteinschätzung verbindet die innere Disziplin mit
den Erfordernissen der äußeren Welt. Die innere Stimme
stellt ein Gleichgewicht her zwischen der Freude und dem
Stolz über eine gelungene Arbeit und der Kritik und Enttäuschung über eine ungenügend oder gar nicht geleistete Arbeit.
In der frühen Adoleszenz können Kinder mit sich selbst
schimpfen oder sich loben, je nachdem ob sie etwas schlecht
oder gut gemacht haben. Sie tun dies in der Regel, ohne zu
übertreiben: Weder belasten sie sich zu sehr mit Selbstvor-
würfen, wenn etwas schiefgeht, noch werden sie übermütig,
wenn ihnen etwas gelingt.

Die Unterstützung der Selbstdisziplin

Wie wir gesehen haben, entsteht innere Disziplin, wenn wir
die natürlichen Neigungen und Interessen eines Kindes ermutigen und ihm gleichzeitig liebe- und respektvoll Grenzen
setzen. Wenn die ersten kleinen Handlungen eines Kindes
freudige Reaktionen hervorrufen und wenn es später bei

schlechtem Betragen mit angemessenen Konsequenzen rechnen muss, motiviert dies unser Kind, an seinen Zielen zu arbeiten, und es beginnt, sich selbst Grenzen zu setzen. Alle starken Kinder werden schließlich Meister in dieser sehr viel komplizierteren inneren Disziplin.

Zwar wird die innere Stimme manchmal von außen übertönt, etwa von der Peer-Gruppe, von hormonellem Wachstum oder einfach durch ein letztes Stück Schokoladenkuchen, das unbeaufsichtigt in der Speisekammer liegt, doch wird echte Selbstdisziplin unserem Kind schließlich die Kraft geben, seinem Kurs treu zu bleiben – oder zu ihm zurückzufinden – und beharrlich seine Ziele zu verfolgen.

Um Selbstdisziplin zu entwickeln, müssen Kinder lernen, intentional zu handeln. Die frühesten gestischen Interaktionen zwischen Eltern und Babys geben diesen das Gefühl, dass ihre Handlungen, angetrieben von ihren unmittelbaren Bedürfnissen und Wünschen, verständnisvolle Reaktionen hervorrufen. Wenn Ihr fünfmonatiges Kind besonders grell schreit, gibt es Ihnen damit vielleicht zu verstehen, dass es unter seiner nassen Windel leidet. Der Anblick Ihres liebevollen Gesichts, wenn Sie sich über Ihr Kind beugen, und der besänftigende Klang Ihrer Stimme, wenn Sie es in den Arm nehmen, geben ihm auf der elementarsten Ebene zu verstehen, dass die Welt nicht unberechenbar ist und dass seine geäußerten Bedürfnisse befriedigt werden. In einem sehr hektischen und stressbelasteten Haushalt findet diese Versicherung nicht immer statt.

Kinder, die viel entspannte Zeit mit ihren Eltern verbringen, lernen die Zuversicht, dass ihre Aktionen – ausgelöst durch ihre Bedürfnisse und Wünsche – zumeist zu beglückenden Ergebnissen führen. Ein Kind lernt, was es tun muss, um Ihre Aufmerksamkeit zu gewinnen und Sie in eine Interaktion zu locken, so dass Sie ihm helfen können, sein Ziel zu erreichen. Dies geschieht durch viel Übung und durch die kleinen, erreichbaren Schritte, die es seinem Herzenswunsch näherbringen.

Sagen wir, Ihr Kind möchte gern draußen spielen. Wenn Sie beide nun durch die Küche zur Garderobe gehen, um Jacken und Mützen zu holen, warum nicht bemerken, dass der Wassernapf des Hundes leer ist, und sagen: »Komm, wir füllen ihn besser auf, bevor wir nach draußen gehen, sonst wird Bonzo durstig!« Wenn Ihre kleine Tochter nun zu dem Napf eilt, fragen Sie sie, ob sie ihn selbst füllen möchte. Wenn sie stolz nickt, weil sie schon ein so großes Mädchen ist, fragen Sie, ob sie an den Wasserhahn kommt. Sie wird vielleicht einen Stuhl zur Spüle schieben. Während Sie so tun, als ob Sie Probleme mit dem Wasserhahn haben, können Sie herausfinden, ob Ihre Tochter die Dinge selbst in die Hand nehmen will. Lassen Sie sie den gefüllten Napf hinüber zum Hund bringen und erinnern Sie sie daran, dass sie den Stuhl wieder an seinen Platz stellen soll. Und danach können Sie sich warm anziehen und nach draußen gehen.

Jetzt ist Ihre Tochter langsam ungeduldig, sie rennt zur Garderobe. Warum nicht ein wenig zerstreut sein und murmeln: »Wo habe ich nur meine Handschuhe gelassen?« Wenn sie die Handschuhe findet, aus dem Regal nimmt und sagt: »Dumme Mama!«, können Sie vielleicht noch weitere Verzögerungen einbauen wie zum Beispiel einen »klemmenden« Reißverschluss an den Stiefeln. Es sind viele Hindernisse, die Ihre Tochter mittlerweile überwunden hat, viele Probleme, die sie gelöst hat, um endlich draußen im Schnee tollen zu können.

Draußen ergibt sich vielleicht die Gelegenheit zu einer noch wertvolleren Lernerfahrung. Nehmen wir an, Ihr Kind lehnt es ab, wieder ins Haus zu gehen, nachdem Sie gemeinsam einen Schneemann gebaut und ihn mit Ästen geschmückt haben. Wenn Ihre Tochter nun wütend vor Ihnen Reißaus nimmt und in Richtung der viel befahrenen Straße vor Ihrem Haus läuft, müssen Sie sie aufhalten und ihr klare Grenzen setzen. Vielleicht ist eine »Auszeit« nötig oder ein ernstes Gespräch darüber, dass sie ihre Wut mit Worten äußern muss, statt einfach davonzulaufen: Jedenfalls braucht sie Ihre Hilfe, um ihr impulsives Verhalten regulieren zu können.

Ihr Kind wirkt vielleicht trotzig oder ablehnend, aber es ist emotional aufnahmebereit, wenn Sie ihm mit Ruhe und Bestimmtheit Grenzen setzen, weil es Sie als Quelle seines ganzen derzeitigen Glücks, seiner Freude und Sicherheit empfindet. Seit es ein kleines Baby war und Sie die Person waren, die es stillte, mit ihm spielte und ihm das Gefühl der Geborgenheit gab, hat Ihr »Nein, nein!«, wenn es seinen Becher von seinem Kinderstühlchen hinunterstieß oder an den Haaren seiner großen Schwester zog, ein besonderes Gewicht.

Während der Grundschulzeit werden die Bedürfnisse und Ziele Ihres Kindes komplexer, und die Disziplin, die Sie ihm vermitteln, wird nuancierter. Sie erkennen nicht nur jeden Erfolg an und jedes Überwinden eines Misserfolgs, sondern Sie müssen daneben auch bestimmt und konsequent sein und angemessene Strafen verhängen (Auszeiten, Streichung von Fernseh- und Computerprivilegien, Verzicht auf besonders geschätzte Aktivitäten und so weiter). Möglicherweise bedarf es langer Gespräche, um Ihrem Kind verständlich zu machen, warum es gewisse Dinge tut, bei denen es in große Versuchung gerät, bestimmte Regeln zu brechen.

Wenn Ihr Schulkind älter wird, hilft ihm seine innere Disziplin, konzentriert bei einer Aufgabe zu bleiben. Und da diese Ausdauer und Beharrlichkeit die eigentliche Voraussetzung für jede Art von Erfolg im schulischen Bereich, in der Kunst und auch im Sport sind, wird Ihnen daran gelegen sein, dass es mehr und mehr Eigeninitiative entwickelt. Überwachen Sie die Hausaufgaben nicht und sorgen Sie auch nicht dafür, dass Ihr Kind nur richtige Antworten gibt. Seien Sie erreichbar und hilfsbereit, und bestehen Sie darauf, dass Ihr Kind konkrete Fragen stellt, wenn es bei seiner Arbeit Unterstützung braucht. Wenn es mit Fragen zu Ihnen kommt, erlebt es sich selbst als disziplinierten Problemlöser (»Ich weiß jetzt genau, was ich nicht verstehe; und ich habe nicht aufgegeben, sondern habe mir bei kompetenter Stelle Rat geholt«).

Wenn Ihr Kind neun oder zehn Jahre alt ist, wird es sich öfter nach draußen wenden, um seine Aufgaben zu lösen. Es wird im Internet und in Bibliotheken recherchieren, sich nach dem Unterricht mit einem Lehrer besprechen und Onkel Fritz anrufen, der »alles weiß«. Aber möglicherweise braucht es jetzt Ihre Hilfe mehr denn je, um die Disziplin zu antizipieren, die für all die neuen schulischen Verpflichtungen oder sportlichen Aktivitäten aufgebracht werden muss. Wie schon früher in diesem Buch erwähnt: Wenn wir Kindern helfen, an das zu denken, was morgen sein wird, hilft ihnen dies, die Gefühle zu identifizieren, die sie voraussichtlich in verschiedenen Situationen haben werden. Es hilft ihnen, zukünftige Hindernisse und Enttäuschungen zu erkennen und Strategien zu entwickeln, mit denen diese sich meistern lassen.

Wenn Ihr Fünft- oder Sechstklässler desorganisiert ist, wenn er etwa vergisst, seine Hausaufgabe rechtzeitig abzugeben oder für einen Test zu lernen, wird er sich vermutlich vor den Folgen oder dem Ergebnis fürchten. Sie können mit ihm überlegen, ob ein Anruf bei einem Schulfreund oder ein Gespräch mit seinem Lehrer nach dem Unterricht seine Furcht verringern und ihm helfen kann, die Situation zu bereinigen und sich wohler zu fühlen.

Sehr hilfreich ist das Aufstellen einer großen Tafel oder eines Clipboards, auf dem Ihr Kind seinen eigenen Terminkalender gestaltet. Es kann Bilder malen, um seinem Gedächtnis bei wichtigen Terminen nachzuhelfen, oder es kann in grellbunten Leuchtfarben festhalten, wann es Schularbeiten schreibt und wann es Fußballtraining oder Klavierstunden hat. Es ist schön, wenn Sie erreichbar sind, um bei Bedarf helfen zu können, aber es kommt vor allem darauf an, dass Ihr Kind diesen Terminplaner selbst gestaltet. Es kann dann jede seiner Verpflichtungen abhaken, wenn es sie erfüllt hat. Dieses visuelle Hilfsmittel ist eine Art Zwischenschritt Ihres Kindes auf dem Weg zu größerer Unabhängigkeit. Es ist allmählich immer weniger darauf angewiesen, dass Sie es anleiten oder Grenzen setzen, und beginnt immer mehr, seiner inneren Stimme zu vertrauen. Das Ziel für das Kind ist es, ein beständiges, positives Selbstbewusstsein zu entwickeln, das ihm ermöglicht, einen Plan zu formulieren und dann Schritt für Schritt bis zum Ende auszuführen.

Wenn Eltern mit Kindern und Jugendlichen warmherzig und unterstützend sprechen, aber im Bedarfsfall auch mit Strenge, modellieren sie die innere Stimme, die sie sich für ihre Kinder wünschen. Es ist in diesem Zusammenhang sicher von großem Nutzen, wenn sie mit sich selbst auf die gleiche warmherzige und ausgeglichene Weise sprechen. Disziplinierte Erwachsene sprechen mit sich selbst in der gleichen Stimme, die Sie hoffentlich gegenüber Ihren Kindern gebrauchen – je nachdem sanft oder humorvoll, fordernd oder wütend, erfreut oder frustriert, stolz oder enttäuscht, streng oder nachgiebig –, doch stets liebe- und respektvoll.

Nach der Grundschulzeit wird eine innere Stimme der

Selbstdisziplin immer wichtiger. Sie drängt den Schüler, sich vor Ende der Woche die Englischvokabeln noch einmal anzuschauen oder vor der nächsten Klavierstunde noch einmal das Stück zu üben. Ihr Kind wird nun keinen großformatigen Terminkalender mehr brauchen, und wahrscheinlich wird es Ihre Einmischung in seine Schularbeiten nicht mehr wollen, aber gleichwohl braucht seine innere Disziplin nach wie vor Ihre Unterstützung. Häufig bedeutet dies, dass es Ihre Regeln testet und ausprobiert, wie weit die Grenzen reichen.

D. W. Winnicott beschreibt eindringlich diesen Übergang im Leben von Jugendlichen:

> Es ist recht charakteristisch für Jugendliche, wenn sie alle Sicherheitsmaßnahmen, alle Regeln und Vorschriften austesten ... Warum machen insbesondere Jugendliche solche Tests? Ist es nicht aus dem Grund, weil sie beängstigend neue und mächtige Gefühle in sich selbst verspüren und sich vergewissern wollen, dass die äußeren Kontrollen noch funktionieren? Doch zur gleichen Zeit müssen sie beweisen, dass sie diese Kontrollen durchbrechen können, und sich als sie selbst etablieren.

Viele Teenager sind in der Lage, vorauszuplanen, doch nur in kleinen gemeinsamen Schritten. Sie können Ihrem Teenager helfen, indem Sie seinen Sorgen und Nöten zuhören und zielführende Fragen stellen. Damit unterstützen Sie seine Fähigkeit, längerfristige Ziele in kürzere Aufgabenstellungen zu untergliedern und sich auf deren Lösung zu konzentrieren, bis das Endziel nach und nach erreicht ist. Wie immer sollten Sie Ihrem Kind die Führung des Gesprächs überlassen und seinen Interessen und Leidenschaften Raum geben.

Wie man innere Disziplin fördert

1. Erlauben Sie einem kleinen Kind, seinen eigenen Interessen zu folgen, seien es Sandburgen oder Fingermalfarben, und loben Sie seine Beharrlichkeit.
2. Beteiligen Sie sich an den Interessen des Kindes, um seine Freude zu erhöhen.
3. Lösen Sie gemeinsam mit Ihrem Kind Probleme; überlegen und besprechen Sie gemeinsam jeden Schritt, der näher zur Lösung führt.
4. Setzen Sie liebevoll, aber beharrlich Grenzen, um dem Kind zu helfen, situationsbedingte Ablenkungen zu vermeiden. Lassen Sie das Kind angemessene Strafen für Grenzübertretungen aussuchen, und besprechen Sie mit ihm, warum Grenzen notwendig sind.
5. Helfen Sie dem Kind, immer selbstständiger seine Zeit zu organisieren und seine Ziele zu bestimmen. Seien Sie verfügbar, wenn es Ihre Hilfe braucht, um seinen Plan weiterzuverfolgen.
6. Stellen Sie zielführende Fragen, die ihm zu erkennen helfen, was der Verwirklichung seiner Wünsche vielleicht im Wege steht; antizipieren Sie mit ihm die Mühe und Geduld, die es brauchen wird, um sein Ziel zu erreichen.

Wenn Ihre Tochter zum Beispiel erklärt, dass sie keine Lust hat, zur Universität zu gehen, weil sie keine Bücher mehr sehen kann und endlich Geld verdienen will, oder dass sie die Schauspielschule besuchen will, gehen Sie verständnisvoll und einfühlsam mit ihren Interessen um. Das wird Ihre Tochter motivieren, ernsthaft über die Herausforderungen nachzudenken, die sich ihr stellen werden, und ehrlich einzuschätzen, ob ihre Pläne wirklich ihrem Herzenswunsch entsprechen. Wenn sie spürt, dass ihre Ziele respektiert werden, wird sie eher Entschlossenheit zeigen und sich diszipliniert verhalten. Wenn Adoleszente das Elternhaus verlassen, müssen sie nicht nur in den elementaren Dingen für sich selbst sorgen, sondern auch differenzierte, gesunde Entscheidungen treffen können. Ein disziplinierter junger Erwachsener, der seinen Zivildienst macht, ist fähig, neue Erfahrungen, neue intellektuelle Herausforderungen und oft auch neue Versuchungen auszubalancieren. Ein disziplinierter Erwachsener, der neue Beziehungen eingeht, ist verhandlungs- und kompromissbereit. Er ist fähig, seine Wünsche gegenüber den Bedürfnissen eines Partners oder eines Kindes zurückzustellen – wenigstens vorübergehend.

Die Ziele eines jungen Menschen sind gewöhnlich in den kommenden Jahren manchen Veränderungen unterworfen. Wenn er aber in der Lage ist, der Stimme seiner inneren Disziplin zu folgen, kann er auf rasche Belohnungen verzichten und sich auf die Zukunft konzentrieren – wie es alle starken Kinder tun.

8
Kreativität und Phantasie
Ein reiches Innenleben

Im Kindergarten: Eine Kindergärtnerin sitzt auf einem Hocker in der Mitte des Zimmers. Zwei kleine Mädchen und ein kleiner Junge laufen im Kreis um sie herum und fragen: »Was sollen wir spielen?«

»Das sollt ihr selbst entscheiden«, sagt die Kindergärtnerin.

»Ich weiß was, wir schneiden dir die Haare«, sagt eines der Mädchen, das kürzlich beim Friseur war.

Der kleine Junge sagt: »Beim Friseur tun sie mir so ein Tuch um, wenn sie mir die Haare schneiden«, und er läuft hinüber zur Malecke, um einen Malerkittel zu holen. Er ist etwas mit Fingerfarben verschmiert, aber ansonsten für den Zweck brauchbar.

Die Kinder legen der Erzieherin den Kittel um und wollen ihr eine neue Frisur herrichten. Doch jetzt stehen sie vor einem Problem: Sie haben weder Kämme noch Bürsten, und die Erzieherin will nicht, dass sie eine Schere benutzen.

»Wir tun nur so als ob«, sagt sie, »also ohne Schere.«

Eines der Mädchens schaut sich im Zimmer um. Da entdeckt sie das Plastikkochgeschirr in der Spielküche. Sie läuft hin und kehrt mit einer roten Gabel und einem gelben Löffel zurück.

»Das ist unsere Bürste, und das ist unser Kamm«, sagt sie, stolz auf ihre Findigkeit. Die Kinder stehen nun um die Erzieherin herum, zerzausen ihr Haar und benutzen Gabel und Löffel als Lockenwickler.

»Ich *habs*!«, ruft der Junge begeistert. »Das ist ein Friseursalon *und* ein Café.«

Diese wahre Geschichte, die ich selbst kürzlich in einem Kindergarten beobachtet habe, zeigt die Kinder in ihrem Element. Während sie mit der von ihnen geliebten Erzieherin spielen, erfinden sie eine Szene, in der sie ihre wirklichen Erfahrungen (den Friseurbesuch) nacherleben und zugleich wie Erwachsene agieren können, die einem Beruf nachgehen. Zudem ist ihr Einfallsreichtum gefordert: Da ihnen das echte Handwerkszeug fehlt, schauen sie sich um und finden etwas anderes, das sie benutzen können. Dann fügt der Junge, der Gabel und Löffel am Werk sieht, der Situation ein weiteres Element hinzu: »Ja«, sagt er, »wir sind ein Friseurladen *und* ein Café«, und ist stolz auf diese Erweiterung.

Kinder bedienen sich ununterbrochen ihrer Phantasie, ob sie eine Geschichte erzählen, ein Spiel erfinden und spielen, Burgen bauen oder innere Anschauungen entwickeln, wenn eine Erzieherin ihnen aus einem Buch vorliest.

Die Saat der Kreativität

Kinder können sich mühelos die ganze Zeit in ihrer Phantasiewelt aufhalten. Spielen ist ihre Form der Arbeit, ein für ihre Entwicklung entscheidender Prozess. Sie werden dabei durch innere Bilder unterstützt, die sie von ihren Eltern und anderen Bezugspersonen gespeichert haben. Diese inneren Bilder geben ihnen eine sichere Basis, von der aus sie lernen und experimentieren können: »Ich weiß, dass Mama mich liebt und stolz auf mich ist, weil ich im Kindergarten (in der Schule) brav bin, auch wenn sie mich nicht sieht«, mögen sie vielleicht denken.

Eine Welt voller Glück

Vom ersten Moment an nimmt das neugeborene Baby Bilder und Geräusche in sich auf. Auf der ersten Entwicklungsstufe – Selbstregulierung und Interesse an der Welt – geht es um Sehen und Hören, und die Babys lernen, Erregungszustände zu regulieren und sich zu beruhigen. Sie interessieren sich dafür, was um sie herum geschieht, und versuchen, darauf zu reagieren. Eltern achten natürlich auf diese Reaktionen und stellen zum Beispiel fest, dass ihr Baby gern mit hoher Stimme Laute von sich gibt, nicht mit tiefer. Simon hat eine zweijährige Schwester, die in einer sehr hohen, quiekigen Stimme spricht. Immer wenn er sie hört, dreht er sofort seinen Kopf um und schaut in ihre Richtung. Seine Mutter hat das bemerkt und versucht, Julias hohe Stimme zu imitieren – und Simon schaut sie nun intensiver an. Er dreht sich auch zur dunkleren, raueren Stimme seines Vaters um, aber nicht so rasch.

Simons Eltern machen sich seine natürlichen Interessen zu Nutze, um ihn zur Entdeckung neuer Welten anzuregen. Ihr Sohn liebt das leuchtend rote Dreieck, das an dem Mobile über seinem Bettchen hängt und sich sanft dreht. Nun setzt seine Mutter einen roten Hut auf, wenn sie an sein Bettchen kommt. Simon bewegt seine Augen, um den Hut zu sehen.

Das Wichtige ist, dass Simons Eltern auf die natürlichen Neigungen und Interessen ihres Sohnes eingehen – Dinge, mit denen er möglicherweise geboren wurde. Vielleicht zeigt Simon aber auch ein Interesse, das sich durch zufällige Begebenheiten in den ersten Momenten und Tagen seines Lebens entwickelt hat.

Es spielt keine Rolle, wie oder warum das Interesse des Babys entstanden ist. Doch wenn sich seine Eltern auf ihn einstellen, spürt Simon tief in sich – lange, bevor er dies in Worte fassen oder anders ausdrücken kann –, dass seine individuellen, unverwechselbaren Fähigkeiten verstanden werden. Er wird nicht wie eine Maschine behandelt, sondern wie ein besonderes, einzigartiges Individuum. Dies hilft ihm, sich zu beruhigen, zu fokussieren und sich mehr für die Welt zu interessieren.

Indem sie darauf achten, was ihr Baby in seiner Umgebung fasziniert, helfen Eltern ihren Kindern, die Welt auf eine lustvolle und beglückende Weise zu erfahren. Sie stellen sich auf ihre Emotionen ein. Freudige Erregung, Lust und Neugier verbinden sich mit dem motorischen Vorgang des Schauens. Schauen macht Spaß. Die Eltern beginnen einen Dialog mit ihrem Baby, wobei sie mit verschiedenen Objekten, Geräuschen, Sinnesempfindungen und rhythmischen Aktivitäten das Erfahrungsfeld erweitern. Sie folgen der Führung des Babys und machen gemeinsam mit ihm Geräusche, bewegen sich zusammen, schauen und erforschen interessantes Spielzeug. In jedem Augenblick jedes Tages, jeder Minute, jeder Sekunde unterstützen Eltern die natürlichen Interessen ihres Babys, indem sie sich auf seine individuellen Eigenschaften einstellen und seine Glücksgefühle zur Basis einer liebevollen Beziehung machen.

Damit diese Interaktionen stattfinden und aufeinander aufbauen können, bedarf es einer gewissen Struktur. Ein friedliches, gut genährtes Baby ist mühelos in der Lage, neugierig zu sein und Neues zu erkunden. Im Laufe der regulären Schlaf-, Wach- und Esszyklen werden seine Vorlieben deutlich. Diese frühen Interaktionen und Spiele begründen die imaginative Beziehung eines Kindes zu seiner Welt.

Kreativität und Wünsche

Wenn Babys sich entwickeln, lernen sie Lustgefühle mit komplizierteren Handlungsabläufen zu verknüpfen: Wiegen zur Musik, Ausprobieren von Worten, Spielen mit Farben. Sie verbinden ihre Emotionen nicht nur mit komplexeren motorischen Mustern und Gesten, sondern auch mit Symbolen und Worten. Dies ist wichtig für die Kreativität, denn Kreativität ist emotionales Denken. Es ist ein Denken aus den innersten Wünschen, aus der innersten Inspiration heraus.

Albert Einstein sprach über Kreativität, als er sagte, dass er sich als Vorschulkind in seiner Phantasie auf Reisen begab – zum Spielplatz, zum Kindergarten oder in ein Wolkenkuckucksheim. Es gelang ihm, sich das Staunen und die Ehrfurcht seiner Kindheit als Erwachsener zu bewahren:

Ich frage mich manchmal, wie es kam, dass ausgerechnet ich die Relativitätstheorie entwickelt habe. Der Grund ist, glaube ich, dass ein normaler Erwachsener niemals innehält, um über die Probleme von Raum und Zeit nachzudenken. Das sind Dinge, die ihn schon als Kind beschäftigt haben. Doch meine intellektuelle Entwicklung war zurückgeblieben, und infolgedessen begann ich über Raum und Zeit erst nachzudenken, als ich schon erwachsen war.

Wenn wir auf die äußere Welt immer nur auf vorhersehbare Weise reagieren, sind wir nicht kreativ. Wir sind vielleicht gut organisiert, wir sind vielleicht ordentlich, wir können effizient sein, aber niemand würde uns kreativ nennen. Wenn aber in unserem Inneren das Licht angeht und wir die Inspiration zu einer neuen Geschichte, einer neuen Melodie, einem neuen Experiment, einer neuen Geschäftsidee haben – dann ist das kreativ und visionär. Auf diese Weise äußern sich unsere Emotionen in innovativen Ideen und Entwürfen.

Ein Kind, das die Dinge selbst in die Hand nehmen und seinen eigenen Wünschen folgen kann, hat die besten Voraussetzungen, kreativ zu werden. Eltern können dies unterstützen, indem sie ihrem Kind die Möglichkeit geben, zwischen Alternativen zu wählen und seinen natürlichen Interessen zu folgen. Vielleicht ist es fasziniert von Ihrer Halskette und greift danach. Lassen Sie es die Kette nehmen und untersuchen; vielleicht berührt es sie mit den Lippen oder hält sie gegen das Licht. Sehen Sie, wie es sich freut. Zeigen Sie ihm eine Kette, die noch mehr glitzert. Beobachten Sie, was es damit anstellt. Vielleicht lässt es die Kette fallen, um zu sehen, was passiert, wenn sie auf dem Boden landet, und was für interessante Geräusche sie dabei macht.

Wenn Sie Ihrem Kind die Initiative überlassen, geben Sie ihm das Gefühl, dass seine Ideen und seine Pläne wichtig sind. Sie helfen ihm damit, sich als eine Person zu erleben, die selbst neue Ideen einbringt, statt nur zu reagieren und auf die Ideen anderer zu warten.

Es ist etwas völlig anderes, ob Sie Ihrem Kind Aktivitäten vorgeben oder ob Sie es seinen eigenen Neigungen folgen lassen. Sie müssen sich dazu nur ein wenig entspannen, Geduld aufbringen und Ihr Kind bei seinen Aktivitäten beobachten. Versuchen Sie nicht, eigene Ideen in den Vordergrund zu stellen. Schauen Sie vielmehr Ihrem kleinen Kind zu, akzeptieren Sie seine Führung und bauen Sie dann darauf auf. Wenn Sie dies tun, werden Sie entdecken, wie sich spontane Interaktionen einstellen. Wenn wir auf die oft überraschenden Reaktionen kleiner Kinder eingehen, fühlen diese sich zu neuen Ideen ermuntert und probieren Neues aus. Ihre Aktivitäten in Hinblick auf Ordnung und Sauberkeit einzuschränken behindert nur ihre Begeisterung und Phantasie.

Wenn kleine Kinder Worte und Ideen in ihrem Phantasiespiel benutzen, ist es wichtig, ihnen die Führung zu überlassen, so, wie es die Erzieherin am Anfang des Kapitels getan hat. Statt selbst Regisseur sein zu wollen, lassen Sie Ihr Kind bestimmen. Sie können sicher sein, dass das Spiel auf diese Weise interessanter wird.

Wenn wir das Kind für sich sprechen lassen, so fördert dies den kreativen Gebrauch der Sprache und die natürliche Verwendung von Worten. Wenn Sie Ihr neunzehnmonatiges Kind dafür belohnen, dass es immer, wenn es jemanden sieht, sagt: »Hallo, Herr Soundso« oder »Hallo, Frau Soundso«, dann trainieren Sie ihm ein mechanisches Verhalten an. Wenn Ihr Kind hingegen viele Erfahrungen mit dem Grüßen von Personen macht – Mutter, Vater, Bruder oder Schwester, Lieblingsfreund oder -freundin oder Lehrerin – und sich über die Reaktionen freut, wird es von selber lernen, Hallo zu sagen. Das Kind äußert sich vielleicht zunächst nur mit einem Blick oder Wink, einem Strahlen in seinen Augen und einem Begrüßungslaut, bevor es sich an Mamas Schulter kuschelt oder sich hinter ihren Beinen versteckt. Schließlich geht es dazu über, »Hallo« zu sagen oder rennt sogar auf seinen Großvater zu, weil es irgendein lustiges Begrüßungsritual erwartet. Anders als das mechanische, auswendig gelernte Verhalten kommt diese Begrüßung aus seinem eigenen Inneren. Sie basiert auf natürlichen, spontanen Interaktionen mit Ihnen und anderen. Wenn Ihr Kind größer wird, wird dieses Verhalten Teil seiner Art der sozialen Kontaktaufnahme und seines Beziehungsstils.

Wenn Sie Ihrem Kind zeigen, wie genau man eine Puppe anzieht oder wohin genau das Spielzeugauto fahren soll, wird sein Spiel eher unlebendig und vorstrukturiert sein. Wenn Ihr kleiner Sohn Ihnen sagt, Sie seien der Polizist im Polizeiauto, das gerade sein Auto stoppt, können Sie einen Motorschaden vortäuschen und Ihr Sohn wird schelmisch lächeln und schnell davonbrausen. Wenn Ihr Sohn bei der anschließenden Verfolgungsjagd – Ihr Auto ist wie durch ein Wunder wieder »gesund« geworden – das Polizeiauto wegstößt oder dagegen rammt, können Sie in die Rolle des Autos schlüpfen und sagen: »Aua! Das tut weh! Was machst du da?« Er tritt das Auto vielleicht ein zweites Mal. Sie können sagen: »Hilfe! Ich brauche einen Arzt!«, und so weiter. Je komplexer die Kommunikation ist, die Ihr Kind erlernt, desto umfassender sind die Möglichkeiten des Phantasiespiels.

Imagination und Logik

Wenn Ihr Kind beginnt, Ideen logisch anzuwenden, und die großen »W«-Fragen – Wo, Was, Wer, Wie und Warum – stellt, wächst nicht nur sein logisches Denkvermögen, sondern ebenso seine Phantasie und Vorstellungskraft.

Ihre dreijährige Tochter nimmt zum Beispiel alle Kissen vom Sofa:

»Was machst du da?«
»Ich baue mir eine Höhle.«
»Wer wohnt denn in der Höhle?«
»Nur ich, Susie nicht.«
»Warum?«

Und so weiter. Wenn Sie stattdessen das Kind anhalten, keine Unordnung zu machen, verhindern Sie eine lebendige, unvorhergesehene Entwicklung des Spiels.

In jeder Situation – in Gesprächen, bei Spielen, Mahlzeiten, Ausflügen oder beim Zu-Bett-Gehen – können Sie logisches Denken und Phantasie fördern. Gespräche mit Kindern, in denen »W«-Fragen gestellt werden, helfen ihnen, ihre Wünsche auszudrücken, über logische Verbindungen nachzudenken und neue Ideen zu äußern. Wenn diese Ideen nicht im Keime erstickt werden, erweitern sich Denk- und Vorstellungsvermögen des Kindes, und das Vertrauen in seine Fähigkeit, Ideen zu kommunizieren, wächst.

Wenn die Äußerungen Ihres Kindes immer differenzierter und nuancierter werden, können Sie es anregen, eigene Ideen zu entwickeln. Statt ein Kind im ersten Lesealter den Inhalt der Geschichte, die es soeben fertig gelesen hat, wiedergeben zu lassen, können Sie zum Beispiel fragen: »Was hat dir am besten an dem Buch gefallen?« Der Antwort Ihres Kindes können Sie entnehmen, was es für lustig hält, ob es die Bilder oder die Worte wichtiger fand und wie es auf das Buch insgesamt reagiert. Interessieren Sie sich für die Meinungen, Ideen und Gefühle Ihres Kindes – nicht für richtige oder falsche Antworten.

Kreativität im Schulunterricht

In unseren Schulen geht es meist um die »richtige« Antwort statt um die Förderung neuer Ideen. In seinem Buch *Die Natur des Kindes* hebt Jerome Kagan deren Bedeutung für die Kreativität hervor:

Nun sind zwar die meisten intelligenten Kinder nicht unbedingt kreativ, doch die meisten kreativen Kinder sind intelligent. Ihre Kreativität beruht allerdings auf drei anderen Eigenschaften: Sie haben eine innere Einstellung, nach dem Ungewöhnlichen Ausschau zu halten, es macht ihnen Spaß, neue Ideen zu entwickeln, und sie fürchten sich nicht übermäßig davor, Fehler zu machen. Was den kreativen Menschen in besonderem Maß auszeichnet, ist eine gewisse Gleichgültigkeit gegenüber der Demütigung, die man manchmal nach einem Fehler erleben kann. Diese Haltung gibt dem Kind die Freiheit, geistige Experimente zu machen, die unter Umständen fruchtlos bleiben, und sehr gewagte Lösungen in Erwägung zu ziehen, ohne sich von ihrem eventuellen Misslingen sonderlich beunruhigen zu lassen.

Schon bei Schulanfang und selbst in der Familie achten wir darauf, »auf die Prüfung hin« zu lernen. Wir legen zu viel Gewicht auf richtige Antworten statt auf konzeptionelles Denken und Argumentationsfähigkeit. Leider basiert auch ein großer Teil des Schulunterrichts auf sturem Lernmaterial, statt innovatives und kreatives Denken zu fördern. In unserer Bildungspolitik müssen wir die Prüfungs- und Bewertungskriterien überdenken und zu einer Neueinschätzung und Würdigung von Kreativität und innovativem Denken kommen.

Ich kenne eine junge Lehrerin, die viel Zeit investierte, mit ihrer fünften Klasse ein Theaterstück auf die Bühne zu bringen. Sie war neu an der Schule, und sie wollte sowohl die Eltern als auch die Kollegen mit der Aufführung beeindrucken. So benutzte sie einen Teil ihres normalen Sprach- und Geschichtsunterrichts, um mit ihren Schülern das Stück zu erarbeiten. Die Schüler schrieben es selbst auf der Grundlage einer Geschichte über die Hexenprozesse in Salem im 17. Jahrhundert. Sie verzichteten auf ihre freien Nachmittage und nähten selbst entworfene Kostüme. Ein Schüler, der Gitarre spielen konnte, entwickelte eine Methode, um auf seinem Instrument unheimliche Geräusche zu produzieren. Statt einen vorliegenden Text einzustudieren, formulierten die Schüler ihre eigenen Vorstellungen und konnten ihre Begabungen einbringen. Eine Schülerin sagte: »Ich würde auch gern eine Rolle in dem Stück spielen, aber ich kann besser malen als laut auf der Bühne sprechen. Ich mache lieber beim Bühnenbild mit.« Diese Form des vergleichenden Grauzonendenkens zeigt, dass die Kinder eine reflexivere Stufe erreicht haben.

Die Autoren und Autorinnen in der Klasse schrieben mit Begeisterung Dialoge für die einzelnen Rollen. Ein Junge, der sehr schüchtern war, stellte seine musikalischen Fähigkeiten unter Beweis, indem er sich ein Trommelsolo ausdachte. Ein Mädchen, das sich sehr für Geschichte interessierte, recherchierte die Kostüme im Neuengland der damaligen Zeit. Das Wichtigste war, dass die Kinder zusammenarbeiteten und kreative Lösungen für Probleme fanden, wie zum Beispiel jedem in der Klasse eine Rolle zuzuweisen, den schüchternen Kindern Mut zu machen und die forscheren Kinder zu zügeln, um so eine Gemeinschaftsleistung zustande zu bringen.

Dies alles gelang, weil die Kinder eine Stufe in ihrer Entwicklung erreicht hatten, die es ihnen erlaubte, komplexer zu denken und soziale Hierarchien zu erkennen und auszuhandeln. Natürlich hatte auch die Lehrerin großen Anteil an dem Erfolg, weil sie auf die Ideen und Initiativen der Kinder einging. Statt sie ein fertiges Skript auswendig lernen, Musik vom Band abspielen und Kostüme vom Verleih besorgen zu lassen, unterstützte sie die Eigeninitiative ihrer Schüler.

Zwar gab es die eine oder andere brenzlige Situation, doch die Aufführung wurde ein voller Erfolg und begeistert aufgenommen. Danach sprach der Direktor die Lehrerin an und bat sie, am nächsten Morgen in sein Büro zu kommen. Sie verbrachte eine schlaflose Nacht, weil sie einen Verweis fürchtete, da sie für die Arbeit an dem Stück Unterrichtszeit zur Verfügung gestellt hatte, statt streng dem Lehrplan zu folgen.

Zum Glück war der Direktor weitsichtig genug, die Innovationsleistung seiner Lehrkraft anzuerkennen. »Ich wollte Ihnen nur sagen, dass Ihre Kinder eine eindrucksvolle Kreativität gezeigt haben«, sagte er. »Sie haben nicht nur ihren Geschichtsstoff gelernt, sondern ihn auch für uns alle lebendig gemacht.«

Kreativität und Selbstwahrnehmung

Wenn Kinder sich der Adoleszenz nähern, lernen sie, ihre eigenen Gedanken zu beurteilen. Sie können sich zum Beispiel sagen: »Ich bin wirklich enttäuscht über diesen Aufsatz. Beim letzten Mal hat mir die Note irgendwie nicht so viel ausgemacht.« Oder: »Dieser Junge sollte vom Unterricht ausgeschlossen werden, aber vielleicht nur für ein paar Tage, denn er wollte niemandem absichtlich wehtun.« Sich und seine Gedanken zu beurteilen und mit den eigenen inneren Maßstäben oder mit den Werten der Eltern, Lehrer und Kameraden zu vergleichen setzt das Erreichen eines neuen Reflexionsniveaus voraus.

Diese Art vergleichenden Denkens hilft dem Kind, seine Ideen und kreativen Vorstöße zu bewerten. »Das ist ein wirklich tolles Gedicht, das ist eine völlig neue Sichtweise«, denkt es vielleicht, oder: »Ja, ich habe das gerade geschrieben, aber es liest sich nicht interessanter als eine Seite im Telefonbuch.« Der Unterschied zwischen einem Jugendlichen, der vielversprechende Gedichte schreibt, und einem, der nur sentimentalen Schmalz produziert, beruht genau darauf, wie gut er sein eigenes Werk beurteilen kann.

Künstler, Erfinder und Schriftsteller müssen sowohl kreativ wie analytisch sein. Wir haben zwei Gruppen von Kindern untersucht – solche mit schweren Lernbehinderungen und solche ohne – und ihnen Fragen gestellt, von denen wir annahmen, dass sie ihr Interesse finden würden. Wir sind zu dem Ergebnis gekommen, dass die Kinder mit Lernbehinderungen und besonderem Förderungsbedarf in ihren Antworten strukturierter und mechanischer waren, während die anderen sich kreativer und flexibler äußerten. Als wir die Kinder fragten, was sie von Chefs hielten, neigten die Kinder mit besonderem Förderungsbedarf zu der Aussage: »Eltern sind Chefs, Lehrer sind Chefs, Polizisten sind Chefs«, und so weiter. Es klang, als würden sie nur eine Liste auswendig herunterleiern. Kinder ohne besonderen Förderungsbedarf gaben eher Antworten wie: »Ich mag es nicht, wenn jemand über mich bestimmt, aber manchmal ist es auch notwendig, wenn ich zum Beispiel zu meinem Bruder oder meiner Schwester böse war, und dann ist es okay. Es gibt gute Chefs und schlechte Chefs, das kommt ganz darauf an, ob sie wissen, wann ich ein strenges Wort brauche.«

Es wäre zu einfach, hieraus den Schluss zu ziehen, dass lernbehinderte Kinder Probleme mit der Verarbeitung von Informationen haben und deshalb nur strukturiert und auswendig lernen können. Als wir uns fragten, in welcher Weise sich die Kinder ohne Verarbeitungsprobleme von ihnen unterschieden, fanden wir heraus, dass deren Antworten auf zwei Denkschritten beruhten. Sie beruhten auf persönlicher Erfahrung mit »Chefs«, die sie dann in einen reflexiven und analytischen Kontext stellten, und so kamen sie schließlich auf verschiedene Kategorien von Chefs.

Als wir die gleiche Frage Jugendlichen und Studenten stellten, zogen sie Beispiele aus Shakespeare und anderer Literatur heran und beschrieben mehr Cheftypen und mehr Kategorien autoritären Verhaltens. Aber es war der gleiche Prozess: Ihre persönlichen emotionalen Erfahrungen brachten Ideen hervor, mit denen sie dann in einem reflexiven und analytischen Denkprozess ihre Emotionen in einen logischen Bezugsrahmen stellten.

Unser gesamtes Denken braucht sowohl generative wie analytische Fähigkeiten. Denken wir nur analytisch, ohne Ideen zu generieren, kommen am Ende möglicherweise nur mechanische Listen heraus. Solche Antworten zeigen ein sehr niedriges Reflexionsniveau. Denken wir umgekehrt nur generativ, kommt unter Umständen nur interessanter Nonsens heraus. Beziehen wir dagegen sowohl den generativen als auch den reflexiven Denkmodus ein, ist die Chance groß, dass wir eine kreative Antwort formulieren. Wenn ein Kind einen Aufsatz schreibt oder ein Buch analysiert oder zwei historische Ereignisse vergleicht, muss es auf jeden Fall beide Denkmodi benutzen.

Nach unserer Analyse begannen wir, mit der Gruppe lernbehinderter Kinder auf andere Weise zu arbeiten. Wir entwickelten einen auf ihren Emotionen und ihren persönlichen Erfahrungen basierenden Unterricht. Wir taten das, was ich bei den jeweiligen Entwicklungsstufen beschrieben habe: Wir stärkten die individuellen Verarbeitungsmuster, förderten die Eigeninitiative der Kinder und entfachten so den Funken in ihnen.

Beim Spielen mit diesen förderbedürftigen Kindern fingen wir ganz von vorne an: bei den Fähigkeiten, die man sonst von jüngeren Kindern erwartet. Wir arbeiteten mit diesen Grundlagen aber so, dass wir die Interessen der Kinder in den Vordergrund stellten. Wir spielten zum Beispiel Ball – Werfen und Fangen – mit dem Ziel, ausgelassenen Spaß und Gemeinsamkeit zu erleben. Wir versuchten, alle Entwicklungsstufen zurückzulegen. Wir entdeckten, dass Kinder mit besonderem Förderungsbedarf – nicht anders als ihre Kameraden ohne Förderungsbedarf – bei Dingen, die ihr Interesse weckten, kreativ und innovativ werden konnten. Innerhalb der jeweiligen Stufe ihrer geistigen Entwicklung scheinen *alle* Kinder innovativ und kreativ denken und agieren zu können.

Kreativität und Lebenszyklus

Kreativität ist eine Eigenschaft, die unser ganzes Leben bereichert. Innovation und Kreativität brauchen wir in der Adoleszenz, im Erwachsenenalter, in der Ehe und in anderen engen Beziehungen, im Familien- und im Berufsleben.

Wir alle kennen Menschen, die ständig die Meinungen anderer Leute wiedergeben, oft mit den gleichen Worten, die sie am Abend zuvor in der Talkshow im Fernsehen gehört haben. Man hat den Eindruck, dass diese Erwachsenen nicht »selbstständig denken können«. Sie können ihre Gedanken nicht auf eigene und originelle Weise ausdrücken. Sie scheinen unfähig, Dinge zu durchdenken und eigene Ideen zu formulieren. Stattdessen plappern sie irgendwelche Plattitüden daher. Menschen, denen es an Visionen und Phantasie mangelt, können durch die Herausforderungen des Erwachsenenlebens zu beschränkten Anschauungen und Rigidität neigen.

Für Erwachsene, deren Kreativität in den verschiedenen Entwicklungsstadien gefördert wurde, ist es leichter, neue Ebenen des reflexiven Denkens und der Empathie zu entwickeln. Beides sind Voraussetzungen, um mit einem Partner oder einer Partnerin zusammenleben oder um Kinder großziehen zu können. Alle Arten von Phantasie, Sensibilität und

Kreativität sind erforderlich, um in einer neuen Stadt ein Zuhause zu gründen, eine Balance zwischen Familie und Beruf zu finden, den Partner oder die Partnerin zu trösten, wenn ein Elternteil gestorben ist, einem Kind zu helfen, das in der Schule Probleme hat, oder einer älter werdenden Mutter zu helfen, mit altersbedingten Einbußen in ihrer Unabhängigkeit fertig zu werden. Jeder Tag hält Herausforderungen bereit, die Erwachsene zwingen, sich auf etwas Neues einzustellen und zugleich das Gefühl ihrer unverwechselbaren Individualität und ihres Werts aufrechtzuerhalten. Dazu braucht man Visionen. Wenn die Zukunft nicht mehr unendlich ist, braucht man eine neue Form von Phantasie und Vorstellungskraft. Die große Bühne, auf der wir uns im Rampenlicht sahen, solange wir noch studierten, stellt sich in der Regel als kleiner heraus, als wir erwartet hatten. Wir haben doch keine Wolkenkratzer gebaut, keinen großen Besitz angehäuft, sind weder Botschafter in Paris geworden noch haben wir den Nobelpreis gewonnen. Eine reife Betrachtungsweise lässt uns aber die Größe auch kleinerer Leistungen erkennen: Wir sind trotz Scheidung nah bei einem Kind geblieben. Wir haben einen Park in der Nachbarschaft mit aufgebaut und unterstützt. Ein guter Beruf hat uns ernährt und zugleich sinnvoll der Gemeinschaft gedient. Kreativität ist nicht gleichbedeutend mit weltlichem Erfolg oder Berühmtheit.

Die Unterstützung von Kreativität und Visionen

Kreative Menschen haben die visionäre Begabung, Möglichkeiten zu erkennen, die unter der Oberfläche – oder jenseits des Horizonts – ihres alltäglichen Lebens verborgen liegen. Wir können diese Fähigkeit bei unseren Kindern wecken, wenn wir ihre natürlichen Interessen unterstützen. Damit steigern wir ihre Neugier und motivieren sie, die Welt zu erforschen.

Kreativität entwickelt sich im ersten Lebensjahr, wenn Ihr Baby zu spüren beginnt, dass das, was es tut, wertvoll ist. Es weiß dies, weil es darauf vertrauen kann, dass Sie oder andere liebevolle Bezugspersonen auf seine Blicke, Gesten und Bewegungen reagieren, selbst wenn es noch kein Wort spricht. Wenn Ihr Baby auf dem Boden krabbelt und Sie ihm die Führung überlassen, wird es nicht nur Ihre Späße und Kapriolen wunderbar finden. Es wird vor allem sich selbst beglückt als Anführer wahrnehmen, als denjenigen, der die Initiative hat. Legen Sie ein großes, weiches Kissen vor Ihr Baby und schauen Sie, ob es darüber, darunter oder darum herum krabbelt. Wenn Sie sein Verhalten nachahmen, stärken Sie damit sein Gefühl seiner eigenen Bedeutung. Kann Ihr Baby spontanen Spaß auch in unerwarteten Richtungen haben, ohne dass Sie einschreiten, wird es erkennen, dass es sich lohnt, ausgetretene Pfade zu verlassen.

Mit Ihrer Begeisterung über die ersten Schritte Ihres Kindes in Richtung Kreativität ermutigen Sie es, selbst den Ton anzugeben, statt nur Ihnen hinterherzulaufen. Wenn es im Alter zwischen drei und fünf Jahren zum Ausdrücken von Ideen Worte verwendet, können Rollen und So-tun-als-ob-Spiele neue und wertvollere Perspektiven eröffnen. Wenn es immerzu die gleiche Geschichte spielen will, in der die schöne Prinzessin Angst vor dem bösen Wolf hat – und Sie haben zum zehnten Mal die Rolle des großen, hungrigen Wolfs übernommen –, werfen Sie ihm unerwartet einen Ball zu. Lassen Sie Ihren Wolf hinfallen, sich wehtun und nach seiner Mama schreien. Unerwartete Aktionen oder Handlungsstränge helfen Ihrem Kind, über seinen gewohnten Horizont hinaus zu denken.

Wenn es in der Grundschule eine Geschichte über eine Phantasiereise ins zweiundzwanzigste Jahrhundert schreiben soll, zeigen Sie intensives Interesse an seinen Ideen. Erinnern Sie Ihr Kind an seine Erlebnisse im Planetarium. Fragen Sie es danach, welche Geräusche sein Held hört und was er zu sehen bekommt. Schauen Sie, mit Ihren Fragen die Geschichte etwas komplexer oder lebendiger zu machen.

Helfen Sie Ihrem Kind, all seine Sinne, Fähigkeiten und Fertigkeiten zu gebrauchen. Wenn es besonders gut zeichnen kann, schlagen Sie ihm vor, eine Geschichte zu dem Bild zu erfinden, das es geschaffen hat. Wenn es vor künstlerischer Betätigung eher zurückschreckt, aber eine echte Quasselstrippe ist, dann versuchen Sie, es dazu zu bewegen, die Szene bildlich darzustellen, die es Ihnen gerade verbal beschrieben hat.

Selbst Spiele wie »Die Reise nach Jerusalem« bieten Chancen für Neues. Zum Beispiel können die Kinder jedes Mal, wenn die Musik aufhört, verschiedene Haltungen einnehmen: Mal sitzen sie mit untergeschlagenen Beinen, mal sitzen sie balancierend auf dem Stuhl, Arme und Beine ausgestreckt. Ermuntern Sie Ihr Kind, Körper und Sinne kreativ einzusetzen, für sich allein oder zusammen mit anderen.

Wenn Ihr Teenager sich für Sport zu interessieren beginnt oder lieber einsamen Beschäftigungen wie Musik oder Kunst nachgeht, können Sie diese Interessen unterstützen, indem Sie Ihr Kind ermutigen, zunächst die elementaren Fertigkeiten zu erwerben. Nur zu oft sehen Kinder nämlich die Leistung einer professionellen Ballettänzerin oder ein perfekt gemaltes Bild, und wenn sie mit ihren eigenen Versuchen nicht dasselbe erreichen, geben sie zu früh auf.

Für das Erlernen der elementaren Techniken eines Sports, für das Üben von Tonleitern oder für zeichnerische Studien gibt es keinen Ersatz. Für Sie und Ihr Kind ist es wichtig, diese Aufgaben weniger mechanisch zu gestalten, um ihnen so viel Spaß wie möglich abzugewinnen. Das Perfektionieren des Spielens von Tonleitern, das Trainieren eines bestimmten Schusses, den ein Trainer von einem verlangt, oder das genaue Kopieren einer Zeichnung sind Übungen, die weniger Anstrengung kosten, wenn man dabei variieren kann.

Wenn Ihr Kind ermutigt wird, beim Erlernen der elementaren Techniken seine eigenen Ideen einzubringen, und es die Erfahrung macht, dass es nicht nur eine Methode gibt, die zum Erfolg führt, wird dies seine Freude an der Kreativität erhöhen und sein Interesse wird nicht so leicht nachlassen. Ihr Kind braucht seine eigenen Ideen nicht auf Eis zu legen, bis es »alles weiß, was es zu wissen gibt«.

Ellen Langer, Psychologieprofessorin in Harvard, schreibt, dass wir vorgefertigte Strukturen und unverrückbare Regeln vermeiden müssen, wenn wir Intuition und Kreativität fördern wollen: »Wenn unser Bewusstsein eindimensional ist oder nur einen Zugang zu einer Sache kennt, der in der Vergangenheit gedankenlos festgelegt wurde, kommt unsere Intuition nicht zum Zug und wir nehmen große Teile der Welt um uns nicht wahr. Wenn Archimedes nur daran gedacht hätte, ein Bad im Meer zu nehmen, hätte er wahrscheinlich den Gezeitenwechsel nicht bemerkt.«

Mit elf oder zwölf Jahren wird Ihr Kind eine größere reflexive Fähigkeit zeigen, nämlich das, was wir antizipatorisches oder probabilistisches Denken nennen. Ermuntern Sie Ihren Sohn oder Ihre Tochter, über die Zukunft zu spekulieren, indem Sie Fragen stellen wie: »Was würde passieren, wenn ...«, oder: »Wenn ich das tue, bekomme ich dieses Ergebnis, wenn ich aber das andere tue, was wäre dann die Konsequenz?« Gespräche mit jungen Menschen, die das Teenageralter verlassen, drehen sich oft um die Zukunft. Motivieren Sie Ihr Kind, darüber zu sprechen, wie es die Welt und sein Leben jetzt sieht und wie es sie in den kommenden Jahren sehen will, insbesondere in den Bereichen, in denen es ein kreatives Interesse gezeigt hat. Respektieren Sie seine eigenen Gedanken, selbst wenn diese beim ersten Anhören trivial erscheinen mögen. Scheinbar alberne Gedanken können sehr wohl durch Assoziation zu besseren führen. Große Ideen kommen immer auf unerwartete Weise.

Wie man Phantasie und innovatives Denken fördert

1. Reagieren Sie auf die natürlichen Interessen Ihres Babys und fördern Sie sie.
2. Stellen Sie Fragen, die die Gedanken Ihres Kindes in neue Richtungen lenken.
3. Ermutigen und ermuntern Sie Ihr Kind, all seine Sinne und Körperteile auf verschiedene Weise zu benutzen.
4. Spornen Sie Ihr Kind an, die elementaren Dinge in einem bestimmten Bereich oder Tätigkeitsfeld auf seine eigene Weise zu meistern.
5. Fördern Sie exploratives Verhalten; reiten Sie nicht auf Fehlern herum.
6. Vermeiden Sie mechanisches Lernen. Die persönlichen Erfahrungen und die Interessen Ihres Kindes sollten beim Lesen, Schreiben und allen Formen des Lernens einbezogen sein.
8. Ermuntern Sie Ihr Kind, über seine Phantasien und Zukunftsvisionen nachzudenken und sie durch Schreiben, Malen und Musizieren auszudrücken.

Es gibt einen Entwicklungspfad zu kreativem Denken, und wir müssen ihn sowohl für die Kinder als auch für uns selbst genau anschauen. Ein innovativer Denker stellt sich immerzu Fragen wie: »Was halte ich wirklich davon?«, »Was denke ich darüber?«, oder: »Wie empfinde ich im tiefsten Inneren tatsächlich darüber?« Wir beginnen mit solchen Überlegungen, um dann unsere persönliche Meinung auf ihre Logik hin zu überprüfen und sie mit den Meinungen anderer Menschen zu vergleichen. Vergessen wir dabei aber nicht unsere persönlichen Meinungen, Gefühle und Wünsche.

Ein Kollege von mir nahm eines Tages an einem mehrtägigen Kurs teil, der Schriftstellern helfen sollte, ihre Schreibhemmungen zu überwinden. Am ersten Tag verteilte die Kursleiterin Schwarz-Weiß-Fotografien und bat die Teilnehmer, aufzuschreiben, was sie sahen. Sie hatten hierzu fünfzehn Minuten Zeit. »Streichen Sie nichts durch, redigieren Sie nicht Ihren eigenen Text«, sagte sie. »Es gibt hier keine richtigen oder falschen Antworten. Schauen Sie sich einfach das Bild an und sehen Sie, wohin es Sie führt.«

Die Stifte raschelten übers Papier, sonst gab es keinen Laut. Als die Zeit abgelaufen war, staunten die Schreibenden nicht nur darüber, dass sie so viel geschrieben hatten, sondern ebenso, dass die fünfzehn Minuten schon verflogen waren. Die meisten hatten es geschafft, sich tief in sich selbst zu versenken, um ihre Reaktionen auf das Bild zu erforschen.

»Sie haben Ihren inneren Redakteur abgestellt und einfach Ihre Reaktionen und Gefühle niedergeschrieben, ohne sie zu zensieren oder in Frage zu stellen«, sagte die Leiterin. »Nun, jetzt stellen Sie Ihren inneren Redakteur wieder ein und redigieren Sie Ihren Text bis zu unserer nächsten Stunde. Ich bin davon überzeugt, dass Sie auf Ihren ersten Seiten viel Gutes finden werden.«

Diese Kursleiterin tat mit den schreibgehemmten Erwachsenen das, was Sie auch bei Ihren Kindern oder bei sich selbst tun können: Kreativität fördern. Fangen Sie dort an, wo Sie sind, und folgen Sie ihren Eindrücken, Gefühlen und Ideen. Es können große Dinge daraus entstehen.

Kreativität führt ins Herz der Ziele, die wir als Eltern für unsere starken Kinder wünschen. Kreativität und Vision erlauben Menschen, innovativ zu denken, sich die Zukunft vorzustellen, sich im Alltagsleben nicht unterkriegen zu lassen und funktionierende Lösungen für Probleme zu finden. Mehr noch, sie erlauben uns, neue Mittel und Wege zu finden, wie wir unsere Umwelt gesünder und aus Klassenzimmern, Büros, Sitzungssälen und Wohnungen freundlichere, humanere und anregendere Orte für jedermann machen können.

Kreativität ist eine Eigenschaft, die wir anerkennen und wertschätzen – und sie erschöpft sich nicht in der Kunst. Nicht jeder kann ein Thomas Edison, eine Astrid Lindgren oder eine Marie Curie sein. Auch kann nicht jeder ein Heilmittel für eine Krankheit entdecken. Doch die meisten von uns haben die Fähigkeit, mehr Kreativität und Vision zu entfalten, als wir es derzeit tun. Das hat sehr viel damit zu tun, wie wir die Welt betrachten, wie wir uns selbst Fragen stellen, wie wir neue Ideen ausprobieren. Als Erwachsene mögen manche von uns das Gefühl haben, es sei schon zu spät, der Zug sei abgefahren. Doch Kreativität lässt sich auch bei Erwachsenen neu erwecken – und eine der besten Methoden dazu ist, sich den Kindern zu öffnen und ihre Kreativität zu bewundern.

9
Logisches Denken
Die Welt verstehen

Im Sommer, bevor Leon in die zweite Schulklasse kam, begann es ihn zu beunruhigen, dass er kleiner als seine um ein Jahr jüngere Schwester Laura war. Es beschäftigte ihn stark. Er genierte sich, wenn sie schwimmen gingen oder im Garten draußen spielten. Er wollte im Erdboden versinken, wenn Besucher Laura fragten: »Und das ist dein kleiner Bruder?«

Auch nachts, wenn er im Bett lag, machte ihm das Problem schwer zu schaffen. Er versuchte sich eine Zeit in der Zukunft vorzustellen, in der er größer als Laura wäre. Seine Mutter meinte, das sei eines Tages wohl der Fall. Aber es war nicht jetzt!

Eines Morgens sagte er zu seiner Mutter: »Übrigens ist es gar nicht so schlimm, dass ich kleiner als Laura bin.«

Seine Mutter war zunächst überrascht, denn sie hatte nicht gewusst, dass Leon dieses Problem offensichtlich so intensiv beschäftigt hatte.

»Wie meinst du das?«
»Du bist ja auch älter als Papa, oder?«
»Ja stimmt, ich bin ein Jahr älter als Papa.«
»Und Papa ist ein ganzes Stück größer als du. Aber du bist genauso lustig wie Papa und genauso lieb. Und du kannst viel besser mit Computern umgehen als er.«

Zufrieden mit dieser Lösung, rannte Leon nach draußen zum Spielen.

Leons Denkprozess, der auf den realen Verhältnissen seiner Familie basierte, war ein komplexer, von Emotionen geprägter Vorgang. Er musste sich mit einem großen Tableau von Tatsachen befassen, über seine eigenen Gefühle nachdenken, Vergleiche anstellen und seine Schlussfolgerungen im Gespräch mit seiner Mutter überprüfen. Auch wenn seine Entwicklung noch nicht abgeschlossen ist, so ist Leon doch schon fähig, realistisch und logisch zu denken und sinnvolle Bezüge in der Welt herzustellen.

Rationales Denken ist die Fähigkeit, die Welt in sinnvollen Bezügen wahrzunehmen. Wir sammeln Informationen und benutzen diesen immer größer werdenden Wissensfundus, um Verbindungen zwischen Fakten, Ursachen und Wirkungen herzustellen. Wir benutzen diese Fähigkeit in der Schule und auf der Universität, in unseren Berufen und unseren Beziehungen, vom Beiläufigsten bis zum Intimsten, aber es gibt eine große Variationsbreite, wie gut wir es tun.

Wir wollen alle, dass unsere Kinder realitätsbezogen und logisch denken lernen, nicht nur um zu überleben, sondern um die Welt in der umfassendsten Weise verstehen zu können. Wir hoffen, dass unsere Kinder in allen Lebensbereichen auch logisch und nicht irrational denken – in ihrem sozialen Leben, in ihrem Umgang mit historischen oder wissenschaftlichen Fragen, beim Lösen von Computerproblemen, in ihrer Fähigkeit, die unterschwelligen Signale in den intimsten Beziehungen zu lesen. Und wir können ihnen helfen, diese Fähigkeit zu erlernen.

Wir alle kennen Erwachsene, die in ihren Berufen zu großen logischen Denkleistungen fähig sind, sagen wir in der Computerwelt, doch in anderen Lebensbereichen völlig unlogisch vorgehen, etwa in persönlichen Beziehungen, in Fragen der Politik oder in Konkurrenzsituationen am Arbeitsplatz. Ihre logischen Fähigkeiten funktionieren also nicht in allen Bereichen immer gleich gut. Eine Person kann auf einem Gebiet logisch denken, auf einem anderen nicht.

Nehmen wir Herrn F., einen Computerfachmann, der sich im sozialen Leben ziemlich ungeschickt verhält. Die Menschen wissen nicht, ob er nur den Witzbold spielt oder wirklich so tollpatschig ist, wie er sich verhält; meist reagieren sie so, dass sie ihn nicht allzu ernst nehmen. Er wiederum versteht ihre Reaktion nicht und gerät in Wut. Zugleich ist er ein außerordentlich guter Programmierer, dessen Fähigkeiten sich eines hohen Ansehens erfreuen. Zum Glück betrachtet sein Chef die gelegentlichen Wutausbrüche und das offenbar »unlogische« Verhalten seines Angestellten als Teil seiner Ausnahmebegabung.

Ein anderer mag technisch weniger begabt sein, kann dafür aber die Logik sozialer Situationen erkennen. Nehmen wir Frau S., eine exzellente Vorgesetzte: Sie versteht Menschen und kann ihre Mitarbeiter so organisieren, dass ihre verschiedenen Persönlichkeiten zur Geltung kommen. Sie kennt aber auch ihre eigenen Neigungen, ihre Tendenz, sich bestimmte Ansichten schnell zu eigen zu machen und sie später nach einigem Nachdenken zu korrigieren. Sie weiß, wann sie genug Informationen hat, um Schlussfolgerungen zu ziehen, aber sie weiß auch, wann sie andere um Rat fragen muss. Auch wenn man sie nicht unbedingt als »brillant« bezeichnen würde, verfügt sie doch über das, was man »emotionale Intelligenz« nennt. Sie kann ihre Reflexionsfähigkeiten auf die Beziehung zu ihrem Mann, zu ihren Kindern und Freunden anwenden. Und sie kann dies sehr schnell, selbst in Stresssituationen oder wenn sie müde und überarbeitet ist. Sie gerät selten in die Falle des Alles-oder-nichts-Denkens. Sie denkt differenziert und in relativen Abstufungen, ob sie nun andere Menschen beurteilt oder die Erfolgschancen einer Geschäftsstrategie abschätzt.

Die Stufen der Logik

Um realitätsbasiert denken zu können, müssen Kinder die Welt außerhalb ihrer selbst kennen lernen und eine Beziehung zu ihr entwickeln. Die dafür nötigen Informationen gewinnen sie durch ihre Sinne – durch das Sehen, Hören, Schmecken, Berühren und Riechen ihrer Umwelt.

Die Außenwelt entdecken

Wie die anderen Eigenschaften, die ein starkes Kind auszeichnen, wird die Entwicklung des logischen Denkvermögens in den frühesten Lebensstadien angelegt. Das Baby beginnt die Welt mittels seiner Augen und seines Gehörs wahrzunehmen; wenn alles gut geht, bleibt es dabei ruhig und ausgeglichen. Die erste Aufgabe des Babys auf dem Weg zu logischem Denken ist nun, die äußere Welt nicht nur wie ein Bild in Ausschnitten wahrzunehmen, sondern ganzheitlich zusammenzufügen, was es alles umgibt. Dieser Prozess beginnt in den ersten fünf Lebensmonaten, wenn das Baby schaut, hört, riecht und schmeckt und seinen Körper bewegt, um sich an seine Mutter zu schmiegen, oder einfach nur fröhlich herumstrampelt.

Die meisten von uns kennen die Geschichte von den Blinden und dem Elefanten: Jeder Blinde beschreibt ein anderes

Tier, je nachdem, welchen Körperteil er ertastete – Bauch, Schwanz, Rüssel oder Ohren. Wenn wir also nur einen Aspekt einer Sache wahrnehmen, so zeigt diese Fabel, sehen, spüren, berühren, hören wir nur einen kleinen Teil eines sehr viel komplexeren Ganzen, und demgemäß reduziert fällt unsere emotionale Reaktion aus. Wir werden mit dem Schwanz vertraut und halten ihn für das ganze Tier. So wenig, wie wir den Elefanten als Ganzes verstehen können, wenn wir nur seinen Schwanz kennen, so wenig können wir wirklich identifizieren, was etwas ist, wenn wir es nicht mit all unseren Sinnen aufnehmen. Und Letzteres tun Babys in jedem Moment ihres Wachseins.

Logisches Denken beinhaltet auch die Fähigkeit, die Welt vertrauens- und lustvoll zu erleben. Ohne diese Fähigkeit kann ein Baby die Welt zwar mit seinen Sinnen aufnehmen, aber die Informationen, die es sammelt, nicht nutzen, weil es der Welt nicht traut. Ohne positive, liebevolle und warmherzige Interaktionen mit Bezugspersonen entwickelt das Baby Misstrauen und Angst. Es kann sich sogar zurückziehen und Beziehungen vermeiden. Um zu lernen, müssen Kinder nicht nur dem trauen, was sie sehen, sondern auch den Beziehungen, die sie zu anderen haben und die ihnen wichtige Informationen vermitteln. Um diesen Lernprozess in Gang zu setzen, müssen wir dafür sorgen, dass die Außenwelt und seine Beziehungen sich für das Baby mit Glücksgefühlen verbinden.

Zielgerichtete Handlungen und das Erkennen von Mustern

Als nächsten Schritt auf dem Weg zu logischem Denken entwickelt das Kind die Fähigkeit, mit der Welt zielgerichtet zu interagieren. Zum Beispiel greift ein Baby nach der Rassel, um sie zu untersuchen, oder ein Schulkind nimmt einen Stift zur Hand, um die Anweisungen des Lehrers aufzuschreiben. Man muss nur den Boden berühren, um festzustellen, dass er hart ist, oder einen Ballon in die Hände nehmen, um festzustellen, dass er weich ist. Aktive Erfahrungen mit der Welt sind ein wesentlicher Schritt zum Verstehen der Welt. Man kann Dinge nicht herausfinden, wenn man sie nicht erforscht. Verstehen zu wollen, wie die Welt funktioniert, ist der Beginn des wissenschaftlichen Denkens.

Babys entdecken rasch, dass ihre Handlungen zu Reaktionen führen. Ein Baby lächelt, und die Mutter erwidert das Lächeln. Ein Baby gibt zärtliche Laute von sich, und der Vater lacht und antwortet zärtlich. Das Schütteln einer Rassel erzeugt Lärm. Jede Handlung, die ein Ziel verfolgt oder einem Zweck dient, kann zu einer Reaktion führen – und dies ist der Beginn des kausalen Denkens, noch bevor Ideen Teil des kindlichen Bewusstseins werden.

Es ist Denken auf der elementarsten Ebene. Ein Lächeln, das einem Lächeln antwortet, ein Blick, der einem Blick antwortet, ist für Ihr Baby die erste Erfahrung des Zusammenhangs von Ursache und Wirkung. Das Agieren mit Lauten, Mimik und Bewegungen ist der Beginn der Logik – und beginnt bereits in der zweiten Hälfte des ersten Lebensjahres.

Der nächste Schritt zur Logik ist die Fähigkeit, Handlungen zu einem Muster zu verbinden. Dies geschieht, wenn Ihr Kind ein bestimmtes Spielzeug will, Sie an der Hand nimmt, zum Spielzeug führt und es sich von Ihnen geben lässt. Diese Fähigkeit spielt auch eine Rolle, wenn Ihr Kind herausfindet, wie ein Klettergerüst auf dem Spielplatz funktioniert – »Ach, ich muss darüber klettern und dann die Stufen hinaufkrabbeln, um zur Rutsche zu kommen! Runter gehts, und jetzt das Ganze noch einmal.« Dazu gehört, dass man Muster erkennt und mehrere Schritte in einer bestimmten Reihenfolge zurücklegt, um ein Ziel zu erreichen. Eine Rutsche hinunterzurutschen, ein Spielzeug zu finden, die Mutter zu becircen, damit sie mit einem schmust, oder mit Bauklötzen einen Turm zu errichten: All dies erfordert Handlungsschritte, die einem Muster folgen.

Das Erkennen von Mustern ist die Voraussetzung für kritisches Denken. Wenn Sie mit Ihrem Kind mehrere Schritte zurücklegen, um gemeinsam Probleme zu lösen, unterstützen Sie die Entwicklung komplexerer Denkstrukturen.

Logik und Ideen

Der nächste Schritt, der zu logischem Denkvermögen führt, beinhaltet eine neue Dimension: die Fähigkeit, Ideen zu benutzen. Kinder entwickeln diese Fähigkeit in der Regel im Alter zwischen achtzehn und vierundzwanzig Monaten. Auf dieser Entwicklungsstufe kann ein Kind Handlungen – die Suche nach einem versteckten Gegenstand, den Bau eines Turms, Klettern über Hindernisse – in Ideen übersetzen. Es experimentiert nun nicht mehr nur in der konkreten Welt der Spielgegenstände und Spielplätze, sondern auch in seiner Vorstellung. Es muss nicht mehr überall in der Wohnung nach einem Keks suchen, es kann sich jetzt vorstellen, wo sich der Keks befindet. Es kann sich die Keksdose vorstellen, die Speisekammer oder den Küchenschrank, wo die Mutter Dinge aufbewahrt, an die das Kind nicht so leicht herankommen soll. Es kann an Orten suchen, über die es zuvor schon nachgedacht hat.

Kinder beginnen nun auch, auf der Basis von So-tun-als-ob-Spielen zu denken. Sie lassen beispielsweise eine Puppe oder einen Teddybären schwierige Hindernisse überwinden. Sie können Ideen auf neue Weise kombinieren und so neue

Gedanken entwickeln. Symbolisches Denken – Bilder und Worte – befähigt sie, sich ihre Welt bildlich vorzustellen und mit ihr im Kopf zu spielen.

Logik und die »W«-Fragen

Wenn sie gelernt haben, mit Ideen umzugehen, erreichen die Kinder eine Entwicklungsstufe, auf der sie Ideen miteinander kombinieren können. Wenn Sie fragen: »*Warum* ist es draußen dunkel?«, kann Ihr Kind antworten: »Weil die Sonne nicht scheint.« Oder: »*Warum* ist es kalt?« »Weil ein starker Wind weht.« Ein Kind kann nun Ideen logisch verknüpfen und dadurch an komplexeren Dialogen und Diskussionen teilnehmen. Es kann seine Welt auf eine neue Weise verstehen. Das meinen wir, wenn wir sagen, dass das Kind die Stufe des rationalen, logischen Denkens erreicht hat – gewöhnlich im Alter zwischen drei und vier Jahren. Wenn Sie oder Ihr Kind »W«-Fragen stellen (Wer, Was, Wann, Wie, Warum und Wo), lernt es, Ideen mit logischen Brücken zu verknüpfen.

Etwa in diesem Alter beginnt ein Kind, den Unterschied zwischen Phantasie und Wirklichkeit zu erkennen, ein Fortschritt, bei dem emotionale Faktoren eine große Rolle spielen. Denn die Entwicklung eines Realitätsbewusstseins bedeutet, dass wir die Welt außerhalb unserer selbst mit unseren eigenen Emotionen »aufladen« müssen – mit einem gewissen Wert, Interesse und Vertrauen. Sagen zu können, ob ein Apfel oder ein Ungeheuer ein Erzeugnis unserer Phantasie ist – etwas, das wir erfunden haben –, ist ein großer Schritt. In unseren Träumen, die nur Phantasie sind, schmeckt der erträumte Apfel wunderbar, und das Ungeheuer jagt einem Angst und Schrecken ein.

Ein kleines Mädchen, das ich kenne, erfindet eine Geschichte über ihren Besuch in *Disney Land*, obwohl sie in Wirklichkeit gar nicht dort war. »Warum machst du das?« frage ich sie. Sie antwortet: »Weil es lustig ist. Es ist fast so schön wie wirklich dort zu sein.« Manchmal kann für Kinder So-tun-als-ob fast so schön sein wie die Wirklichkeit. Das ist der Grund, warum sie so viel Zeit in Phantasiewelten verbringen.

Kinder fliehen immerzu in Phantasiewelten. Das kann großen Spaß machen. Es bedarf mehrerer entscheidender Schritte, die ein Kind tun muss, um die Grenze zwischen Phantasie und Wirklichkeit erkennen zu lernen. Erstens müssen Kinder Beziehungen zu anderen in der äußeren Welt aufgebaut haben, normalerweise zu ihren Bezugspersonen. Schon für das Baby repräsentieren diese anderen Personen die äußere Wirklichkeit. Wenn Ihr achtmonatiges Kind an Ihren Haaren zieht und Sie einen Schmerzenslaut von sich geben, dann kommt dieser Laut von außerhalb des Kindes. Es entwickelt ein Gefühl für den Unterschied zwischen dem, was in ihm ist, und dem, was außerhalb ist. Wenn es später mit Ihnen eine Burg baut – statt allein vor sich hin zu spielen –, erfährt es eine weitere Bestätigung durch die Außenwelt. Es sieht, dass seine Eltern nicht einfach Spielobjekte sind, sondern Personen, die Dinge tun können, die es selbst nicht tun kann. Es sieht, dass Sie außerhalb von ihm existieren.

Später, wenn Ihr Kind So-tun-als-ob-Spiele spielt, können Sie sich daran beteiligen. Macht sein Stoffschweinchen »oink, oink, oink«, können Sie zum Beispiel fragen, was das Schweinchen essen will. Indem Sie am Spiel Ihres Kindes teilnehmen, führen Sie eine Stimme von außen ein, eine andere Phantasie neben seiner eigenen. Gemeinsames Phantasiespiel führt zwei Vorstellungswelten zusammen und verstärkt damit den Unterschied zwischen dem, was »in mir« ist, und dem, was »außerhalb von mir« ist. Sie sind ein lebendiger Mensch, der dem Kind Fragen stellt und seine Antworten beurteilt: »Ich weiß, dass das Spiel Spaß macht, aber du musst jetzt warten, bis ich mit Spülen fertig bin. Dann komme ich zu dir.«

Verhandlungen und meinungsorientierte Gespräche helfen, eine Grenze zwischen dem Kind und der äußeren Wirklichkeit zu errichten. Bei diesen Verhandlungen kann es um recht viel gehen. Die Wünsche Ihres Kindes spiegeln vielleicht seine Abhängigkeit, Unabhängigkeit, Aggression, Liebe, Frustration oder Begeisterung. Gleichzeitig muss es schrittweise lernen, dass seine Gefühle nicht dasselbe sind wie das, was tatsächlich außerhalb von ihm ist.

Wenn Eltern zu streng, zu nachgiebig oder zu distanziert sind und auf die Wünsche ihres Kindes nicht auf eine kontrollierte und harmonische Weise reagieren können, wird es für das Kind meist schwieriger, die Grenze zwischen seiner Phantasie und der Wirklichkeit zu ziehen. Eine ruhige Reaktion auf alle seine Gefühle im Lauf des Tages ist das Beste, um Ihrem Kind zu helfen, die richtige Grenze einzurichten.

Logik, verschiedene Ursachen und Gradunterschiede

Wenn das Kind gelernt hat, Phantasie und Wirklichkeit auseinanderzuhalten sowie Logisches von Unlogischem zu unterscheiden, schreitet es zu multikausalem Denken fort. Jetzt kann es mehrere Ursachen für Zustände und Ereignisse nennen: »Es ist kalt draußen, weil keine Sonne scheint und weil Winter ist«, »Arthur ist traurig, weil sein Vater gehen musste und weil niemand mit ihm spielt«.

Wenn Ihr Kind beginnt, mehrere Ursachen zu nennen, nehmen seine Wirklichkeit und sein Denkvermögen an Komplexität zu. Dies führt zu indirektem oder triangulärem Denken. Diese Fähigkeit braucht ein Jugendlicher zum Beispiel, um herauszufinden, dass der friedliche Fall der Mauer in Berlin und die Wiedervereinigung Deutschlands nur mit Hilfe der Unterstützung Russlands möglich war, weil Russland als ehemaliger Teil der Alliierten, aber zugleich als Führungsmacht des Ostblocks besondere Interessen zu berücksichtigen hatte. Dies setzt schon ein sehr komplexes Denken voraus. Die gleiche Fähigkeit findet aber bereits auf dem Spielplatz Anwendung, wenn zum Beispiel Tobi Johannes zum Freund gewinnt, weil er sich zuvor »strategisch« mit Johannes' bestem Freund angefreundet hat. Vielleicht wollte sich Tobi mit Johannes anfreunden, der aber auf seine Annäherungsversuche nicht einging. Also begann Tobi, mit Achim Ball zu spielen, der schon Johannes' Freund war. Durch Achim kann er nun mit Johannes spielen, was sein eigentliches Ziel war. Diese Fähigkeit zum triangulären Denken brauchen wir, um mathematische und politische Probleme zu verstehen und uns in sozialen Situationen zurechtzufinden. Es ist eine fortgeschrittene Stufe des logischen Denkens.

Von hier aus gelangen wir zum Grauzonendenken. Jetzt beginnt das Kind zu verstehen, bis zu welchem Grad Dinge wahr sind. Zum Beispiel, wenn ein Kind *Die Abenteuer von Tom Sawyer* liest und Sie fragen, warum es Huck Finn lieber mag als Tom Sawyer oder umgekehrt, kann die Antwort lauten: »Ich mag Huck lieber, weil er mehr Mut hat«, oder: »Huck ist schlauer«, oder: »Ich finde Huck lustiger.« Dies ist ein Beweis für vergleichendes Denken. Das Kind sagt nicht einfach nur: »Ich mag Huck, weil er lustig ist.« Es vergleicht vielmehr Eigenschaften der beiden Figuren.

Für differenziertes Grauzonendenken ist es notwendig, dass das Kind nicht nur zwei Dinge vergleicht, sondern sie in

Abstufungen oder in Graden vergleicht. Das Gleiche tut ein Schüler, der nicht nur verschiedene Gründe für die Französische Revolution nennen kann, wie etwa die elende Lage der französischen Bevölkerung oder die Faszination, die von Rednern wie Robespierre ausging, sondern auch in welchem Grade all dies zum Ausbruch der Revolution beitrug.

Es ist eine anspruchsvolle Logik. Ohne diese Form des Denkens verharrt ein Mensch in einem polarisierten Alles-oder-nichts-Denken. Wir sehen Kinder (und Erwachsene), die in einer schwarz-weißen Welt leben, in der es nur gute oder schlechte Menschen gibt, richtige oder falsche Antworten. Wir kennen diese Form des rigiden Denkens alle nur zu gut. Wir sehen es in der Politik, im religiösen Fundamentalismus sowie im Missbrauch wissenschaftlicher Erkenntnisse.

Kinder erwerben diese differenziertere Denkweise durch die Diskussion ihrer Ansichten und dadurch, dass man ihnen nuancierte Fragen stellt: »Was ist dir lieber: das Puzzle zu legen oder eine kleine Wanderung zu unternehmen?« Grauzonendenken besteht aus zwei Komponenten: dem *vergleichenden* Denken, das zwei Dinge miteinander vergleicht (etwa, warum der erste Harry-Potter-Band besser war als die nachfolgenden), und dem *differenzierten* Denken, bei dem es um den Grad geht, in dem A besser als B ist, oder warum man A lieber mag als B oder warum ein Statement überzeugender ist als das andere. Wir sehen die beiden Komponenten am Werk, wenn Kinder sich entscheiden, wer ihr bester, zweitbester und drittbester Freund (oder Freundin) ist, und wenn sie erklären können, welche persönlichen Eigenschaften sie bei welchem Freund oder welcher Freundin attraktiver finden als andere – und wenn sie diese Unterschiede von Mal zu Mal anders nuanciert einstufen.

Zu guter Letzt erlangen Kinder die Fähigkeit, auch ihre inneren Standards logisch zu hinterfragen. Das bedeutet, dass sie ihre eigenen Gedanken und Vorlieben beurteilen können, und dies setzt gewöhnlich im Teenageralter ein. Das Kind kann nun seine eigene schriftliche Arbeit, seine Leistung im Sport, seine Probleme mit Mathematik oder sein Verhalten einem Freund oder einer Freundin gegenüber bewerten. Im emotionalen Bereich erlaubt dieses komplexere Denken Aussagen wie: »Schande, heute habe ich echt Mist gebaut. Warum bin ich nur so wütend geworden? Das werde ich doch normalerweise nicht.« Es hilft Adoleszenten, jenseits der Gruppennormen zu denken: »Meine Schulfreunde kommen sich toll vor, weil sie in der Pause heimlich rauchen, aber ich finds blöd und mache da jedenfalls nicht mit«, oder: »Ich komme mit meinen Freunden ganz gut klar, auch wenn ich nicht mit ihnen Bier trinke.« Die Fähigkeit von Teenagern, sich selbst richtig einzuschätzen und sich nicht vom täglichen Auf und Ab in den Peerbeziehungen verwirren zu lassen, vielmehr die Dinge in eine längerfristige Perspektive zu rücken, erlaubt ihnen, inmitten einer Welt zunehmender Verführungen und Risiken ihren Weg unbeirrt zu gehen.

Wie viele Erwachsene haben die Fähigkeit, sich selbst und ihre Neigungen wirklich zu beurteilen? Tatsächlich können es nur wenige. Diese Fähigkeit entwickelt sich in der Adoleszenz und setzt ein hohes Niveau an logischem und reflexivem Denken voraus – aber sie ist nicht leicht zu erwerben. Wir können die Selbstbeurteilung unserer Kinder fördern, indem wir nicht nur meinungsorientierte Gespräche mit ihnen führen (»Was denkst du über diesen Film?« oder »Findest du es richtig, wenn das Alter für den Führerschein hinuntergesetzt wird?«), sondern sie auffordern, ihre eigene Arbeit oder ihr eigenes Verhalten zu bewerten.

Wir bitten Teenager nicht häufig, ihre eigenen Aufsätze zu benoten und dann das Ergebnis mit der Note durch den Lehrer zu vergleichen. Es ist aber eine sehr interessante Übung, ein Kind einen Aufsatz schreiben zu lassen, den es dann zwei oder drei Tage später selbst beurteilt und benotet. War es an jenem Tag müde? Hatte es sich ausreichend vorbereitet? Dann beurteilt und benotet der Lehrer die Arbeit, und das Kind kann die beiden Bewertungen miteinander vergleichen. Es lernt dadurch, wie gut es sich selbst beurteilt. Diese Fähigkeit wächst natürlich mit der Übung.

Wir sind in der Regel so damit beschäftigt, unseren Kindern zu sagen, dass sie eine Sache gut oder nicht gut gemacht haben, dass wir sie selten dazu auffordern, sich selbst zu beurteilen. Doch können wir ihnen Kriterien an die Hand geben, wir können sie Maßstäbe entwickeln lassen und ihnen helfen, ihre eigenen Richter zu werden. Sie können im Spiel in die Rolle eines Elternteils oder des Lehrers schlüpfen, so dass sie eine innere Richtschnur haben und sich selbst zum Mentor werden. Diese Fähigkeit wird immer wichtiger: für anspruchsvolles akademisches Arbeiten, für das Zurechtkommen in der Gesellschaft sowie in der komplizierten politischen und ökonomischen Welt der Erwachsenen. Wir können Teenagern, die in die Welt eintreten, keine wichtigere Fähigkeit vermitteln.

Die Förderung des logischen und reflexiven Denkens

Wir alle wollen Kinder mit einem klaren Verstand haben, die in der Lage sind, objektive Fakten zu erkennen, so dass sie sich sinnvoll in der Wirklichkeit orientieren können. Wir wollen weder, dass Emotionen ihre Wirklichkeitswahrnehmung verzerren, noch wollen wir brillante, eiskalte Roboter erziehen.

Wenn Sie Ihr Baby genau betrachten, sehen Sie die Saat des logischen Denkens, die bereits in seiner emotionalen Verbindung mit Ihnen in den ersten Lebensmonaten zu keimen beginnt. Wenn Ihr drei- oder viermonatiges Kind seinen Mund von der Flasche nimmt, so dass es Ihnen ein strahlendes Lächeln zuwerfen kann, so wird es durch Ihr liebevolles Antwortlächeln belohnt. Es lernt so, dass es Einfluss auf die Welt hat, dass das, was es tut, eine vorhersehbare Reaktion auslöst.

Sechs Monate später werden mehr sinnliche und neue motorische Fähigkeiten eingesetzt, um aufregende Reaktionen hervorzurufen. Wenn Ihr Baby vor Ihnen wegkrabbelt und vor Vergnügen dabei quiekt und Sie schalkhaft über die Schulter anschaut, dann lachen Sie natürlich zurück. Im ersten Lebensjahr ihres Kindes tun Eltern mehr, als nur auf die Kontaktouvertüren des Babys zu reagieren. Sie locken und werben mit Gesten und Worten, die dafür sorgen, dass das Baby mehr von den Dingen sehen und hören will. Wenn es beispielsweise einen neuen Teddybären in einer Schachtel zu Ihren Füßen entdeckt, nicken Sie wahrscheinlich in Richtung der Schachtel und fordern es auf, sich das neue Kuscheltier zu holen. Wenn es den Teddy ergreift, öffnen Sie Ihre Arme weit, geben lockende Laute von sich und warten, ob es Ihnen das

Kuscheltier gibt. Jedesmal, wenn Sie das Kind animieren, auf Sie zu reagieren, vermitteln Sie ihm die Erfahrung, dass die Welt ein zweckgerichteter, logisch strukturierter Ort ist.

Mit etwa zwei Jahren beginnt Ihr Kind, Ideen und sogar ein paar Worte zu benutzen, um seine Wünsche auszudrücken und Probleme zu lösen. Wenn Sie beide Versteck spielen und Sie sich im Nachbarzimmer hinter das Sofa kauern, folgt Ihr Kind Ihnen und schaut hinter den Vorhängen und unter dem Tisch nach. Es hat eine Idee, ein mentales Bild von den Orten, an denen Sie sich bei vorhergegangenen Spielen versteckt hatten, und es benutzt diese Bilder in logischer Weise, um Sie jetzt zu finden.

Mit vier Jahren, wenn es schon über einen großen Wortschatz verfügt, können Sie mit Ihrem Kind Gespräche führen, die sich um das drehen, was wirklich geschieht. Kinder sind in diesem Alter häufig ablenkbar und verlieren sich gerne in den vielen Gedanken, die ihr Bewusstsein durchfluten. Sie brauchen Ihre Hilfe, um in die Ideen einen logischen Sinn zu bringen.

Sagen wir, Sie haben am Sonntagnachmittag mit Ihrem Kind einen Märchenfilm angeschaut und wollen nun etwas Bewegung haben. Während Sie Hand in Hand in den Garten gehen, fragen Sie Ihr Kind: »Was wollen wir jetzt spielen?« Es sagt dann vielleicht: »Aladins Teppich kann nicht wirklich fliegen, das ist nur erfunden.« Es fällt dem Kind schwer, die Phantasiewelt zu verlassen, in der es sich sechzig Minuten lang bewegt hat, und es braucht nun Ihre Hilfe, um sich wieder auf die gegenwärtige Wirklichkeit einzulassen.

Sie können ihm helfen, indem Sie das Gespräch behutsam auf die jetzige Situation lenken: »Du hast Recht, aber ich wollte wissen, was du jetzt gern mit mir spielen würdest. Was wollen wir als Nächstes tun?« Sie können ihm sodann einige

Alternativen anbieten: »Wie wäre es mit Schaukeln? Oder willst du lieber noch ein paar Karottensamen pflanzen? Vielleicht hast du Lust, das Vogelhäuschen fertig zu bauen?« Wenn Ihr Kind begeistert ruft: »Ja, bauen wir das Vogelhäuschen, und die Vögel können dann auf ihren Zauberteppichen hineinfliegen!«, können Sie sicher sein, dass Sie Ihrem Kind geholfen haben, einen Plan nach seinen Wünschen zu fassen und zugleich nicht in der Scheinwelt des Films gefangen zu bleiben.

Jetzt, da das Kind zurück in der Wirklichkeit mit ihren sinnvollen Bezügen ist, möchte es aber das Thema von Aladins fliegendem Teppich weiterverfolgen. Fragen Sie es, warum das Fliegen auf einem Teppich spannender ist als Autofahren. Wenn es jetzt eine Reihe von Gründen aufzählt, warum Teppichfliegen schöner ist – »Weil man über die Bäume muss und kein Benzin und keinen Führerschein braucht« –, zeigt es Ihnen, dass sein logisches Denken differenzierter wird.

Eines Tages, wenn Ihre Tochter neun Jahre alt ist und Sie mit ihr im Fahrradladen entscheiden müssen, welches Fahrrad Sie kaufen sollen, haben Sie eine von vielen Möglichkeiten, ihre neue Fähigkeit zum Grauzonendenken zu erproben. Ihre Tochter weiß vielleicht schon, dass sie ein Fahrrad mit zehn Gängen haben will, aber die Entscheidung fällt ihr dennoch schwer, weil es so viele Modelle gibt. Lassen Sie sie eine Checkliste von allem Zubehör – Gangschaltung, Klingel, Ledersattel, Gepäckträger usw. – erstellen, das ihr wirklich wichtig ist. Stellen Sie ihr viele Fragen, um die Eigenschaften des Fahrrads, das sie gern hätte, immer mehr einzugrenzen. Danach kann sie diese Eigenschaften nach ihrer Wichtigkeit ordnen.

Wenn Ihre Tochter sich die Fahrräder, die ihr von Anfang

an gefallen haben, noch einmal anschaut, kann sie nun anhand der Liste feststellen, welches ihren Wünschen am nächsten kommt. Sie zeigt Ihnen, dass sie mit Hilfe der Liste all die Fahrräder durchgehen und logische Vergleiche anstellen kann (ein bestimmtes 10-Gang-Fahrrad hatte nicht ihre bevorzugte Farbe, war dafür aber etwas billiger, die Gänge funktionierten übergangslos, und es hatte sehr gute Leuchten). Das Spiel »Wie viele Gründe gibt es« aus den Kindergartentagen hat sich jetzt verwandelt in die Reflexion »Welche Gründe sind am wichtigsten«. Dies geschieht auf der Basis ihrer zunehmenden Fähigkeit, in unterschiedlichen Bereichen logisch zu denken.

Etwa zwischen dem zehnten und fünfzehnten Lebensjahr erwirbt ein Kind die Fähigkeit, seine eigene Logik zu beurteilen. Das ist ein sehr fortgeschrittenes Stadium des Denkens, denn es muss nicht nur einen logischen Zusammenhang schaffen (einen Aufsatz, eine Entschuldigung fürs Zuspätkommen, ein »Pro«-Argument in einer Diskussion), sondern es muss sich auch zurücknehmen und leidenschaftslos und logisch darüber entscheiden, wie klar und gut begründet seine Gedanken waren.

Eltern können ihren Kindern hierbei helfen, indem sie ihnen einfache Fragen stellen, die aber nichts Bedrohendes oder Bewertendes enthalten dürfen: »Wie gut hast du deine Sache/ Ansicht vertreten? Was meinst du?« Sie können auch am Esstisch freundliche Debatten anregen, wobei eine Person zum Schiedsrichter ernannt wird, der außerhalb des Wettstreits der Argumente bleibt. (Das Amt des Schiedsrichters wird nach jeder Debatte neu vergeben, so dass jeder mal drankommt.) Jeder Debattenteilnehmer trägt drei Argumente vor, mit denen er seine Ansicht verteidigt, und erklärt, welches seiner Argumente am überzeugendsten ist – eine Übung in logischer

Analyse und Selbstbeurteilung. Danach entscheidet der Schiedsrichter, welches der »Top«-Argumente logisch am überzeugendsten war und ob er mit der Einschätzung der Diskutanten, welches ihrer Argumente am wichtigsten sei, übereinstimmt.

Selbstbeurteilung ist in jeder Altersstufe ein schwieriges Unterfangen. Doch je mehr Sie Ihren Teenager ermutigen können, sich nicht nur Erfolge, sondern auch Fehler und Misserfolge einzugestehen und diese logisch zu analysieren, desto geringer ist die Wahrscheinlichkeit, dass Ihr Kind mutlos wird oder sich seiner selbst schämt. Starke Kinder sind keine Angeber, die meinen, sich ständig verteidigen zu müssen. Sie sind differenzierte, logische Denker, die die Welt mit realistischen Augen sehen.

Wenn unsere Kinder in die Spätadoleszenz und ins junge Erwachsenenalter kommen, wird ihre Fähigkeit zu kritischem Denken durch ein breiteres Erfahrungsspektrum auf die Probe gestellt. Biologische Veränderungen, intimere Beziehungen, wechselnde Freundschaften, erhöhter Konkurrenzkampf in der Schule und Zulassungsbeschränkungen zu Beruf und Studium: Können sich ihre Fähigkeiten zur Selbstreflexion dagegen behaupten? Können die jungen Menschen sie bewahren, wenn sie ihre Kernfamilie verlassen, ihr Studium aufnehmen und ins Berufsleben eintreten? Sind sie in der Lage, auf sich aufzupassen und ihre inneren Wertmaßstäbe aufrechtzuerhalten? Schaffen sie dies trotz der intensiven emotionalen Belastungen in diesen Jahren? Werden ihre Fähigkeiten zur Selbstreflexion auch dann zur Geltung kommen, wenn sie selbst Kinder haben und mit ihnen die Stufen der Entwicklung noch einmal erleben? Wenn wir engagiert bei ihnen waren, sie auf dem beschriebenen Entwicklungsweg mit Fragen

Wie wir unseren Kindern helfen, der Welt einen Sinn zu geben

1. Stimmen Sie sich auf Ihr Baby ein, reagieren Sie auf seine Signale und bewegen Sie es, auf Ihre Signale zu reagieren. Lassen Sie es spüren, dass es Einfluss auf die Welt hat.
2. Schaffen Sie Gelegenheit für viele lange Gespräche mit Ihrem Kind.
3. Wenn die Antworten Ihres Kindes keinen Sinn ergeben, drängen Sie es, sinnvoll zu antworten.
4. Fragen Sie nach mehr als nur einem Grund für Dinge/Ereignisse und fordern Sie mehr als nur einen Blick(winkel) auf eine Sache.
5. Helfen Sie Ihrem Kind, seine Neigungen und Vorlieben bei Büchern, Filmen, Sport zu vergleichen.
6. Fragen Sie bei der Diskussion von Meinungen nach Abstufungen und Graden, etwa, welches Attribut wichtiger ist und um wie viel.
7. Lassen Sie Ihr Kind sein Verhalten, seine Argumente, seine Schulleistungen selbst beurteilen. Geben Sie ihm die Möglichkeit zur Selbstbeurteilung, aber stellen Sie dabei sicher, dass diese konstruktiv ist und Ihr Kind nicht von seinem Misserfolg/Versagen gelähmt wird.

und Ermutigung begleitet haben, stehen die Chancen gut, dass ihnen all dies gelingt. Wenn wir die Entwicklung unserer Kinder empathisch mitvollziehen und verstehen, ihre Sicht auf die Welt erweitern, so dass auch Menschen anderer Kulturen darin Platz haben, werden ihr Realitätsbewusstsein und ihre Fähigkeit zu logischer Reflexion reifer und tiefer.

Währenddessen gewinnen wir Eltern ebenfalls einen neuen Blick auf den Lebenszyklus. Wir sehen das Leben nicht mehr als unendlich an noch uns selbst als unfehlbar oder omnipotent. Während wir und unsere Kinder tiefere und reichere Erfahrungen machen, wozu auch das Bedenken des Lebensendes gehört, erlauben uns bestimmte Wertvorstellungen ein umfassenderes Denken, eine Art Frieden zu schließen mit unserem Leben, mit uns und mit den Menschen, die wir lieben. Die Notwendigkeit zur Selbstreflexion hört aber nie auf, solange wir leben und kämpfen. Indem wir unserer Welt einen immer besseren und tieferen Sinn verleihen, helfen wir unseren Kindern, ihr eigenes Leben logisch zu reflektieren.

10
Moralische Integrität
Eine Sache des Herzens

Als er mit seiner Abiturarbeit fertig ist, entdeckt Michael auf dem Heftumschlag eine gedruckte Ehrenerklärung, die besagt: »Ich habe bei dieser Prüfung weder anderen geholfen noch von anderen Hilfe empfangen.« Darunter ist Platz für Unterschrift und Datum. Während die Schüler den Raum verlassen, spricht er den Aufsicht führenden Lehrer darauf an: »Wer sagt denn, dass das stimmt, was ich da unterschreibe. Mal ernst, ›Vertrauen‹ entsteht doch nur dadurch, dass man sich gegenseitig kennen lernt. Und Sie kennen mich doch gar nicht«, kann er sich nicht verkneifen zu sagen.

Der Lehrer erkennt, dass Michael, auch wenn er ein wenig im Scherz sprach, etwas sehr Ernstes meint. Er versteht sein Argument und gibt ihm innerlich Recht.

Warum ist Michael seiner Integrität so sicher, dass er den Lehrer wegen der Ehrenerklärung anspricht? Wer und was hat seinen inneren moralischen Kompass eingestellt? Wie bei allen Eigenschaften, die starke Kinder auszeichnen, wird auch der Sinn für Integrität früh in den Interaktionen und Ritualen einer Familie angelegt.

Die Wurzeln der Integrität

Je nach Kind und familiärem Umfeld gründet das Gefühl für Moral und ethisches Handeln in einer Vielzahl von Weltanschauungen und religiösen sowie kulturellen Grundüberzeugungen. Viele Wertsysteme gleichen sich unabhängig von ihrem Ursprung darin, dass sie Menschen anleiten, verantwortungsvoll in Gruppen zusammenzuarbeiten, und Familienmitglieder anhalten, sich gegenseitig solidarisch zu unterstützen. Der wesentliche Punkt für Eltern ist nun, zu erkennen, wie ihre Kinder Ethik, Moral und Werte der Familie sowie ihre religiöse und kulturelle Orientierung aufnehmen – um sie schließlich für sich selbst zu übernehmen oder abzulehnen.

Viele Menschen halten Werte, Ideale, ethische Prinzipien und Moral für Wegweiser, die ihnen helfen, das Richtige vom Falschen zu unterscheiden. Aber ist die Fähigkeit zur Unterscheidung, was richtig und was falsch ist, was bestraft und was nicht bestraft wird, wirklich das Wesentliche von Ethik und Moral? Für ein starkes Kind und einen ebensolchen Erwachsenen ist das Wesentliche der Moral die Fähigkeit, dass es sie *emotional betrifft*, ob etwas falsch oder richtig ist. Der Abiturient Michael weiß nicht nur, dass Betrügen bei einer Prüfung verboten ist und unangenehme Folgen haben kann, sondern er klemmt sich so hinter seine Arbeit und befolgt seine eigenen Standards, dass er noch nicht einmal ans Betrügen denkt. Er weiß, dass Unehrlichkeit Prüfungen bedeutungslos macht, weil sie nicht nur das Lernen desjenigen entwertet, der betrügt, sondern auch die Leistung aller anderen.

Es ist durchaus möglich, zwischen Richtig und Falsch zu unterscheiden, ohne sich aber darum zu kümmern, das Richtige zu tun. Ein Junge auf dem Spielplatz des Kindergartens weiß zum Beispiel, dass es richtig ist, zu einem anderen Kind freundlich zu sein, aber falsch, seinen Ball wegzunehmen oder es zu schlagen und zu stoßen: »Ja, ich weiß, dass es falsch ist und dass ich bestraft werde, wenn mich jemand erwischt«, mag er sich unbekümmert sagen, »aber es ist niemand da, der mich sieht. Ich werde Stefan schubsen, weil er den ersten Platz in der Reihe ergattert hat, als wir uns für das Mittagessen aufstellten.« Wenn sich die Gelegenheit ergibt, Stefan zu schubsen, ohne gesehen zu werden, sitzt kein kleiner Engel auf der Schulter des Jungen und sagt ihm, er solle das lieber nicht tun.

Doch wie wir in vielen unserer Schulen sehen, geht es heutzutage nicht einfach nur um Schubsen und um Rangeleien auf dem Pausenhof oder in den Klassenzimmern. An manchen Schulen kommen Schüler mit einem Messer zur Schule und bedrohen damit einen Klassenkameraden, »weil er mir etwas getan hat« oder »mich nicht gegrüßt hat«. Und dies geschieht nicht nur unter Teenagern, wir sehen das erschreckende Phänomen bei immer jüngeren Schülern. Viele dieser Kinder kennen verstandesmäßig den Unterschied zwischen Richtig und Falsch. Nach getaner Tat sagen sie zu uns: »Klar weiß ich, dass das verboten ist. Na und?« Sie kennen sogar die Strafe, die sie nun erwartet. Sie wissen um die Folgen, sie wissen, dass sie für Betrügerei bei einer Prüfung bestraft werden oder dass sie sogar eine Jugendstrafe kriegen, wenn sie jemanden verletzen. Doch nichtsdestotrotz tun sie es. Vielleicht denken sie, sie kommen ungeschoren davon, aber das eigentliche Problem ist, dass es ihnen *emotional gleichgültig* ist.

In einem der früheren Kapitel dieses Buches geht es um eine der wichtigsten Eigenschaften starker Kinder, nämlich die Fähigkeit der Empathie, sich um andere zu sorgen, mit ihnen zu empfinden und den Wert ihrer Gefühle zu erkennen. Ich möchte den Blick jetzt auf Integrität richten, denn sie ist ebenfalls eine entscheidende Eigenschaft, die nicht nur starke Kinder auszeichnet, sondern die auch hilft, unsere Zivilisation zu bewahren bzw. eine Welt zu schaffen, in der Menschen friedlich miteinander leben können. Diese beiden Eigenschaften sind, bildlich gesprochen, die beiden Bücherstützen, welche die anderen Eigenschaften von starken Kindern aufrechterhalten.

Es bedarf dreier zentraler Elemente, um Moral und ethische Sensibilität zu entwickeln. Man muss fähig sein, zwischen Richtig und Falsch, Gut und Böse zu unterscheiden, und man muss fähig sein, die Werte zu verstehen, die der Kultur und Gesellschaft zugrunde liegen, in denen man aufwächst und lebt. Doch wichtiger noch ist, dass diese Fragen einem *emotional etwas bedeuten. Moral ist eine Sache des Herzens, eine Sache des Sichkümmerns und Sichsorgens, nicht nur des Wissens, was richtig und was falsch ist.* Um es mit den Worten des Psychiaters Robert Coles zu sagen: »Ein gut entwickelter Verstand führt nicht automatisch zu einem moralisch couragierten Leben.«

Viele Erwachsene ringen mit moralischen Fragen und Integrität. Täglich lesen wir in den Zeitungen, dass Geschäftemacher »betrügen«, indem sie die Daten ihrer Geschäftätigkeit manipulieren. Manche sind dafür zu Haftstrafen verurteilt worden. Andere wurden öffentlich geächtet. Wir kennen Politiker, die offensichtlich Probleme haben, sich »moralisch und ethisch« zu verhalten. Wir kennen Menschen, die die höchsten ethischen Standards predigen und in ihrem eigenen Privatleben ebendiese Prinzipien brechen.

Natürlich bleibt es nicht aus, dass wir alle hier und da mal schwindeln. Kleine Kinder wollen einen Extrapunkt in einem Spiel gewinnen oder ein Extrastück vom Kuchen. Und es gibt wohl nur wenige Erwachsene, die nicht schon mal einen

Geldschein eingesteckt haben, den sie auf dem Gehweg fanden. Aber diese geringfügigen Abweichungen, diese kleinen menschlichen Schwächen sind etwas vollkommen anderes als die schweren Verfehlungen gegenüber den fundamentalen moralischen und ethischen Wertesystemen, die Gesellschaften zusammenhalten. Um herauszufinden, wie sich moralische Integrität entwickelt, müssen wir – wie bei so vielen Fragen der Kindesentwicklung – ganz an den Anfang zurückkehren.

Emotionale Verantwortung lernen

Letzthin beobachtete ich eine frischgebackene Großmutter, die David, ihren drei Wochen alten Enkel, in den Armen hielt. Sie saß in der Mitte einer Stuhlreihe, umgeben von anderen Familien, kurz bevor eine Schulaufführung stattfand. Während sie das kleine rotgesichtige Wesen mit dem Köpfchen gegen ihre Schulter hielt, grüßten andere Leute, die an ihr vorübergingen, sie freundlich – auch Fremde.

»Was für ein süßes Baby«, »Ist es ein Junge?«, »Es sieht so friedlich aus«, kommentierten sie. Sie berührten sogar seine winzigen Händchen und streichelten seinen Rücken. Der kleine Junge wurde nicht nur von der Schulter seiner Großmutter gestützt, sondern war umgeben von der Liebe und Freude seiner Umwelt. Wenn er aufwächst, werden diese Erwachsenen weiterhin eine Rolle dabei spielen, dass er sich geliebt fühlt. Sie werden dafür sorgen, dass er die Normen seiner Welt kennen lernt – einer der ersten Schritte wird der gute Kindergarten sein, den die Familie sich ausgesucht hat und den schon seine ältere Schwester besucht. Bereits in diesen allerersten Begegnungen lernt David etwas über Zuwendung, Fürsorge und emotionale Verantwortung.

Fürsorge beginnt in den frühen Lebensmonaten, wenn das

Baby seine erste liebevolle Beziehung mit den Menschen aufnimmt, die sich um es kümmern. Wenn diese Beziehung von Wärme, Liebe und Anteilnahme geprägt ist, wenn darin Lust und Vertrauen statt Schmerz, Unberechenbarkeit oder Desorganisation vorwiegen, dann bestehen gute Chancen, dass das Baby später einmal viele gute Seiten entwickeln wird. Es wird sich als Teil verschiedener Beziehungen erleben, die es als freud- und lustvoll erlebt. Stück für Stück finden diejenigen, die für diesen kleinen Jungen sorgen, ihren Weg in sein Herz.

Dreißig Jahre Forschung und klinische Beobachtung haben mir gezeigt, dass dieser wundervolle Prozess jederzeit einsetzen kann. Jedes Kind – und ich meine buchstäblich *jedes Kind*, nicht 99 Prozent der Kinder – hat ein erreichbares Herz. Ich habe noch kein Baby erlebt, das nicht durch liebevolle Laute in eine fürsorgevolle Beziehung gezogen wurde, unabhängig von seinen Behinderungen oder besonderem Förderungsbedarf. Und sprecht mir nicht von Kindern, die angeblich »schlechte Gene« hätten: Ich habe davon nicht eines getroffen.

Der Schlüssel zu Kindern – welche Fähigkeiten sie auch immer mitbringen mögen – ist, sich an ihrem individuellen Wahrnehmungsstil zu orientieren. Jedes Kind reagiert anders auf Berührung oder Geräusche, jedes Kind unterscheidet sich in der Aufnahme und im Erkennen von Lauten und Worten, jedes Kind plant seine Handlungen anders, und jedes Kind hat seine eigene Art, Beziehungen zu anderen zu knüpfen. Wir erreichen die Kinder, indem wir uns auf ihre Welt einlassen und sie dann behutsam in unsere Welt geleiten. Jedem Kind können wir helfen, Teil einer Beziehung zu werden. Auf diese Weise wachsen Kinder in emotionaler Verbundenheit mit anderen Menschen auf. Sie werden liebevolle, liebende

Menschen, gleichgültig welche Probleme oder Behinderungen sie sonst haben mögen.

Eine Beziehung aufbauen: Genau das tat Davids Großmutter, als sie das kleine Menschenbündel in ihren Armen wiegte und liebkoste. Und das können auch Sie tun, indem Sie eine Beziehung zu Ihrem eigenen wunderbaren Baby aufbauen. Denn wenn es sich in den Rest der Menschheit verliebt, erwirbt Ihr Baby die lebenslange Grundlage für emotionale Verantwortung, für Sorge und Fürsorge für andere.

Auf jeder Entwicklungsstufe lernt Ihr Kind von den Reaktionen und Antworten seiner Bezugspersonen. Wenn es sieht, dass ein Verhalten ein warmherziges Lächeln hervorruft und Worte wie: »Du bist das liebste Baby in der Welt«, ein anderes Verhalten aber Kopfschütteln und ein ernstes »Nein-nein« bewirkt, dann lernt es, sein Verhalten darauf einzustellen. Das Glück, das es durch ein Lächeln und ein liebevolles Knuddeln erfährt, ist der Beginn des Unterscheidens zwischen richtig und falsch.

Lieb sein, böse sein

Wenn Ihr Kind sich der nächsten Entwicklungsstufe nähert, lernt es nicht nur das grundlegende Verständnis davon, was richtig und was falsch ist – was es in Schwierigkeiten bringt und was nicht –, sondern auch die Feinheiten und Abstufungen innerhalb des Gegensatzes. Im Sandkasten lernt das Kind den Unterschied zwischen einem freundlichen Tätscheln, das nett und liebevoll gemeint ist, und einem wütenden Schubser, der jemanden hinfallen und weinen lässt. Natürlich gehört Letzteres manchmal noch zum Verhaltensrepertoire von Kleinkindern, um ihre Kraft zu erproben, aber selbst wenn sie es tun, lernen sie die Unterschiede zwischen richtigem und falschem Tun, weil die Reaktionen der anderen Person ihnen ein Gefühl dafür geben.

Kürzlich sah ich einen kleinen Jungen, der seinen ramponierten, aber geliebten Teddy einem weinenden Kind auf dem Spielplatz zum vorübergehenden Trost reichte. Er stand etwas nervös neben dem anderen Kind, während es sich langsam beruhigte, und war doch sehr erleichtert, als er seinen Teddy zurückbekam. Aber er hatte die freundschaftliche Geste getan und schien froh zu sein, dass sie funktionierte.

Auf dieser Stufe brauchen die Kinder noch kein Verständnis für einen Begriff wie »Altruismus«, um etwas für andere zu tun. Sie benötigen keine ausformulierten Ideen: »Ich möchte lieb sein, weil es Mama glücklich macht.« Aber sie lernen bereits, dass sich das traurige Gesicht ihrer Mutter zu einem Lächeln aufhellt, wenn sie sich in ihren Schoß schmiegen, sie umarmen oder küssen, und dass sie beide sich besser fühlen.

Nicht nur wir, sondern viele Forscher haben das altruistische Verhalten von Kindern im Alter von etwa achtzehn Monaten beobachtet. Das Verhalten dieser Kleinkinder beruht nicht auf einem Wissen, warum sie lieb sein wollen. Vielmehr basiert es auf einer intuitiven emotionalen Reaktion, die erreichen will, dass die Mutter fröhlich ist oder ein Freund sich wieder besser fühlt, nachdem er hingefallen ist und sich wehgetan hat. Die liebevolle Reaktion wird durch Gesten und Mimik mitgeteilt und bedarf noch keiner Worte.

In dem Maße, in dem sich Altruismus entwickelt, tut dies auch sein weniger attraktiver Zwilling: die Grausamkeit. Wenn Sie viel Zeit an Spielplätzen verbringen, werden Sie auch Kinder sehen, die in ihrer Aggressivität organisiert und planvoll vorgehen. Sie verstehen es sehr gut, anderen wehzutun, andere zu ärgern, zu kneifen, zu beißen. Vielleicht beobachten Sie sogar schon, wie Kleinkinder andere Gleichaltrige ausschließen und kleine »Gangs« bilden. Man muss nicht bis zum Teenageralter warten, um Zeuge dieser Dynamik zu werden.

»Gozzo war böse!«: Vom Erlernen moralischen Verhaltens durch Phantasiespiele

Im dritten Lebensjahr, wenn Kinder So-tun-als-ob-Spiele spielen und kreativ mit Ideen umgehen, sehen wir, wie sich bei ihnen nicht nur im Verhalten, sondern auch gedanklich Einstellungen entwickeln zu dem, was gut und was schlecht ist. Sie stellen sich üble Bösewichter vor, die die Prinzessin rauben, und dann erfinden sie die »Retter«, die das Mädchen mit magischen Kräften aus den Klauen der Bösen befreien.

Zwischen dem Alter von etwa zwei bis vier oder fünf Jahren blüht dieses kreative Phantasiespiel und enthält intensive Erfahrungen mit Gut und Böse, Edelmut und Niedertracht. Wenn Sie sich an der Phantasiewelt Ihrer Kinder beteiligen, können Sie ihnen helfen, ein differenzierteres Bild in diesem Bereich zu entwickeln. Bei einem Kind, das alleine spielt, wiederholt sich oft immer dasselbe. Der eine ist gut, die andere ist böse. Doch wenn Sie mit Ihrem Sohn oder Ihrer Tochter spielen, können Sie fragen: »Warum ist Kermit so gut und Gozzo so böse? Was haben sie getan?« Im Wesentlichen vertiefen Sie damit die Geschichte. Ihre Beteiligung kann den Figuren auch verhelfen, sich zu entwickeln: »Warum greifst du mich an, Gozzo? Was habe ich dir getan?« Wenn die Handlung der Phantasiespiele differenzierter wird, können Kinder darin Ideen von Gut und Böse erproben.

Jede Kultur und jede Religion, aber auch jede Familie hat ihre eigene Auffassung von Richtig und Falsch und von Gut und Böse. Das Beste, was Sie tun können, um Ihrem Kind Ihre eigenen Werte zu vermitteln, ist, die Themen von gemeinsamen So-tun-als-ob-Spielen *nicht* einzuschränken, sondern stattdessen sich der Führung Ihres Kindes zu überlassen. Dann können Sie ihm die Werte, die Ihnen wichtig sind, vermitteln, indem Sie sie in der Rolle und in den Aktionen Ihrer Spielfigur zur Darstellung bringen. Ihr Kind mag sich zunächst gegen diese Werte wehren, aber es wird sie nach und nach kennen lernen und sie sich schließlich zu eigen machen. Dies funktioniert jedenfalls weitaus besser, als wenn Sie versuchen, das Spiel selbst zu bestimmen. Das Leben ist zu kompliziert für starre Regeln und Standards. Wenn Sie Ihrem Kind sagen, was seine Figur tun und was sie nicht tun soll, wird es sich wahrscheinlich dagegen auflehnen und genau das Gegenteil tun. Sie müssen Ihrem Kind helfen, differenzierte Urteile zu entwickeln, und dies gelingt durch die Dialoge, die in Phantasiespielen geführt werden.

Empathie und Moral

Wenn Kinder lernen, zwischen ihren Ideen logische Verbindungen herzustellen und »Warum«-Fragen zu stellen, haben Eltern eine große Chance, mit ihnen nicht nur Werte und Ziele zu besprechen, sondern auch Ideale und ein Gefühl für Moral zu entwickeln. Jetzt können sie ihr Kind fragen: »Warum bist du so wütend?«, oder: »Warum hast du Boris geschlagen?«, oder: »Warum hast du den Schokoriegel stibitzt?« Wenn Sie sich in die Gefühlslage Ihres Kindes versetzen und es verstehen, vermitteln Sie ihm einen sehr wichtigen Wert. Das Kind lernt Empathie nicht durch das, was Sie ihm sagen, sondern durch seine Erfahrungen mit Ihnen. Wenn Sie also einem Kind, das feindselig und aggressiv ist, respektvoll zuhören, so werden sich seine Gefühle abmildern, und seine Wut wird nicht mehr separat in einer Welt existieren, die abgetrennt von der Welt seiner Zuneigung ist.

Wir sehen viel zu viele Menschen, die mit der linken Hand liebevoll und mit der rechten zornig sind, als ob die beiden Hände sich nicht kennen würden. Wir fragen uns: »Wie kommt es, dass Herr Soundso am Wochenende den Gottesdienst besucht und Empathie und Mitleid zeigt und dann die Woche über so böse und aggressiv ist?« Nun, solche Menschen führen eine Art Kommodenleben, in dem die Welt in strikt voneinander getrennte Schubladen aufgeteilt ist. Wir brauchen mehr Menschen – mehr Kinder und Erwachsene –, die als ein Ganzes funktionieren, in deren Leben die einzelnen Teile miteinander harmonieren.

Wenn Sie einem Kind, auch wenn es wütend und böse ist, fürsorgliches Verständnis entgegenbringen und ihm helfen, sich den Grund für seine Gefühle klarzumachen, lernt es, Ihre Zuwendung mit seiner Wut zu verknüpfen. Die einzige Möglichkeit, Empathie zu erlernen, ist die, mit Empathie behandelt zu werden.

Das heißt aber nicht, dass Sie nicht strafen oder Sanktionen verhängen dürften, wenn Ihr vierjähriger Sohn die Grenze überschreitet, wenn er seine Schwester schlägt oder einen Freund beißt. Keineswegs. Sie etablieren für das Verhalten Ihres Kindes angemessene Grenzen und Konsequenzen, und gleichzeitig zeigen Sie Empathie und Verständnis für den Grund seines Verhaltens.

Dabei können wir in Schritten vorgehen:

- Helfen Sie Ihrem Kind, sich zu beruhigen, wenn es wütend ist: »Ich kann dich nicht verstehen, wenn du so schreist.«

- Wenn es sich beruhigt hat, sprechen Sie über das Warum und Wie seines Verhaltens und über die Gefühle, die dahinterstecken: »Warum hast du Axels Fahrrad umgeworfen? Warst du wütend auf ihn?«
- Verhängen Sie je nachdem, was Ihr Kind getan hat, angemessene Sanktionen und setzen Sie entsprechende Grenzen. Wenn es nur geschrien hat, dann hat es die Grenze nicht überschritten und muss sich nur wieder beruhigen. Wenn es aber geschlagen oder gebissen hat, nicht aus Notwehr, sondern aus Wut, sollte es eine passende Sanktion geben. Sie sollten im Vorhinein mit ihm über diese Sanktionen gesprochen haben, so dass Ihr Kind weiß, was geschieht, wenn es sich schlecht benimmt. Aber vergessen Sie nicht, dass Sie ein freundlicher Polizist sein wollen, der das Kind versteht und ihm hilft, sein schlechtes Verhalten zu überwinden – und nicht ein zorniger Polizist, der das Kind bestraft, ohne sich darum zu kümmern, was es fühlt.

Wenn Sie auf diese Weise Grenzen setzen, formen Sie Ihre Werte. Sie erziehen ein Kind, das sich kontrollieren kann, das Grenzen internalisiert, das sich an Ihre Richtlinien halten möchte und das Mitgefühl mit sich selbst und mit anderen hat. Es wird sich bessern wollen. Es wird Ihnen zu Gefallen sein und schließlich sich selbst Freude bereiten wollen.

Komplizierte Gleichungen

Die nächste Entwicklungsstufe – differenziertere und komplexere Ansichten von Richtig und Falsch – erinnert mich an ein dreidimensionales Steckspiel. Plötzlich wird ein einfaches Spiel komplizierter, weil es eine neue Dimension hinzugewinnt. Das intellektuelle und emotionale Leben Ihres

Kindes und seine Entwicklung werden ebenfalls vielschichtiger.

Jetzt lernt Ihr Kind nicht nur, logisch zu denken, sondern verschiedene Gründe richtig und falsch zu finden und viele unterschiedliche Grade davon: »Hatte Günes Recht, Alice vom Spiel auszuschließen, weil sie sie immer hänselte?«, oder: »Wie schlimm ist es, wenn man sich vordrängt, weil man eine wirklich gute Idee hat?«

Wenn ein Kind solche neuen und komplizierten Denkweisen meistert, können wir mit ihm reichere und tiefere – und differenzierte – Diskussionen führen. Es fragt vielleicht: »Was mache ich, wenn Max mich schikaniert? Sage ich es dem Lehrer? Wenn ich es dem Lehrer sage, werden mich die anderen Schüler eine ›Petze‹ nennen. Wenn ich Max eine runterhaue, bekomme ich Schwierigkeiten. Was ist die Antwort?«

Nun, das ist keine so einfache Frage. Diese Situation erfordert eine ausführliche Diskussion. Bei einem Kind, das sich bereits im Grauzonendenken bewegt, können wir uns als Coach betätigen: »Was glaubst du? Lass uns das zusammen zu Ende denken. Wie würdest du dich fühlen, wenn du (A) zum Lehrer gehst und die Kinder dich danach deswegen hänseln? Wie würdest du dich fühlen, wenn du (B) zurückschlägst, aber dafür in Schwierigkeiten gerätst? Wie würdest du dich fühlen, wenn du (C) dich mit lauter Stimme durchsetzt, aber ohne zu schlagen, so dass du nicht in Schwierigkeiten gerätst? Oder wie würdest du dich fühlen, wenn du (D) diesen Kindern aus dem Weg gehst und dich mit anderen Kindern oder neuen Freunden abgibst? Bei was würdest du dich am besten fühlen? Wie würdest du dich fühlen?«

Es gibt hier keine einfache Antwort, wie sehr man sie sich auch wünschen möchte. Erwachsene haben ebenfalls keine einfachen Antworten, wenn solche Fragen in ihrem eigenen

Lebensumfeld auftauchen. Aber wenn Sie und Ihr Kind sich die Zeit nehmen, die Sache zu durchdenken, zeigen Sie ihm sehr viel mehr als eine Lösung für ein Problem, das sich an diesem Tag auf dem Schulhof ergeben hat. Sie bringen ihm bei, über soziale Beziehungen und verschiedene moralische und ethische Gesichtspunkte nachzudenken, die mit jeder Entscheidung verbunden sind. Sie helfen ihm, Strategien zur Lösung zukünftiger Probleme zu erlernen. Wenn das Leben kompliziert wird, müssen wir lernen, selbstständig zu denken. Das Ziel ist ein Kind, das in sich die Fähigkeit zu moralischer Reflexion hat.

Die Courage eigener Überzeugungen

Auf der nächsten Stufe, etwa vom zehnten bis vierzehnten Lebensjahr, beginnt Ihr Kind, seine eigenen inneren Standards und Werte auszubilden. Diese werden ihm in seinem Leben in der Schule, in der Peer-Gruppe und in der Familie von Nutzen sein. In diesen Jahren können die Kinder die Grundlage für ihr Empfinden, was gut oder schlecht ist, entwickeln.

Das ist auch die Zeit, wenn die Spiritualität des Kindes sich seiner späteren erwachsenen Form nähert. Das Gefühl für Tiefe und Bedeutung kann sich in religiösem Glauben ausdrücken, in kulturellen oder familiären Wertvorstellungen oder auch in einer eigenständigen Mischung aus alledem. Zusammen mit dem Bewusstsein für Richtig und Falsch können diese Überzeugungen der moralische Kompass werden, von dem am Anfang dieses Kapitels die Rede war. Er gibt dem Kind die Perspektive und die Kraft, zu sagen: »Diese Gruppe dort hat sich über einen Jungen lustig gemacht. Ich hätte mich einmischen sollen, damit sie aufhören.« Mit anderen Worten entwickelt das Kind eine innere Stimme, die sich von dem Augenblicksgeschrei der Peer-Gruppe unterscheidet. Diese innere Stimme kann sich – sogar gegenüber vorübergehenden Gefühlsschwankungen – behaupten.

Jedes Mal, wenn Ihr Kind Gefühle wie Wut oder Angst oder Traurigkeit oder Beschämung oder Enttäuschung durchlebt, kann es seine Fähigkeit erweitern, sein Set persönlicher Werte und seine innere Stimme gegen das augenblickliche Gefühl zur Geltung zu bringen: »Ich sollte wirklich diesen Fußball nicht über die hohe Mauer werfen, so dass die anderen Kinder nicht mehr drankommen. Es ist nicht fair – aber es ist gleichzeitig verlockend!«

Diese Art des Nachdenkens findet sich nur bei wenigen Sechs- oder Siebenjährigen. Die meisten sind dazu noch nicht in der Lage. Obgleich Vierzehnjährige durchaus über die Fähigkeit verfügen, machen sie noch keinen Gebrauch davon. Wenn sie es tun, dann inkonsistent. Doch ist es schließlich diese Art des Denkens, die uns befähigt, moralische und ethische Personen zu sein.

Wenn Jugendliche diese Reflexionsebene erreichen, die sie in zwei Welten gleichzeitig leben lässt – in der Welt der inneren Werte, die stabil ist, und in der Welt der von Augenblick zu Augenblick schwankenden Gefühle, Erfahrungen und Herausforderungen –, lernen sie, diese beiden Welten kontinuierlich miteinander zu vergleichen. Wenn ihnen auch dies gelingt, können sie ein Bewusstsein ihres Ichs entwickeln, das sie mit Stolz erfüllt.

Wie wir ein moralisches Kind erziehen

Keine drohenden Zeigefinger und keine auswendig gelernten Merksätze aus dem Ethikunterricht sorgen dafür, dass Ihr Kind es wichtig findet, das »Richtige« zu tun. Es lernt über Ethik und Moral nicht durch das, was Sie ihm sagen, sondern dadurch, wie Sie mit ihm umgehen.

Wenn Sie Ihr Baby in seinen ersten Lebenswochen und -monaten auf den Arm nehmen und an die Brust drücken, fühlt es sich durch die Wärme Ihrer Haut und den stetigen, beruhigenden Rhythmus Ihres Herzschlags geborgen. Ein leichtes Abdunkeln seines Zimmers entspannt Ihr Baby vielleicht genügend, dass es Ihnen lange und intensiv in die Augen schaut.

Durch diese kleinen Interaktionen fühlt sich Ihr Kind auf tiefe Weise geschützt und umsorgt. Wenn es vor Hunger schreit und Sie es prompt füttern, wenn es Bauchweh hat und seine kleinen Beinchen vor Schmerz versteift und Sie ihm sanft den Rücken massieren, erfährt es das Wohlgefühl Ihres Lächelns und die Zärtlichkeit Ihrer Zuwendung. Mit der Zeit und mit Ihrer Hilfe wird es nicht nur auch von anderen Zuwendung erwarten, sondern die Zuwendung ebenso auf andere ausdehnen, weil es weiß, wie gut sich dies anfühlt.

In vielen Jahren meiner beruflichen Praxis habe ich bedrückt wahrgenommen, wie verheerend es sich auswirkt, wenn Kinder nicht das Fundament einer angemessenen Fürsorge, Liebe und Achtung vermittelt bekommen. Kinder, die grob und sadistisch behandelt werden, neigen selbst zu grobem und sadistischem Verhalten. Wenn Eltern oder andere Autoritätspersonen zugegen sind, unterdrücken sie möglicherweise diese Neigung und versuchen, brav zu sein. Doch wenn die Autoritätspersonen fern sind, tritt die frühe Grobheit und Indifferenz, die sie selbst erduldet haben, in verantwortungslosem und grausamem Verhalten anderen Kindern und Tieren gegenüber zum Vorschein. Dieses Verhalten ist oft begleitet von Traurigkeit und Depression.

Für diese Kinder ist »brav sein« schlicht ein Mittel zum Zweck. Sie sind nur brav, weil es ihnen Vorteile einbringt. Da sie die Wohltat des Geliebt- und Umsorgtwerdens nie internalisiert haben, können sie intuitiv nicht verstehen, dass es einfach glücklich macht, anderen zu helfen und sich um sie zu kümmern.

Zwischen dem achten und achtzehnten Lebensmonat lernt Ihr Kind durch sein sich munter fortentwickelndes Gestikulieren, dass die Welt ein logischer Ort ist, wo Nicken, Freudenrufe, Ärmelzupfen und flehentliche Blicke ermutigende Reaktionen auslösen. Es beginnt sich zugleich als getrennt von Ihnen und einem geliebten Spielkameraden wahrzunehmen. Im Spiel erhält es erste Eindrücke von Richtig und Falsch. Wenn es in seinem Verhalten eine bestimmte Grenze überschreitet, sind Ihr Stirnrunzeln, Seufzen und heftiges Kopfschütteln deutliche Zeichen, dass es etwas Falsches getan hat.

In den folgenden Jahren wollen Kleinkinder konkrete Regeln: Man darf nicht schlagen, denn das ist böse, aber Dinge mit anderen teilen ist lieb. Wenn Sie mit Ihrem zweieinhalbjährigen Kind auf dem Boden sitzen und eine ausgelassene Dinosaurier-Party feiern oder wenn Sie sich der Führung Ihres Dreijährigen überlassen, dessen Spielzeugfeuerwehrmänner ein gewaltiges Feuer löschen, dann kann es gut sein, dass Ihr Kind irgendwann übererregt wird und in »schlechtes« Verhalten abgleitet, in dem es sich selbst oder anderen wehtut und das ein oder andere Spielzeug zu Bruch geht.

Das ist der Moment, in dem Ihr Kind eine klare Grenze braucht, die nur Sie oder eine andere liebevolle Bezugsperson ihm setzen können. Wenn es zu weinen anfängt, weil die Dinge nicht nach seinem Willen laufen, oder wenn Sie es gezügelt haben, weil es absichtlich sein Spielzeug in alle Richtungen geschleudert hat, dann geben Sie Ihrem Kind genau die emotional abkühlende und beruhigende Struktur, die es so offensichtlich benötigt.

Ethische und moralische Werte werden nicht vermittelt, wenn man einem Kind mit zornigen Blicken droht. Vielmehr geht es darum, ihm bestimmt und liebevoll klare Grenzen zu setzen. Wenn Ihr kleiner Sohn sich zum Beispiel in einen Wutanfall hineinsteigert, versuchen Sie zunächst, ihn mitfühlend zu beruhigen, indem Sie seine Frustration mit besänftigender Stimme kommentieren; danach versuchen Sie, sein Interesse behutsam auf eine ruhigere, aber interessante Aktivität zu lenken. Selbst wenn Sie ihm nicht unmittelbar helfen können, seine Selbstbeherrschung zurückzugewinnen, spürt er doch, dass Sie für ihn da sind, dass Sie auf seiner Seite sind. Wenn Ihr Kind mit Respekt behandelt wird, wird es weniger abwehrend reagieren, wenn Sie einmal eine Sanktion verhängen müssen.

Wenn Ihr Sohn seinem kleinen Bruder einen Schlag versetzt, weil dieser sein Lieblingsspielzeug genommen hat, oder wenn er anderweitig Verhaltensgrenzen überschreitet, werden Sie ihn wahrscheinlich zunächst zur Seite nehmen und ihm helfen, von seiner Erregung herunterzukommen. Wenn er dann etwas ruhiger atmet, können Sie in die Rolle des »guten Polizisten« schlüpfen und mit ihm darüber sprechen, warum sein schlechtes Verhalten nicht fortgesetzt werden darf, auch wenn Sie verstehen, dass er wütend ist. Solche Gespräche lassen sich am besten an einem anderen Ort führen, der ihn nicht an den Anlass seiner Wut erinnert.

Im nächsten Schritt sprechen Sie mit ihm darüber, warum

er für sein Verhalten Grenzen gesetzt bekommen muss und wie diese Grenzen aussehen. Dann versichern Sie ihm, dass alles wieder gut sein wird, wenn die Strafe vorüber ist. Unterdrücken Sie nicht seine unglücklichen oder zornigen Äußerungen, sondern helfen Sie ihm, sie auf eine weniger erregte Weise neu zu artikulieren. Hören Sie respektvoll zu, aber machen Sie ihm die Konsequenzen klar, die sein Verhalten nach sich zieht und die ihm gewiss nicht bewusst waren. Wenn er schließlich mit einem letzten Seufzer nachgibt und damit all seine angestaute Frustration fahren lässt, versuchen Sie sanft darüber zu reden, wie er das nächste Mal mit seinen Wutgefühlen besser umgehen kann. Schließlich erklären Sie ihm, dass Sie schon ähnliche Gefühle hatten und dass Sie wissen, wie schwer es manchmal ist, *nicht* böse zu sein. Ihre Empathie wird ihm Beruhigung und Selbstvergewisserung vermitteln, und sie wird ihm zudem erlauben, ein kleines Stück weit sein Gesicht zu wahren.

Ihn zu isolieren und auf sein Zimmer zu schicken, wo er vor sich hinbrütet, hilft ihm wenig, seine Selbstkontrolle zurückzugewinnen. Diese Art der Strafe hat eine feindselige Qualität in sich, die jede empathische Wärme zerstört, die sich zwischen Ihnen und Ihrem Kind nach dem Streitfall vielleicht schon wieder aufgebaut hat. Lassen Sie es lieber still auf einem Stuhl in Ihrer Nähe sitzen, ohne dass es sich mit einem seiner Lieblingsspiele vergnügen darf, oder geben Sie ihm kleine Aufgaben im Haushalt, die es zur »Wiedergutmachung« neben Ihnen verrichten kann. Diese Form der Grenzsetzung ist sowohl respektvoll wie unterstützend. Ihr Kind internalisiert diese Gefühle und wird sich ihrer auch in der Zukunft vergewissern wollen.

Wenn Ihr Schulkind langsam die Erfahrung macht, dass es nicht immer fair zugeht in der Welt, gerät es zunehmend in ambivalente Situationen, in denen es Entscheidungen treffen muss auf der Basis dessen, was die fairste oder moralisch vertretbarste Lösung ist. Bis zu seinem neunten oder zehnten Lebensjahr haben ihm die konkreten Regeln über das, was richtig und was falsch ist, einen guten Dienst erwiesen. Sie haben viele moralische Ambivalenzen und Fragen-mit-keinen-einfachen-Antworten von ihm ferngehalten, die es draußen in der großen Welt erwarten. Doch jetzt, da es sich in Gruppen begibt und die Dinge auf eigene Faust zu erkunden beginnt, sieht es sich mit sehr viel mehr moralischen Rätseln konfrontiert.

Maximen wie »Es ist böse, jemanden zu schubsen und beiseitezudrängen« und »Es ist gut, mit jemandem zu teilen« sind keine geeigneten Handlungsvorgaben, wenn sich Ihrem Kind im Fußballspiel drei wuchtige Verteidigungsspieler in den Weg stellen, die seinen Torschuss verhindern wollen. Es wird den Ball gewiss nicht mit der anderen Mannschaft teilen wollen, also haben die alten Regeln über das Teilen mit anderen in diesem neuen Kontext keinen Gebrauchswert.

Die Art von Ambivalenz, der Adoleszente sich gegenübersehen, wurde von einem Psychologen namens Lawrence Kohlberg eingehend untersucht. Er erforschte die verschiedenen Denkebenen, die bei moralischen Urteilen eine Rolle spielen: »Nehmen wir an, Sie sind ein Erwachsener und Ihre Großmutter ist krank und braucht sofort Medizin, wenn sie diese Nacht überleben soll. Die Apotheke in der Stadt ist der einzige Ort, wo Sie diese Medizin beschaffen können, aber sie hat geschlossen. Brechen Sie nun ein und stehlen die lebensrettende Medizin oder halten Sie sich ans Gesetz?«

Wenn wir uns mit unserem Teenager über die komplexen ethischen Probleme unterhalten, die sich in diesem Beispiel auftun, helfen wir ihm, die Verantwortung für schwierige Entscheidungen auf sich zu nehmen, wenn er diese einmal auf sich allein gestellt treffen muss. Denkt er, dass die Rettung seiner Großmutter ein moralisches Gebot ist, das ihm erlaubt, das Gesetz zu brechen? Was, wenn seine Großmutter eine wenig sympathische Person ist? Rechtfertigt der Zweck immer die Mittel, wenn ein Leben auf dem Spiel steht? Stellen wir uns vor, der Apotheker arbeitet noch spät im Labor und die Einbruchsgeräusche versetzen ihn so in Angst und Schrecken, dass er einen Herzanfall erleidet und stirbt. Wie würde der Teenager dann über seine Tat denken? Solche philosophischen Erwägungen helfen Ihrem Sohn oder Ihrer Tochter, logisch und differenziert zu denken und auch in Bereichen, in denen es um Richtig oder Falsch geht, zunehmend kreative Lösungsansätze zu finden.

Gewöhnlich sind die Zwickmühlen, in die ein Teenager gerät, auf einer weniger dramatischen Ebene als Tod oder Leben angesiedelt, aber emotional kann es dabei um sehr viel gehen. Zum Beispiel hat Lena zwei wirklich gute Freundinnen, doch kann sie am letzten Abend, bevor sie in die Sommerferien fährt, nicht mit allen beiden zusammen sein. Wie kann sie sich in dieser Situation sinnvoll verhalten, ohne dass eine ihrer Freundinnen sich verletzt fühlt?

Die Mutter kann Lena helfen, indem sie die schwierige Situation mitempfindet, die auch eine Erwachsene nicht wirklich zufriedenstellend lösen könnte. Sie könnten beide darüber nachdenken, ob sich vielleicht durch eine kleine Notlüge die Gefühle eines der Mädchen schonen ließen. Andererseits hat sie Lena doch immer darauf hingewiesen, wie wichtig es ist, ehrlich zu sein und die Wahrheit zu sagen. Sollte ihre Tochter der Situation ausweichen und etwas mit ihrer Familie unternehmen, statt ein Treffen mit nur einer ihrer Freundinnen zu planen? Was ist die moralisch bessere Entscheidung, die Lena hier treffen kann?

Wie man Moralität fördert

1. Helfen Sie Ihrem Kind, sich zu beruhigen, wenn es wütend ist.
2. Fragen Sie Ihr Kind, wie es sich fühlt und warum es sich so fühlt.
3. Behandeln Sie ein Kind jedes Alters mit Empathie und Respekt. Es lernt mehr von Ihrem Verhalten als von Ihren Worten.
4. Setzen Sie feste und angemessene, aber keine feindseligen Grenzen.
5. Initiieren Sie viele »Was-Wenn«-Diskussionen, bevor die üblichen problematischen Situationen in der Pubertät und in den Teenagerjahren auftauchen.
6. Erzählen Sie Ihrem Kind von moralisch ambivalenten Situationen, die Sie selbst erlebt haben, von Handlungen, die Sie nachträglich bereuten, von hilfreichen Mentoren, die Ihnen geholfen haben, und von den religiösen oder ethischen Traditionen in Ihrer Familiengeschichte.

Es gibt keine einfachen Antworten, zu denen junge Erwachsene Zuflucht nehmen könnten, wenn sie mit solchen komplexen moralischen und ethischen Fragen konfrontiert sind. Feierliche Erklärungen, wie man sich richtig zu verhalten habe, helfen nur in den seltensten Fällen. Vielmehr geben sokratische Gespräche, Fragen nach dem Wo, Wann, Warum, Wie und Bis-zu-welchem-Grad Ihrem Kind die Grundlage für ein differenziertes Denken in den kommenden Jahren und für die intellektuelle Schärfe, die alle »starken« Kinder auszeichnet.

Eltern, die diese Art von Selbstreflexion selbst pflegen und bei ihren Kindern fördern, haben Einfluss auf die größere Gesellschaft. Sie erziehen Kinder, die weniger dazu neigen, andere Menschen zu verletzen oder Ressentiments zu entwickeln und Dinge zu zerstören. Solche inneren Werte helfen, die größere globale Gemeinschaft zu verbinden und für die Erde als Ganzes Verantwortung zu tragen.

Wenn Adoleszente erwachsen werden, gewinnen sie die Fähigkeit, sich selbst mit ihrem Verstand in die Zukunft zu projizieren und diese in eine sinnvolle Beziehung zur Vergangenheit und Gegenwart zu setzen. Es fällt ihnen leichter, sich in die Lage eines anderen zu versetzen und seinen Blickwinkel zu verstehen. Diese neuen Einsichten wie auch die Empathie werden in intimeren, langfristigeren Beziehungen verfeinert. Wenn junge Menschen einen Beruf erlernen, wenn sie auf die Uni gehen und wenn sie sich darauf vorbereiten, eigene Familien zu gründen, tragen sie die Werte, die sie bei Ihnen lernten, weiter. Sie, die Eltern, werden ein innerer Teil von ihnen sein, ein Teil ihrer Integrität und Werte, die Sie gemeinsam auf dem Weg von der Kindheit zur Adoleszenz ausgebildet haben: in all den Gesprächen, Auseinandersetzungen, Diskussionen, all der liebenden Anteilnahme.

Schließlich, wenn Sie Glück haben, werden Ihre Kinder die gleichen Werte des Verstehens und der Fürsorge ihren eigenen Kindern, also der ihnen nachfolgenden Generation vermitteln. Auf diese Weise bestehen Zivilisationen und Kulturen fort. Und es bedarf starker Kinder, um sie aufzubauen.

Literaturhinweise

Brazelton, T. Berry: *Touchpoints Birth to Three*. Cambridge, MA, Da Capo Press, 2006.

Brazelton, T. Berry: *The Moral Life of Children*. Boston, Houghton Mifflin, 1986.

Erikson, Erik H.: *Kindheit und Gesellschaft*. 2. erw. Aufl. Stuttgart, Ernst Klett Verlag, 1965.

Fraiberg, Selma: *The Magic Years*. New York, Charles Scribner's Sons, 1959.

Greenspan, Stanley I.: *Building Healthy Minds*. Cambridge, MA, Da Capo Press, 1999.

Greenspan, Stanley I.: *The Growth of the Mind*. Cambridge, MA, Da Capo Press, 1997.

Greenspan, Stanley I. und Stuart Shanker: *Der erste Gedanke*. Weinheim, Beltz, 2007.

Hanley, Helen, und Andreas Samuelson (Hrsg.): *The Child*. New York, Penguin Books, 1990.

Holt, John: *Wie Kinder lernen*. Weinheim, Beltz, 1971.

Kagan, Jerome: *Die Natur des Kindes*. Weinheim, Beltz, 2001.

Kohlberg, Lawrence: *The Philosophy of Moral Development*. New York, Harper and Row, 1981.

Langer, Ellen: *Mindfulness*. Cambridge, MA, Da Capo Press, 1989.

Papert, Seymour: *Mindstorms*. New York, Basic Books, 1993.

Danksagung

Ich möchte an dieser Stelle Sarah Mahoney danken, die Wesentliches zu diesem Buch beigetragen hat. Ihre anschaulichen Beispiele und ihre lebendige Schreibweise sind überall in diesem Buch spürbar. Ebenfalls danken möchte ich Nancy Breslau Lewis, die beim Schreiben einiger Teile sehr geholfen hat. Außerdem schulde ich Sue Morrison Dank für ihre administrative Unterstützung und Sarah Miller dafür, wie sie den Familien, mit denen wir arbeiten, zur Seite steht, und Jan Tunney, der ebenfalls eine große Hilfe bei den Anfängen dieses Buchs war.

Kaum genug kann ich Merloyd Lawrence danken, die mit solcher Sensibilität und Umsicht ihrem Lektorenhandwerk nachgeht. Wenn die Kinder so betreut werden, wie sie dieses Buch betreut hat, dann haben wir keinen Zweifel, dass daraus starke Kinder werden.